Así que pasen cinco años
Leyenda del Tiempo

Letras Hispánicas

Federico García Lorca

Así que pasen cinco años
Leyenda del Tiempo

Edición de Margarita Ucelay

SEGUNDA EDICIÓN

CÁTEDRA

LETRAS HISPÁNICAS

Ilustración de cubierta: "Payaso rojo" (agosto-septiembre, 1929).
Posible ilustración del Acto tercero, cuadro primero, de *Así que pasen
cinco años*. Es uno de los trabajos pictóricos más importantes de
Lorca. Es propiedad de Carmen Piniés del Río.
Los dibujos de Federico García Lorca que se han incluido como
ilustraciones interiores han sido cedidos por la Fundación Federico
García Lorca, así como la fotografía del autor que figura en página 10.

© Herederos de Federico García Lorca
Ediciones Cátedra, S. A., 1997
Juan Ignacio Luca de Tena, 15. 28027 Madrid
Depósito legal: M. 20.211-1997
ISBN: 84-376-1352-3
Printed in Spain
Impreso y encuadernado en Huertas, S. A.
Fuenlabrada (Madrid)

Índice

Introducción

A Enrique

Federico García Lorca paseando por la Universidad de Columbia,
Nueva York, en otoño de 1929.

Así que pasen cinco años. Leyenda del Tiempo es una de las creaciones mayores del teatro de Federico García Lorca. Pieza novísima en forma y contenido fue el resultado del ambicioso proyecto del poeta de «crear un teatro nuevo, avanzado de formas y teoría» que había de originar el deseado «Teatro del porvenir». Y efectivamente, la obra, en su inalterable actualidad, se nos aparece en este fin de siglo, tan nueva y original como el día en que fue escrita. Destaca en ella, entre la compleja multiplicidad de sus temas, la contemplación erótico-filosófica del destino humano expresada en el eterno juego del tiempo, el amor y la muerte, mientras que en su peculiar calidad de poema dramatizado se consigue la más completa simbiosis de los conceptos de poesía y teatro, posible aspiración del poeta hacia un teatro total, puro.

Equivocadamente considerada durante mucho tiempo como obra inacabada, debido a un desgraciado error del editor de su primera edición, es en realidad la única de las llamadas «comedias imposibles», que ha llegado a nosotros completa. La obra cuenta por el momento con seis ediciones, pero los desaciertos e inexactitudes iniciales no han conseguido nunca ser corregidos.

El texto que editamos es el utilizado en los ensayos del Club Teatral Anfistora, que bajo la dirección de Federico García Lorca, aspiraba a estrenar *Así que pasen cinco años* en los últimos días de mayo a junio de 1936. Pero dificultades de tiempo obligaron a posponer el estreno para fines de septiembre u octubre del mismo desgraciado año. Como no se esperaba que la obra llegase al escenario hasta después del verano de 1936, no tuvo ensayo general, y sabido es que Lorca, como director teatral, utilizaba tal ocasión para mon-

11

tar el movimiento, fijar el ritmo y quizá alterar aquí o allá la obra a su conveniencia. A faltar quedaron, pues, todos los posibles reajustes de los últimos días previos al estreno. Pero baste el hecho, de que el autor corrijiese repetidamente de su puño y letra su propio autógrafo en la copia de Anfistora, para que la consideremos el texto definitivo que nos ha quedado de esta magnífica obra.

Quisiera también expresar aquí mi mayor agradecimiento a Isabel García Lorca, buena amiga, inteligente conocedora de la obra de su hermano, en todo momento dispuesta a ayudar y contestar pacientemente toda pregunta, y a Manuel Fernández Montesinos que me ha facilitado en cuanto le ha sido posible esta tarea, aportando importantes materiales encontrados en el archivo familiar y accediendo graciosamente a revisar este manuscrito. Igualmente hago extensivo mi agradecimiento a Francisco Giner de los Ríos que puso a mi disposición su extenso archivo particular, sin olvidar a la Fundación Federico García Lorca, inestimable y eficaz instrumento de investigación con que afortunadamente cuentan hoy los estudios lorquianos. Reconozco, finalmente, mi deuda con Enrique Ucelay Da Cal a quien debo el extenso trabajo de compilación de los materiales bibliográficos.

GÉNESIS DE «ASÍ QUE PASEN CINCO AÑOS»:
EL CICLO NEOYORQUINO

La ciudad

La estancia de Federico García Lorca en Nueva York marca en su obra una etapa concluyente. En los escasos nueve meses[1] que duró su presencia en América el poeta trabajó

---

[1] Lorca llegó a Nueva York el 25 de junio de 1929. Al terminar el curso de verano de la Universidad de Columbia el 16 de agosto, marchó a Vermont donde quedó con un amigo, Philip Cummings, hasta el 29 de agosto, pasando a continuación cerca de tres semanas con Ángel del Río y

intensamente. Aparte de una segunda redacción de *Amor de Don Perlimplín*, un último repaso a *La Zapatera prodigiosa* y un guión de cine, datan de este periodo tres obras fundamentales: *Poeta en Nueva York, El Público* y *Así que pasen cinco años*. Representan estos tres títulos un hito en la evolución de un proceso creativo, que aunque iniciado varios años antes, toma ahora forma decisiva, se solidifica, en el enajenamiento del hombre solo en la gran ciudad. Lorca vuelve a España con un importante número de poemas, que se editarán póstumamente en un solo libro, con el primero de los dos dramas aparentemente casi terminado, el segundo, concebido y al menos empezado ya. Entre las tres obras existe una indudable correlación.

Conocida es la visión apocalíptica que nos transmite *Poeta en Nueva York* de la «ciudad mundo», símbolo de civilización caótica, de crueldad y sufrimiento humano coincidente en cierta forma con la crisis emocional que atraviesa el poeta, por más que la protesta contra la injusticia social y la permanente defensa de los perseguidos sean ideas de profunda raigambre en su espíritu que reaparecen a lo largo de toda su obra. No olvidemos por otra parte, que la imagen de la megalópolis como futura destructora del hombre y de todo valor cultural, era tópico corriente de aquellos años, asociado indefectiblemente a la «ciudad de los rascacielos», la cual, en el desastre del crac financiero en aquel octubre de 1929 —que coincide precisamente con la presencia de Lorca— amenazaba desmoronarse en la nada[2].

---

su familia en las montañas Catskill, en el estado de Nueva York. Nuevamente en la ciudad el 21 de septiembre —al comienzo de curso en Columbia University— residió allí hasta el 4 de marzo de 1930, día en que salió para Cuba donde quedó hasta el 12 de junio en que embarcó de vuelta a España. El 30 de junio desembarcó en Cádiz.

[2] Reciente estaba, por ejemplo, el gran impacto del film de Fritz Lang, *Metrópolis,* estrenado en Madrid el 23 de enero de 1928 y un mes después en Granada. Según Ángel del Río (en su Introducción a *Poet in New York,* Nueva York, Grove Press, 1955, pág. 22) Lorca había leído durante su estancia en Nueva York el libro de John Dos Passos *Manhattan Transfer* traducido poco antes de su salida de España, y *The Waste Land* de Eliot, en la traducción de Ángel Flores. Conocía, como es de suponer, el *Diario de un*

Pero García Lorca rechaza influencias fáciles. Su obra —nos dice— «es interpretación personal, abstracción impersonal sin lugar ni tiempo dentro de aquella ciudad mundo», «Es una puesta de contacto de mi mundo poético con el mundo poético de Nueva York», y señala, revelándonos una clave, es «un *símbolo* patético: sufrimiento. Pero del revés, sin dramatismo»[3].

En realidad la impresión sombría, de denuncia y condena, que produce el libro no parece avenirse con la vida de Lorca en Nueva York, donde fue bien atendido, traído y llevado por toda suerte de admiradores y amigos viejos y nuevos. Pero su angustia interior se vierte en su obra.

Se transparenta así en el ciclo neoyorquino la situación anímica que le atormenta, que coincide y quizás le empuja a corregir, a considerar inválida su producción literaria anterior. Es reacción natural al mismo tiempo, al choque con una realidad circundante ajena a todo su paisaje habitual. Representan, pues, las tres obras la catarsis de una doble crisis ética y estética, que va resolviéndose, aunque lentamente. Recordemos que todavía en octubre escribe el tremendo poema *Infancia y muerte*[4], reflejo indudable de un estado depresivo.

Su odio a la ciudad es, pues, poético, puro símbolo como acaba de indicarnos, en el terreno real incluso la admira[5].

---

poeta recién casado (1917) de Juan Ramón Jiménez, y posiblemente *Pruebas de Nueva York* de José Moreno Villa (1927). Recordemos también el gran éxito del momento, de Paul Morand, *New-York*, París, Flammarion, 1930; y algo más tarde el de Georges Duhamel, *Scènes de la vie future*, París, Arthéme Fayard, 1934. En España también el humorista Julio Camba se ocupó del tema, *La ciudad automática*, Madrid, Espasa Calpe, 1934.

[3] Rodolfo Gil Benumeya, «Estampa de Federico García Lorca», *La Gaceta Literaria*, 15 de enero, 1931, pág. 7; reproducido también en *Federico García Lorca. Obras Completas*, Madrid, Aguilar, 19.ª edición, 1974, vol. II, pág. 890. En adelante todas las referencias serán a esta edición, que marcaremos *O. C.* a no ser que se especifique otra. El subrayado en la cita es mío.

[4] Publicado por Rafael Martínez Nadal en *F. G. L.: Autógrafos,* Oxford, The Dolphin Book Co. Ltd., 1975, vol. I, pág. 243.

[5] «La arquitectura de Nueva York se me aparece como algo prodigioso, algo que [...] llega a conmover como un espectáculo natural de montaña o desierto.» O se despide de ella señalando: «Me separaba de Nueva York con sentimiento y admiración profunda.»

«Autorretrato en Nueva York», Federico García Lorca.

No quiere esto decir, sin embargo, que no podamos encontrar notas negativas en entrevistas de prensa o cartas[6].

Pero se trata sólo de comentarios que el mismo poeta se encarga de contradecir en otras tantas declaraciones que demuestran su aprecio por las manifestaciones culturales de la gran ciudad, como la arquitectura, el jazz, o el cine, y sobre todo por algo del mayor interés para él y que precisamente Nueva York podía ofrecerle mejor que ningún otro lugar: el teatro.

Deslumbrado por el «teatro de vanguardia», escribe a sus padres:

> El teatro aquí es muy bueno y muy *nuevo* y a mí me interesa en extremo.

> Aquí el teatro es magnífico y yo espero sacar gran partido de él para mis cosas[7].

Sus declaraciones sobre este punto se multiplican, pero queda clara la orientación que intenta para su nueva obra dramática:

> El teatro nuevo avanzado de formas y teoría, es mi mayor preocupación. Nueva York es un sitio único para tomarle el pulso al nuevo arte teatral[8].

---

[6] «La influencia de Estados Unidos en el mundo se cifra en los rascacielos, el jazz y en los cock-tails. Eso es todo. Nada más que eso.» Gil Benumeya, *ibid.* «Fuera del arte negro, no queda en los Estados Unidos más que mecánica y automatismo.» L. Méndez Domínguez, «"Iré a Santiago", Poema de Nueva York en el cerebro de García Lorca, 1933», *O. C.*, II, página 901.

[7] *Federico García Lorca escribe a su familia desde Nueva York y La Habana (1929-1930)*, edición de Christopher Maurer, *Poesía. Revista ilustrada de información poética*, Ministerio de Cultura, Madrid, 23-24, 1986, págs. 59 y 69. El subrayado es de Lorca.

[8] Gil Benumeya, *op. cit.*, 891, Maurer, *op. cit.*, págs. 133-141 e Ian Gibson, *Federico García Lorca*, Barcelona, Grijalbo, 1987, II, págs. 76-77 se ocupan con detenimiento de los teatros de vanguardia de aquellos días en Nueva York.

Y expresa ya convicciones que conservará a todo lo largo de su vida, y que parecen predecir la destrucción del teatro que llevará a cabo en *La comedia sin título*.

> Hay que pensar en el teatro del porvenir. Todo lo que existe ahora en España está muerto. O se cambia el teatro de raíz o se acaba para siempre. No hay otra solución[9].

Y con la vista puesta en «el teatro del porvenir» e impulsado por su admiración al arte dramático de la gran ciudad, Lorca dedica su esfuerzo a la creación de dos obras realmente novísimas en teoría y forma.

Nueva York, en las propias palabras del poeta, le había proporcionado la experiencia más útil de su vida[10].

LA GESTACIÓN DE LAS «COMEDIAS IMPOSIBLES»

La primera noticia que tenemos del nuevo modo en que se halla inmerso el poeta proviene de Ángel del Río, antiguo amigo de Lorca que a la sazón enseñaba literatura española en la Universidad de Columbia. Ambos habían permanecido en Nueva York durante el curso de verano de 1929, asistiendo a la universidad, como profesor uno, como estudiante en un curso de inglés para extranjeros el otro (aunque según del Río, Federico no volvió a aparecer por la clase después de la primera semana)[11]. Terminado el curso de verano y antes de comenzar el curso de otoño, Lorca pasó con los del Río unos veinte días en el campo. Cuenta del Río que durante su estancia, el poeta, que literalmente «pasó la mayoría del tiempo escribiendo», les leyó allí:

---

[9] Maurer, *op. cit.*, pág. 78.
[10] «Había recibido la experiencia más útil de mi vida», *Un poeta en Nueva York*, lectura-conferencia, *O. C.*, I, págs. 1094-1104.
[11] Diez años más tarde, en el otoño de 1939, yo estuve matriculada en el mismo curso «English for Beginners» que tomó Lorca en Columbia University. La profesora Amy I. Shaw seguía a cargo de la clase. Creo plenamente justificada la deserción del poeta.

Además de sus poemas la comedia de *Don Perlimplín* que había revisado en Nueva York y fragmentos de *La zapatera prodigiosa, Así que pasen cinco años* y *El Público*. Estas dos últimas de un carácter surrealista con temas y lenguaje parecidos a *Poeta en Nueva York*[12].

Conociendo personalmente el rigor profesional de Ángel del Río (fue mi director de tesis doctoral), creo que nunca daría como cosa segura algo en que le cupiese una sombra de duda. Añadamos a esto, que he oído a Amelia del Río (profesora igual que su marido) referir el mismo episodio más de una vez. Y hago esta confirmación, porque los eruditos tienden a atribuir a Ángel del Río una posible confusión de fechas o fallo de memoria, considerando como demasiado temprano el momento que señala.

Federico llevaba ya en América dos meses y medio. Desde luego no había perdido nada de su precioso tiempo en estudiar inglés. Y sí había paseado las calles, frecuentado amigos, reuniones, cine, jazz o teatro, también con toda seguridad había trabajado intensamente. John Crow, compañero de piso en la residencia John Jay Hall de la Universidad de Columbia, recuerda que cuando todos se retiraban a dormir, el poeta, de forma habitual y aunque fuese de madrugada, se sentaba a escribir poesía[13].

Completa este dato la alusión que hace el mismo Lorca en su conferencia-recital sobre *Poeta en Nueva York*[14], de haber sido conocido por las camareras del John Jay Hall como el *sleepy boy*. Hecho que él califica de «insólito», mas que es perfectamente comprensible, dado que en aquellos días los dormitorios de la universidad tenían servicio diario de camareras encargadas de limpiar, arreglar los cuartos y hacer

---

[12] «*Poeta en Nueva York*. Pasados veinticinco años», *Estudios sobre literatura contemporánea española,* Madrid, Gredos, 1966, pág. 261.

[13] Ian Gibson, *op. cit.,* II, pág. 60, cita del libro de John Crow, *Federico García Lorca,* Los Ángeles, University of California Press, 1945, pág. 47.

[14] *Conferencia-recital sobre «Poeta en Nueva York»,* Maurer, *op. cit.,* página 113. Isabel García Lorca me confirma que efectivamente era costumbre de su hermano trabajar hasta la madrugada y levantarse tarde. Solía aprovechar también a veces la hora de la siesta en que la casa quedaba en reposo.

las camas. Pero trabajaban solamente de 8 a 10 de la mañana. Que un estudiante acostumbrase dormir hasta el medio día, pongamos por caso, o bajase a desayunar cuando ya había pasado la hora del almuerzo, era desde luego «insólito» en aquel lugar y suficiente para ser conocido por tal hazaña como «el dormilón».

Si me detengo en estos detalles es porque explican el tiempo utilizado por el poeta en la creación de la obra, tiempo solitario por necesidad —aparte de que únicamente a aquellas horas reinaría en los dormitorios el silencio—, pero que podía dar la falsa impresión de que Lorca no trabajaba lo suficiente, derrochando todo su esfuerzo en la vida social, o a modo de turista en la simple exploración de la ciudad.

Pero ya a primeros de agosto, apenas al mes y medio de su llegada, anuncia en carta a sus padres: «Empiezo a escribir [...] Son poemas típicamente norteamericanos... Creo que llevaré a España dos libros...»[15]. Mes y medio más tarde tiene ya uno escrito: «Si sigo así —promete eufórico—, llevaré... tres lo menos»[16].

No debe extrañarnos, pues, la lista de títulos dramáticos leídos a los del Río hacia mediados de septiembre. Más aún, si examinamos con detenimiento la cita en cuestión, y notamos que la única obra completa que se menciona es *Amor de Don Perlimplín con Belisa en su jardín,* el resto son fragmentos. Que la «Aleluya Erótica» debió ser reescrita en primer lugar, es de suponer, ya que su incautación por la policía apenas cinco meses antes (el 5 de febrero de 1929, para ser exactos) parece haber dejado al autor sin texto alguno. El hecho de tratarse de una obra corta, recientemente ensayada, haría muy posible que la retuviese todavía fresca en la memoria. Es, pues, natural que se apresurase ante todo a terminar la nueva redacción, que pudo ser hecha en el mes de julio.

---

[15] Carta del 8 de agosto de 1929, Maurer, *op. cit.,* pág. 55.
[16] Carta a sus padres fechada por Maurer hacia el 21 de septiembre. *Op. cit.,* pág. 67. También en carta a Melchor Fernández Almagro de 30 de septiembre, 1929. Cristopher Maurer, *Federico García Lorca. Epistolario,* Madrid, Alianza Editorial, 1983, vol. II, pág. 133.

En cuanto a *La zapatera prodigiosa,* el trabajo durante su estancia en América debió ser de meros retoques, puesto que en 1927 la había dado oficialmente como terminada[17]. Sabido es, no obstante, que si Lorca podía escribir rápidamente una obra, tomaba tiempo después en repasarla con detenimiento, ajustándola definitivamente sólo con la experiencia del ensayo y la puesta en escena.

Mas lo importante para nosotros en la discutida cita de Ángel del Río es la mención —la primera que tenemos— de que Federico ha concebido ya para entonces dos obras dramáticas distintas, aunque relacionadas por «su carácter surrealista, temas y lenguaje» con los poemas que lleva escritos sobre Nueva York. Lo esencial, pues, es la evidencia de que los dos dramas, *El Público* y *Así que pasen cinco años,* fueron proyectados a un tiempo y desde un primer momento como emparentados entre sí.

Fijémonos, no obstante, que lo que Federico lee en aquel septiembre son únicamente fragmentos, no obras completas. Podría tratarse incluso de un solo fragmento de cada obra. Como podemos comprobar hoy por los textos inconclusos ya publicados[18], basta a veces un título y la descripción de un ambiente en unas pocas líneas, o un pequeño diálogo, para permitirnos la visualizacion de la obra proyectada. Naturalmente que la composición de piezas tan complicadas como *El Público* o *Así que pasen cinco años* necesitaría por fuerza, tiempo y reflexión, pero dos meses y medio sí son suficientes a nuestro modo de ver, para una primera anotación de un proyecto o boceto a desarrollar.

Es evidente, sin embargo, que Lorca dio preeminencia al desarrollo de *El Público* sobre la «Leyenda del Tiempo», dedicándose a completar su redacción en primer lugar. En realidad, en sus cartas desde Nueva York las referencias a sus nuevos proyectos dramáticos se reducen a la mención de

---

[17] J. G. Olmedilla en *El Heraldo de Madrid* de 20 de octubre de 1927: «Federico García Lorca tiene terminadas tres obras nuevas... una de ellas es *La zapatera prodigiosa...*» Nota recogida por Ian Gibson, *op. cit.,* I, pág. 514.

[18] Marie Laffranque, *Federico García Lorca. Teatro inconcluso,* Granada, Universidad de Granada, 1987.

una sola obra, únicamente identificada como «una cosa de teatro que puede ser interesante», algo que estaría en la línea de lo que llama a renglón seguido «el teatro del porvenir»[19].

La siguiente noticia sobre la marcha de su trabajo es más tardía. Proviene de Cuba, donde Adolfo Salazar, que había coincidido con Federico en La Habana en la primavera de 1930, nos deja saber que el poeta a la sazón «estaba escribiendo *El Público* y *Así que pasen cinco años*[20]. Nuevamente se nos mencionan ambas obras juntas con sus respectivos títulos, por más que el *El Público*, por otras noticias, parece estar ya casi terminada[21]. Efectivamente, apenas al mes y medio de su vuelta a Eapaña, Lorca fecha la última página del manuscrito el 22 de agosto de 1930. En cambio tardará un año más en completar *Así que pasen cinco años*, en cuya última página puede leerse: «Granada 19 de agosto 1931[22] —Huerta de San Vicente—».

A pesar del espacio temporal que media entre ambos manuscritos, *El Público* y *Así que pasen cinco años* debieron originarse a un tiempo en la mente del poeta, títulos inclusive,

---

[19] Carta de 21 de octubre, 1929. Maurer, *F. G. L. escribe a su familia desde N. Y. y La Habana*, pág. 78. También en carta a Carlos Morla Lynch, fechada por Maurer de finales de septiembre principios de octubre, dirá Lorca: «Tengo casi dos libros de poemas y una pieza de teatro», *Epistolario*, II, pág. 134. Mario Hernández en el «Comentario» a la carta a Regino Sainz de la Maza, en «Ocho cartas inéditas», *Trece de Nieve*, Segunda Época, números 1-2, diciembre 1976, pág. 68, afirma con referencia a *Así que pasen cinco años*: «Sabemos por otros datos que la pieza había sido redactada fundamentalmente en Nueva York.» No conocemos, sin embargo, otro dato originado durante la estancia del poeta en Norteamérica, que la menciona da cita de del Río.

[20] «La casa de Bernarda Alba», *Carteles*, La Habana, 10 de abril, 1938, pág. 30. Citado por Daniel Eisenberg en *Poeta en Nueva York. Historia y problemas de un texto de Lorca*, Barcelona, Ariel, 1976, pág. 203. Mario Hernández, *ibíd*, afirma —aunque sin citar fuente— que *Así que pasen cinco años* había sido «leída en Cuba —como terminada— a Adolfo Salazar y otros amigos en 1930».

[21] Gibson, *op. cit.*, II, 100-101, menciona que Flor Loynaz recuerda una lectura de *El Público* que les fue hecha por el poeta.

[22] No deja de ser perturbadora la tremenda coincidencia de esta fecha, en año, mes y día, con la del asesinato del poeta, cinco años más tarde, el 19 de agosto de 1936.

tal como la cita de del Río parece revelar. Haremos nuestras, a este efecto, las palabras de la eminente lorquista Marie Laffranque, para quien «El parentesco hasta textual de ambas piezas, demuestra una elaboración conjunta, si no simultánea»[23]. «En su contraste mismo» —concluye en otro lugar— «las dos obras forman un todo»[24]. No debe extrañarnos, pues, encontrarnos en ellas con situaciones análogas, acotaciones o indicaciones escénicas similares, incluso personajes que parecen habitar indistintamente en uno u otro drama.

PRIMERAS LECTURAS DE LAS NUEVAS OBRAS

En el intervalo que separa las dos obras, Lorca intentará dar a conocer la ya terminada. En Cuba, los hermanos Loynaz habían oído, con desagrado por cierto, lo que sería la primera lectura de *El Público* de que hay noticia[25]. Ya en Madrid, Rafael Martínez Nadal habla de una lectura de otoño de 1930 o principios de 1931, en casa de Carlos Morla (que el diplomático prudentemente no menciona en su *Diario*)[26], y que fue recibida con un silencio profundo, mezcla de miedo y asombro. Cuenta Nadal que Lorca le comentó a la salida:

> No se han enterado de nada o se han asustado [...] La obra es [...] por el momento irrepresentable [...] Pero dentro de diez o veinte años será un exitazo. Ya lo verás[27].

[23] «Una obra actual... de 1931», *Primer Acto. Cuadernos de investigación teatral*, núm. 182, Segunda Época, diciembre 1979, pág. 30.

[24] *Federico García Lorca*, París, Seghers, 1966, pág. 57.

[25] Gibson, *ibíd.*

[26] Carlos Morla Lynch, *En España con Federico García Lorca (Páginas de un diario íntimo) 1928-1936*, Madrid, Aguilar, 1958. Este libro, que nos da una interesante visión de la vida social de Lorca, debe considerarse, sin embargo, como tal «Diario», evidentemente trucado. Escrito a base de recuerdos está plagado de inexactitudes.

[27] Rafael Martínez Nadal, «Lo que yo sé de *El Público*», *Federico García Lorca*, *«El Público» y «Comedia sin Título»*, Barcelona, Seix Barral, 1978, página 22.

La segunda lectura de *El Público* que menciona Martínez Nadal como algo más favorable, aunque sin identificar tiempo ni oyentes[28], puede coincidir con la que anuncia *El Heraldo de Madrid* el 2 de julio de 1931[29].

La insuperable dificultad que suponía el enfrentarse a la moral establecida tratando un tema homosexual, no era ignorada por el autor que valientemente, contra viento y marea, defiende su obra, habla de ella, la cita considerándola su *verdadera* creación. Así se deduce de las palabras con que rebate la pregunta de un periodista, en ocasión del estreno de *La zapatera prodigiosa*:

> —No, [*La zapatera*] no es *mi obra*... Mi obra vendrá... ¿sabes cómo titulo *mi obra*? *El Público*. Esa sí... ésa... Dramatismo profundo, profundo[30].

Es indudable el interés de Lorca por llevar su teatro al escenario. No está dispuesto a morir como Valle-Inclán sin verlo representado. Apenas un año más tarde anuncia esperanzado a sus padres que:

> Un grupo de amigos y poetas jóvenes quieren representar mi drama *El Público* si la Irene López Heredia a quien se lo han llevado lo aceptara. Desde luego este estreno sería sensacional y una de las batallas literarias mayores de una época. ¡Veremos a ver![31].

Sin embargo, teme con razón por la suerte de esta obra. No debe extrañarnos, pues, que en la última redacción de *Así que pasen cinco años*, llevada a cabo en el verano de 1931, se diluya un tanto, se matice la extrema tensión, la dureza y

[28] *Ibíd.*

[29] Ian Gibson, *op. cit.,* pág. 145.

[30] Ian Gibson, *op. cit.,* págs. 130 y 511, nota 16, «Antes del estreno. Hablando con Federico García Lorca», *La Libertad,* Madrid, 24 de diciembre de 1930. Declaraciones recuperadas por Christopher Maurer en *García Lorca Review,* Nueva York, VII, 1979, págs. 102-103.

[31] Carta de 1931 publicada por M.ª Francisca Vilches de Frutos y Dru Dougherty en *Los estrenos teatrales de Federico García Lorca,* Madrid, Tabapress, Grupo Tabacalera, 1992, págs. 17-19.

ácido dramatismo de *El Público*. La *Leyenda del Tiempo,* esencialmente lírica, no ofenderá las conciencias. Fuera quedan los tabúes sociales, los problemas «inmencionables», ya sean alusiones cristológicas o conflictos homosexuales que aparecen como tema dominante en el drama anterior. *Así que pasen cinco años* representa, pues, un paso atrás, una concesión, un esfuerzo del poeta por conseguir dentro de su «nuevo modo» una obra representable. Su aceptación, sin embargo, no estará exenta de dificultades.

La primera lectura de la *Leyenda del Tiempo* tiene lugar el 4 de octubre de 1931 en casa de Carlos Morla. El resumen que éste nos deja en su «Diario»[32] es cuando menos confuso. El autor divaga, menciona de pasada términos como «surrealismo», «subconsciente», «lo vanguardista». Confiesa finalmente no entender la obra, y efectivamente así lo demuestran las inexactitudes que contiene su descripción[33]. Pero lo que Morla sabe recrear bien es su recuerdo del acto social. La impresión que recibimos es que Lorca había conseguido transmitir aquella noche a todos los oyentes el milagro del sentimiento poético, aunque la sincera admiración de los que le escuchan parece ir unida al total desconcierto que motiva la difícil comprensión de la obra.

Conocemos también, por declaraciones de la propia Margarita Xirgu, la lectura de *Así que pasen cinco años* que Federico le hizo personalmente en el Pardo, donde la actriz por razones de salud acudía a diario a respirar mejor aire. Dentro del coche, detenido en un lugar cualquiera del monte, con las ventanillas abiertas, escuchó con toda atención la nueva obra que el autor le proponía estrenar. Pero no la entendió, por más que el poeta intentó explicársela. Recuerda oírle decir que «se desarrollaba fuera del tiempo y de la realidad, en la cabeza del protagonista». Mas la actriz no logró «verla» como realización escénica, le pareció «irrealizable teatralmente» e «incomprensible para el público» y

---

[32] *Op. cit.,* págs. 105-112.

[33] *Op. cit.,* págs. 109, 110. Entiende por ejemplo que el segundo acto describe una noche de bodas. Que El Joven y El Jugador de rugby pueden ser una misma persona, etc.

así se lo hizo saber. Años más tarde se mostraba arrepentida de aquella decisión[34].

En realidad, toda la obra del ciclo de Nueva York se enfrentaba con la incomprensión del público. Lorca sabía bien que tenía que luchar por hacerla entender. Por eso no quiere entregar al editor sus poemas sin haber tratado por todos sus medios de explicarlos y recitarlos personalmente en conferencia, de haber dado a conocer previamente la forma en que habían surgido[35] «estas cosas que son en cierta manera sinfónicas como el ruido y la complejidad neoyorquina»[36].

Pero el problema se agrava con respecto al teatro. Bien sabemos que la lectura de una obra dramática no era suficiente para Lorca, que requería como parte intrínseca la representación. Aun descartado como irrepresentable *El Público,* la posibilidad de estreno de *Así que pasen cinco años* en el teatro profesional era indudablemente remota. El autor parece finalmente resignado a aceptar esta realidad. Sabe ya que sólo un grupo experimental se atrevería a llevarla a escena. De aquí que en 1933, a raíz del estreno de *Amor de Don Perlimplín,* se decida a entregar el manuscrito a Pura Ucelay para que organice los ensayos en Anfistora sin perder más tiempo.

Declaraciones del autor a la prensa

Es curioso que en sus testimonios y comentarios a la prensa, el poeta mencione siempre ambas obras juntas. No discute una sin aludir también a la otra. En 1933 apunta que *Así que pasen cinco años* va a ser estrenada[37], pero reitera

---

[34] Valentín de Pedro, «El destino mágico de Margarita Xirgu», *¡Aquí está!,* Buenos Aires, 12 de mayo, 1949. Se trata de una serie de siete artículos con el mismo título, publicados el 9, 12, 17, 19, 23, 26 y 30 de mayo. La actriz erróneamente señala 1928 como fecha de la lectura mencionada.

[35] *O. C.,* II, pág. 928.

[36] Maurer, *F. G. L. Epistolario,* Madrid, Alianza Editorial, 1983, 2 vols. Marcaremos en adelante con *E,* II, págs. 135-137.

[37] «*Así que pasen cinco años* será estrenada por el Club Teatral de Cultura, fundado por mí», *O. C.,* II, pág. 914. El poeta se refiere al Club Anfistora que todavía no había sido bautizado con este nombre.

que *El Público* «no se ha estrenado ni ha de estrenarse nunca, porque... "no se puede" estrenar»[38].

Quizás considerase Lorca que la puesta en escena de la *Leyenda del Tiempo*, difícil de comprensión, pero amable y lírica, podría ir acostumbrando a los espectadores a la libertad de forma y contenido de su nuevo teatro, preparándolos, hasta llegar eventualmente a educarlos en el respeto a la expresión de temas o ideas que una tradición vieja consideraba tabúes inaceptables. «El teatro —recordemos sus palabras— es [...] una tribuna libre donde los hombres pueden poner en evidencia morales viejas o equívocas y explicar [...] normas eternas del corazón y del sentimiento»[39].

A su llegada a Buenos Aires en otoño del mismo año 1933, vuelve a hablar de las dos piezas que ha llevado consigo:

> Una es un misterio, dentro de las características de este género, un misterio sobre el tiempo, escrita en prosa y verso. La traigo en mi valija, aunque no tengo la pretensión de estrenarla en Buenos Aires. En cuanto a la otra, que se titula *El Público,* no pretendo estrenarla en Buenos Aires ni en ninguna otra parte, pues creo que no hay compañía que se anime a llevarla a escena ni público que la tolere sin indignarse[40].

Ante la pregunta del entrevistador sigue la justificación de tal actitud. La desfavorable respuesta a las primeras lecturas, a los repetidos intentos de dar a conocer la pieza parecen haberlo condicionado negativamente:

> —Pues porque es el espejo de el público. Es decir, haciendo desfilar en escena los dramas propios que cada uno de los espectadores está pensando, mientras está mirando, muchas veces sin fijarse, la representación. Y como el drama de cada uno a veces es muy punzante y generalmente nada honroso, pues los espectadores enseguida se levantarían indignados e impedirían que continuara la representación. Sí,

[38] *Ibíd.*
[39] *O. C.*, I, pág. 1178.
[40] *O. C.*, II, pág. 929.

mi pieza no es una obra para representarse; es, como ya la he definido, «Un poema para silbarlo»[41].

No creemos, a pesar de estas tajantes declaraciones, que el poeta hubiese en realidad desistido de llevar a escena *El Público*. En nuestra opinión, y aunque fallidas al parecer las esperanzas que anunciaba en su carta de 1931, nunca llegó a considerar imposible la representación de lo que obviamente era para él su obra prima, así al menos parecen atestiguarlo tres años más tarde, en 1936, las nuevas lecturas del manuscrito terminado, o el simple hecho de que por aquel entonces, con vistas a una eventual puesta en escena, lo hubiese dado a leer a Pura Ucelay (de quien, por cierto, recibió una asustada negativa), o su continua insistencia en considerar factible la educación del público «al que se le puede enseñar», al que «hay que domar con altura, y contradecirlo y atacarlo», porque «el teatro se debe imponer al público y no el público al teatro»[42].

Sin embargo, todavía en noviembre de 1935, reconocía la distancia que la realidad social imponía: «Tengo dos obras —declara— que no doy por demasiado intelectuales»[43]. Pero los últimos testimonios que nos dejó el poeta, los de la entrevista de Felipe Morales de abril de 1936, son también los más explícitos. Aquí afirma con seguridad:

Mis primeras comedias son irrepresentables[44].

Mas sigue a continuación una idea básica expresada con toda lucidez:

---

[41] *Ibíd.*
[42] *O. C.,* I, pág. 1179.
[43] Ricardo G. Luengo, *El Mercantil Valenciano,* 11 de noviembre de 1935. Entrevista publicada por Ian Gibson.
[44] Aunque a renglón seguido mencione: «Ahora creo que una de ellas, *Así que pasen cinco años,* va a ser presentada por el club Anfistora», no se está contradiciendo. La *Leyenda del Tiempo,* como ya indicamos, era efectivamente irrepresentable en el teatro profesional. *O. C.,* II, pág. 1016.

En estas comedias imposibles está mi verdadero propósito. Pero para demostrar una personalidad y tener derecho al respeto he dado otras cosas[45].

Es decir, que su obra de éxito no es más que una concesión a ese público que desprecia pero teme, cuyos aplausos tiene que ganarse hasta conseguir el suficiente renombre que le garantice la libertad de expresión, que le permita «llevar al teatro los temas y problemas que la gente tiene miedo de abordar»[46], pero que a juzgar por la insistencia con que los menciona parecen ser los más queridos para él, los más apropiados por su carácter de desafío para el «teatro del porvenir».

Errónea es, pues, la opinión de aquellos críticos que vieron en «las comedias imposibles» un camino equivocado, callejón sin salida que no había de tener continuación en el trabajo futuro del dramaturgo. Y baste recordar a este efecto la inacabada *Comedia sin título*, o revisar el índice del *Teatro inconcluso* que publica Marie Laffranque[47], para verificar que importantes proyectos como «La destrucción de Sodoma», «La bestia hermosa», o «La bola negra», prometían caer de lleno en la más absoluta categoría «irrepresentable».

VALORACIÓN. LA CRÍTICA

En la complejísima bibliografía ya existente no falta hoy un buen número de importantes estudios —recientes por cierto— de la «obra irrepresentable». Conocida es la fascinación que las «comedias imposibles» ejercen sobre la crítica. Continuamente aparecen nuevos ensayos que aportan insospechada luz a distintos y sorprendentes aspectos, aun-

---

[45] *Ibíd.*

[46] *O. C.*, II, pág. 973.

[47] El primer acto, único conservado, de *Comedia sin título* ha sido estudiado y publicado por Marie Laffranque, en *F. G. L. «El público» y «Comedia sin título»*, Rafael Martínez Nadal, Marie Laffranque, Barcelona, Seix Barral, 1978. De la misma autora es el estudio de fragmentos y proyectos inacabados, ya citado: *F. G. L. Teatro inconcluso*.

que por necesidad cada crítico venga generalmente a detenerse en un aspecto concreto, ya sea la posible influencia de Freud o Jung, o la sombra de Einstein, o el contagio surrealista de Dalí o Buñuel, por mencionar sólo temas de permanente actualidad. El hecho es que la lectura de *Así que pasen cinco años* sigue siendo fascinante y abierta a interpretación.

Pero en los treinta o casi cuarenta años después de la muerte del poeta predominaron con mucho las críticas negativas que creían ver un Lorca perdido en un camino errado, sin salida. Repetidas encontramos las opiniones que vienen a expresar una actitud confusa en que se barajan términos de obra incompleta, oscura, hermética, inconclusa, de imposible comprensión y donde toda explicación viene a desembocar en una vaga alusión a un fallido intento surrealista.

Debemos tener en cuenta, sin embargo, que durante cerca de cuarenta años la *Leyenda del Tiempo* fue la única «comedia imposible» conocida. De *El Público*, desaparecido irremisiblemente (sólo dos escenas habían visto la luz), no se publicó un incompleto autógrafo hasta 1976. Se explica, pues, el carácter tímido o francamente negativo que presentó durante mucho tiempo todo intento de valorización de *Así que pasen cinco años*. Obra desgraciada y erróneamente condenada por Guillermo de Torre en su primera edición (Losada, 1938), como inacabada, pasó indefectiblemente a ser así considerada. Como resultado, no sólo fue mal leída, sino que en casos parece no haber llegado a merecer lectura alguna. Por ejemplo, para Arturo Berenguer Carísomo:

> Lorca esbozó una obra, *Así que pasen cinco años* [...] que no debe juzgarse, puesto que es sólo un borrador[48].

Díaz Plaja la excluye de las obras fundamentales de la dramática lorquiana como «obra inacabada»[49].

---

[48] Berenguer Carísomo, Arturo, *Las máscaras de F. G. L.,* Buenos Aires, Editorial Universitaria, 1969, pág. 90, núm. 9.
[49] Díaz Plaja, Guillermo, *F. G. L., su obra y su influencia en la poesía española,* Buenos Aires, Espasa Calpe, 1954, pág. 191.

Lázaro Carreter sitúa la «bella comedia» entre «aquellas obras que suponen una concesión a solicitaciones extrateatrales y sin continuidad en él»[50].

Allen Josephs y Juan Caballero la juzgan como un «experimento estilístico» que «representa un extremo sin continuación», deduciendo que la *Leyenda del Tiempo* sería un poema para leerlo»[51].

Y Roberto Sánchez concluye: «el poeta mismo estimó poco la obra»[52].

Incluso el crítico R. G. Knight, hacia el final de uno de los más detenidos y efectivos estudios del drama, nos sorprende con la conclusión de que *Así que pasen cinco años* no es obra satisfactoria por su condición inacabada, y el hecho de que el dramaturgo trabaje en un estilo que no le es familiar[53].

No quiere esto decir, no obstante, que no haya voces que reclamen el mérito e importacia de *Así que pasen cinco años*. Ya en 1958 encontramos la opinión de Mora Guarnido, definitiva y aclaratoria:

> La leyenda del tiempo condensa y resume a Lorca en todos sus matices y sin tenerla en cuenta y estudiarla cuidadosamente toda valoración de la obra del poeta quedará fragmentada[54].

En fecha más reciente, la fina crítica de Ricardo Gullón advierte:

---

[50] Carreter Lázaro, Fernando, «Apuntes sobre el teatro de G. L.», Ildefonso Manuel Gil, *F. G. L.*, Madrid, Taurus, 1973, pág. 276.

[51] Josephs, Allen y Juan Caballero, *F. G. L. La casa de Bernarda Alba*, Madrid, Cátedra, 1978, pág. 38.

[52] Sánchez, Roberto, *G. L., estudio sobre su teatro,* Madrid, JURA, 1950, pág. 46.

[53] «*Así que pasen cinco años* is an unsatisfactory play because of its unfinished condition, and the fact that the dramatist is working in an unfamiliar style», pág. 96. *F. G. L. Así que pasen cinco años,* Bulletin of Hispanic Studies, 1966, vol. 43, núm. 1, págs. 32-46.

[54] Mora Guarnido, José, *F. G. L. y su mundo,* Buenos Aires, Losada, 1958, pág. 176.

Antes de opinar sobre una pieza teatral conviene verla representada. La lectura no basta [...] el lirismo escuchado facilita la comunicación[55].

Y Mora Guarnido, después de asistir a una representación en Montevideo, afirma que «la escena aclaraba en su acción no pocos efectos que quedaban oscuros o sin perfil en la simple lectura». Y reitera: «una vez más se demostraba que no existe teatro para leer»[56].

Efectivamente, el teatro escrito no es más que parte incompleta de un todo. La falta de estreno de *Así que pasen cinco años* hizo que en España la obra quedase como inconclusa, *non-nata*. La crítica literaria quizás olvidó el hecho conocido de que el teatro de Lorca (al igual que la composición musical que debe ser oída para ser apreciada) fue concebido para ser representado, es decir, visto y oído, y no meramente leído. La supuesta calidad «irrepresentable» que le había atribuido el poeta, no era más que mera defensa a modo de escudo ante una crítica que temía de antemano. Baste recordar el hecho de que apenas declarada la obra «irrepresentable» anunciase su próxima representación por el Club Anfistora[57].

En contraste, y mientras el nombre de Lorca era oficialmente silenciado en nuestro país, *Así que pasen cinco años* tuvo toda una larga serie de representaciones en Europa y América[58]. Aunque por lo general, éstas estuvieron a cargo de grupos independientes o universitarios, la obra no que-

---

[55] Gullón, Ricardo, «Perspectiva y punto de vista en el teatro de G. L.», *Homenaje a G. L.*, recopilación Ricardo Doménech, Madrid, Cátedra, 1982, pág. 28.

[56] *Op. cit.*, pág. 175.

[57] *O. C.*, II, pág. 1016.

[58] Señalaremos sólo las primeras en el tiempo y las que consideramos más importantes: el 13/9/1937 en la sala Yena de París como homenaje a F. G. L. se representó por Germana Montero (antigua actriz de Anfistora conocida anteriormente como Germana Heygel) una escena inédita: «Romance del maniquí.» Se reprodujo el fragmento en noviembre del mismo año en *Hora de España* comentado por Max Aub. 18/2/37 se representó en San José de Costa Rica una escena de la leyenda del tiempo, todavía inédita, junto a la *Cantata en la tumba de F. G. L.* de Alfonso Reyes. 5/4/1945

dó precisamente relegada a la mera lectura. Valga recordar como excelentes producciones, la puesta en escena de la Universidad de Puerto Rico en 1954, o la dirigida por Marcelle Auclair en París de 1959, en francés, o la inolvidable de Valerie Bettis en Nueva York, en inglés, en 1960. Finalmente, la *Leyenda del Tiempo* logró ser estrenada con toda dignidad en Madrid, bajo la dirección de Miguel Narros, en el teatro Eslava el 19 de septiembre de 1988, cuarenta y ocho años después de que fuese escrita. Repuesta por el mismo director en el Teatro Español en 1988, ha sido también ampliamente representada por grupos experimentales en los últimos años.

La publicación en 1976 por Rafael Martínez Nadal del autógrafo de *El Público,* no obstante lo desordenado o fragmentario del manuscrito, vino a revelar la enorme importancia de la obra. Ante la evidencia del estrecho parentesco con *Así que pasen cinco años,* la crítica pudo ya ver ambos dramas firmemente encajados como parte de una corriente bien definida, «verdadero propósito» de su autor.

Por nuestra parte, y a pesar de la interrelación que une ambos dramas entre sí y con otros textos del teatro inconcluso, trataremos de dedicar nuestra atención exclusivamente al estudio de *Así que pasen cinco años.*

---

se estrenó *Así que pasen cinco años* en Nueva York, en inglés, por el Jane Street Group en el Provincetown Playhouse. 18/7/1948 se presentó en Buenos Aires por el conjunto vocacional «Los pies descalzos» bajo la dirección de Francisco Silva. 22/11/1954 se presentó, con pretensión de estreno, en el teatro de la Universidad de Puerto Rico. 1/11/1956 se dio en Televisión Mexicana dirigido por Salvador Novo. En 1956 se representó en el teatro universitario de Montevideo bajo la dirección de Hugo Barbagelata. 1/1959 representación en el teatro Recamier de París, en francés, como «estreno absoluto» presentada y traducida por Marcelle Auclair. 5/1960 presentación en Nueva York, en inglés, por el grupo Stage 73 dirigido por Valerie Bettis (excelente producción que el crítico del *New York Times* no supo apreciar).

TÍTULO Y SUBTÍTULOS: «ASÍ QUE PASEN CINCO AÑOS. LEYENDA DEL TIEMPO» O «MISTERIO DEL TIEMPO»

Así que pasen cinco años es un título extraño, enigmático. Parece ser algo preconcebido, anterior a la obra, enunciado por el poeta exactamente así en septiembre de 1929 a Ángel del Río, como el nombre que había de llevar una producción dramática de «su nuevo estilo». Pero el hecho es que encontrar un título en espera de una obra no es extraño en Lorca. Baste revisar los textos recogidos en el volumen de *Teatro inconcluso*[59].

En el caso que nos ocupa, el título consiste, como podemos ver, en una frase cortada a modo de pensamiento interrumpido que produce la incierta inquietud de lo inacabado. De inmediato incita a la pregunta: «Así que pasen cinco años, ¿qué?, ¿qué ocurrirá entonces?»

El plazo de cinco años, arbitrariamente fijo, se nos presenta al comienzo de la obra como la duración de un viaje, o la espera del amor que ha de verse felizmente realizado al término de aquél, en que el protagonista volverá a encontrarse con la mujer a quien cree amar, apenas una niña de quince años. Pero ya antes de acabar el primer acto, un personaje, el Amigo 2.º, se encarga de señalarnos tangencialmente que:

> Dentro de cuatro o cinco años existe un pozo en que caeremos todos[60].

Cinco años, la espera del amor, viene a ser en realidad un plazo nefasto, fin de viaje, encuentro con la muerte. (Y no es aquí, por cierto, el único lugar en que hallamos ese pozo

---

[59] Marie Laffranque, *F. G. L. Teatro inconcluso, fragmentos y proyectos inacabados,* Granada, Universidad de Granada, 1987.

[60] Ésta es la línea en que el poeta parece predecir su propia muerte, ocurrida a los cinco años, mes y día exactos de la que marca el manuscrito: 19 de agosto de 1931. Murió el 19 de agosto de 1936.

presente también en otras obras del poeta.) Los cinco años con que de modo irrevocable nos emplaza el título, reaparecerán como un ritornelo repetido hasta once veces a lo largo del drama, siempre aludiendo a distintos momentos en el tiempo, ya sea como referencia a un futuro en el primer acto, a un presente en el segundo o a una insólita inversión al pasado en el tercero.

Y por cierto, que a modo de idea fija el poeta repite el mismo plazo previamente en una obra anterior *(Los títeres de cachiporra)*, donde un joven regresa de un viaje de cinco años para recuperar el amor de la protagonista.

La machacona insistencia en número y tiempo —los cinco años— que reconocemos ya como decididamente adversos, nos lleva finalmente a recordar otro viaje de precisamente cinco años, fuente lejana, pero indudable del que nos ocupa. Nos referimos al de Pécopin, el héroe de la *Légende du beau Pécopin et de la belle Bauldour,* de Victor Hugo, que de vuelta de su viaje reflexiona sobre el tiempo que no había visto a su amada:

> cinq ans s'étaient écoulés depuis qu'il n'avait vu Bauldour [...] Cinq ans pensait-il, oui, mais je vais la revoir enfin. Elle avait quinze ans...[61].

Los *«cinco años habían pasado»* del pensamiento de Pécopin nos aproximan suficientemente (a pesar del importante cambio de tiempos) al *Así que pasen cinco años* de nuestro título.

Sobre la obsesiva influencia de la leyenda de Hugo en el joven Lorca nos ilustra Francisco, su hermano, recordando el rito impuesto por Federico, el mayor de los dos, y que contaría unos once o doce años a la sazón. Dado que dormían en el mismo cuarto, para conseguir que Federico deja-

---

[61] *Le Rhin,* cap. XXI. Eutimio Martín estudia el tema en *Federico García Lorca, heterodoxo y mártir. Análisis y proyección de la obra juvenil inédita,* Madrid, Siglo XXI, 1986. En la traducción de Francisco Casanovas, *El Rhin,* Barcelona, F. Seix, sin fecha, el título se da como *Leyenda del apuesto Pecopin y la bella Boldur,* págs. 299-369.

se de leer y apagase la luz, Francisco tenía que recitar con él, el diálogo siguiente:

FED.

Pecopin, Pecopin.

FRAN.

Baldour, Baldour.

FED.

Apagar, apagar...

FRAN.

La luz, la luz[62].

El propio poeta atestigua la permanencia en su memoria del cuento de Victor Hugo en el largo poema «*Leyenda a medio abrir*», escrito en 1918, a sus veinte años[63]. «Los recuerdos —señala en algún lugar— hasta los de mi más alejada infancia, son en mí un apasionado tiempo presente»[64].

No debe extrañarnos al llegar a este punto, el subtítulo: *Leyenda del Tiempo*, adscrito a *Así que pasen cinco años*, porque tanto o más que a la obra de Lorca podría ajustarse a la leyenda de Hugo donde el tiempo, que manejado por el diablo precipita la tragedia, es clave absoluta.

Mas así como el título parece premeditado, el autor ha dudado en el subtítulo, conveniente desde luego para explicar lo enigmático del primero. «*Así que pasen cinco años* —explica Lorca— es la leyenda del tiempo, cuyo tema es ése: el tiempo que pasa»[65]. «Leyenda» nos orienta, pues, hacia un

---

[62] Francisco García Lorca, *Federico y su mundo*, edición de Mario Hernández, Madrid, Alianza Editorial, 1980, pág. 50.
[63] Publicado por Eutimio Martín, *op. cit.*, págs. 124-126.
[64] *O. C.*, pág. 956.
[65] *O. C.*, II, pág. 914.

ambiente de fábula, un mundo de ficción, un tiempo ilógico de sueño, fuera de toda realidad.

Pero en otro lugar se nos ofrece otra opción de subtítulo: «la obra —define el poeta— es un misterio, dentro de las características de este género, un misterio del tiempo escrito en prosa y verso»[66]. Nos refiere así a los misterios medievales, aunque se acercará más en su intención al cargado barroquismo de otro género posterior, el de los autos sacramentales, haciéndonos en todo caso esperar el complicado juego alegórico de un apólogo, de un ejemplo de vida humana, junto a una estructura dramática tradicional. Pero así como «leyenda» —que prevalecerá como subtítulo— nos sugirió el espíritu de la obra, «misterio» nos advierte de su intención ideológica, de su estructura y contenido.

Pero ya se trate de uno u otro concepto —«leyenda» o «misterio»—, el elemento inalterable que identifica el drama es «el tiempo», que debemos entender como tiempo humano, espera y tránsito inevitable, lapso de aventura vital.

INFLUENCIAS

Existe un indudable proceso de continuidad entre «las comedias irrepresentables» y los poemas en prosa redactados entre 1927-1928, a los que debemos añadir al menos dos breves piezas dramáticas[67]. Constituyen éstos un primer escalón hacia su «nuevo estilo» que se desarrollará plenamente en el ciclo neoyorquino. En ambos momentos tiene lugar la máxima aproximación de Lorca al surrealismo, mo-

---

[66] *O.C.*, II, pág. 929.
[67] Las prosas son ocho: *Santa Lucía y San Lázaro, Degollación del Bautista, Degollación de los inocentes, Amantes asesinados por una perdiz, Nadadora sumergida, Suicidio en Alejandría, La gallina, Meditaciones a la muerte de la madre de Charlot.* De esta última se ha conservado un texto incompleto, fechado el 7 de septiembre de 1928, que ha sido publicado por Christopher Maurer en *El País* de 3 de diciembre de 1989. Las piezas dramáticas a que nos referimos son los diálogos, *La doncella, el marinero y el estudiante* y *Diálogo de la bicicleta de Filadelfia*, ambos fechados en julio de 1925 y publicados en el número 2 de *Gallo*. El segundo con el nombre *El paseo de Buster Keaton*.

vimiento al que repetidamente —y en muchos casos no sin cierta ligereza— han sido adscritos más de una vez por la crítica.

A pesar de la proliferación casi prohibitiva de la bibliografía lorquiana, las prosas poéticas no habían conseguido hasta hace poco tiempo la atención de los estudiosos. Bien es cierto que sólo recientemente se han hecho asequibles toda una serie de cartas cruzadas entre Lorca, Dalí, Sebastián Gasch —crítico y amigo de ambos—, Luis Buñuel y José Bello, de indudable importancia para el esclarecimiento de la posición estética del poeta ante la vanguardia. Hoy contamos principalmente con los importantes materiales aportados por Ian Gibson[68], Agustín Sánchez Vidal[69], Rafael Santos Torroella[70] y toda una serie de estudios entre los que destacaremos los de Miguel García Posada[71], Andrew A. Anderson[72] y Julio Huélamo[73].

Lorca, básicamente procedente del simbolismo, se preocupó como todos los autores jóvenes de su momento por la nuevas ideas de renovación que agitaban la década, que impregnadas de irracionalismo rechazaban un pasado caduco reclamando un nuevo concepto de liberación del arte de la realidad objetiva. Pero la asignación de nuestro poeta al surrealismo constituye un tema difícil, equívoco, y ampliamente discutido.

Los poemas en prosa, aparte de su carácter de precursores del ciclo neoyorquino, son textos importantes. Así, la

---

[68] *F. G. L.,* Barcelona, Grijalbo, 1985.

[69] *Buñuel, Lorca, Dalí: El enigma sin fin,* Barcelona, Planeta, 1988.

[70] «Salvador Dalí escribe a F. G. L.», *Poesía,* núms. 27-28, 1987.

[71] «Lorca y el surrealismo: Una relación conflictiva», *Ínsula,* 515, noviembre 1989, págs. 7-9; *F. G. L. Poesía 2,* Madrid, Akal, 1982, págs. 56-62; *Lorca: interpretación de «Poeta en Nueva York»,* Madrid, Akal, 1981.

[72] «Los dramaturgos españoles y el surrealismo francés, 1924-1936», *Ínsula,* 515, noviembre 1989, págs. 23-25.

[73] *F.G. L., Santa Lucía y San Lázaro,* Málaga, Centro Cultural de la Generación del 27, 1989; «Lorca y los límites del teatro surrealista español», *España entre la tradición y la vanguardia, 1918-1939,* Madrid, Consejo Superior de Investigaciones Científicas/Fundación F. G. L./Tabacalera S.A., 1992, págs. 207-214.

primera de estas prosas *Santa Lucía y San Lázaro*[74], bajo su aparente condición surrealista, encierra un ensayo serio. Es una respuesta en clave hagiográfica a la «estética de la objetividad» defendida por Salvador Dalí en su prosa *San Sebastián*[75]. En la irónica contraposición de los dos santos, Lorca preconiza un equilibrio sincrético entre la objetividad fría representada por Santa Lucía y la subjetividad emocional y sentimentaloide de San Lázaro.

Los surrealistas ortodoxos, Dalí y Buñuel, ven con desconfianza la adhesión del poeta al movimiento. Salvador Dalí, a quien por cierto había gustado extraordinariamente *Santa Lucía y San Lázaro*, comenta con sorna: «... por su aspecto los señores putrefactos creerán que se trata de un escrito superrealista» —y continúa—: «Lorca parece ir coincidiendo conmigo [...] en muchos puntos [...] sin embargo, pasa por un momento intelectual»[76]. Pero la opinión de Luis Buñuel a propósito de otro de los poemas en prosa, *La degollación de los inocentes,* es cáustica y definitiva: «Federico *quiere* hacer cosas surrealistas, pero falsas, hechas con la inteligencia, que es incapaz de hallar lo que halla el instinto»[77].

Sin embargo, las prosas constituyen —como ya indicamos— la manifestación surrealista más formal del vanguardismo lorquiano, pero incluso en ellas podemos ver el carácter peculiar que tal práctica adquiere en nuestro poeta. Cuando remite a Gasch sus últimos poemas en prosa, *Nadadora sumergida* y *Suicidio en Alejandría,* quizás los más difíciles, de claves ocultas, prácticamente herméticas, en la car-

---

[74] Apareció en la *Revista de Occidente* en noviembre de 1927. Es de primera importancia el estudio de Julio Huélamo sobre este texto.

[75] *Sant Sebastià* artículo o prosa dedicado a Lorca, publicado en *L'Amic de les Arts.* Más tarde, traducido al castellano, apareció en el primer número de *gallo,* en febrero de 1928.

[76] Carta de Dalí a Sebastián Gasch. Ian Gibson, *op. cit.,* I, pág. 527. Putrefacto era término con que originalmente Lorca y Dalí identificaban a aquellos individuos a quienes consideraban pedantes, sentimentaloides, inmovilistas y cursis. La categoría incluía nombres como Juan Ramón Jiménez y Azorín, por ejemplo.

[77] Buñuel en carta a Pepín Bello. Agustín Sánchez Vidal, *Buñuel, Lorca, Dalí: El enigma sin fin,* Barcelona, Planeta, 1988, pág. 198.

ta que los acompaña tenemos una declaración clara y evidente de su posición ante el surrealismo:

> Ahí te mando los dos poemas [...] Responden a mi nueva manera *espiritualista,* emoción pura descarnada, desligada del control lógico, pero ¡ojo!, ¡ojo!, con una tremenda lógica poética. No es surrealismo, ¡ojo!, la conciencia más clara los ilumina[78].

Se marca, pues, lo equívoco de su relación con tal tendencia. Rechazado queda el automatismo y la inconsciencia en la escritura. Esa «tremenda lógica poética» que se nos anuncia, reclama al menos un mínimo de significado. Los poemas en prosa estarán evadidos del «control lógico», pero presentes en ellos están espíritu y emoción más la seguridad del autor en sí mismo que revela esa «conciencia» que «los ilumina».

Intuimos ya su concepto de «poesía evadida», liberada de cualquier vínculo con la realidad, enfrentada a la imaginación. Esta última, dependiente de la «lógica humana», mantiene la poesía sujeta al control de la razón. Pero forzosamente el hecho poético tiene que «evadirse de las garras frías del razonamiento», y aunque el surrealismo sea «uno de los medios de evasión» que insistentemente le recomienda Dalí[79] no será el escogido por Lorca, que no caerá en el irracionalismo ni abandonará espíritu ni emoción y será siempre fiel a la tradición literaria española. Vemos así que en su conferencia *Imaginación, Inspiración, Evasión,* el poeta elegirá finalmente la inspiración, que sólo regida por la «ló-

---

[78] Conciencia, que dos años después de la fecha de esta carta, en el segundo manifiesto de 1930, es aceptada por Breton como ayuda necesaria para interpretar lo creado durante la rendición al inconsciente. Véase Carlos Feal «Un caballo de batalla: el surrealismo español», *Bulletin Hispanique,* vol. 81, núms. 3-4, 1979, 265-279, pág. 273. La cita de Lorca proviene de Christopher Maurer, *E* , II, pág. 114.

[79] En carta a Lorca escrita a raíz de la publicación de *El romancero gitano* en la que critica duramente su poesía. Sin fecha. Se supone de primeros de septiembre de 1928. I. Glbson, *op. cit.,* I, pág. 569. El subrayado es de Dalí.

gica poética», será el medio único que permitirá a la poesía conseguir, lejos de todo límite, la verdadera evasión.

Y expone en el mismo lugar:

> Esta evasión poética puede hacerse de muchas maneras. El surrealismo emplea el sueño y su lógica para escapar. Pero esta evasión por medio del sueño o del subconsciente es, aunque muy pura, poco diáfana. Los latinos queremos perfiles y misterio visible[80].

Es decir, que para él la evasión de la realidad al estilo surrealista por medio del sueño o del subconsciente, no será el medio a seguir. En carta a Gasch determina de manera tajante cualquier duda sobre su posición: «YO ESTOY Y ME SIENTO CON PIES DE PLOMO EN ARTE», y añade. «El abismo y el sueño los TEMO[81]. Y en otro lugar leemos: «abomino el arte de los sueños»[82].

Pero no significa esto que Lorca no se sirva ampliamente del surrealismo o incluso de ese mundo de los sueños, aunque para él no sea más que un procedimiento a utilizar a expensas del cual se enriquece su propia obra, por más que en ocasiones parezca realmente comprometido con la nueva tendencia. A pesar de que Dalí o Buñuel quizás le influyesen en ciertos aspectos, no aparenta estar obligado en ningún caso ni conocer muy a fondo el modelo francés, ni sigue tampoco la versión peninsular. La posición que le caracteriza es esencialmente la de la plena libertad.

Quizá debamos escuchar la propia opinión del poeta, suficientemente esclarecedora:

> Como siempre que se trata de un gran movimiento coincidimos *sin estar de acuerdo* gentes de todo el mundo[83].

---

[80] La conferencia se dio por primera vez en Granada, 11 de octubre, 1928. Citamos por la edición de Christopher Maurer, *F. G. L., Conferencias,* Madrid, Alianza Editorial, 1984, págs. 20 y 25.

[81] *E.,* II, pág. 80. Las mayúsculas son de Lorca.

[82] *E.,* II, pág. 81.

[83] *Sketch de la nueva pintura,* Christopher Maurer, *F. G. L., Conferencias,* II, pág. 48. El subrayado es nuestro.

Las opiniones de los críticos difieren entre sí. Francisco García Lorca, por ejemplo, niega taxativamente la adscrición de su hermano al surrealismo: Era «distintivo del poeta —afirma— el no haberse adscrito (chocaba con su temperamento) a ninguna escuela o tendencia o magisterio concreto»[84].

Por contraste, y como un simple ejemplo, encontramos que *El paseo de Buster Keaton,* uno de los breves diálogos del vanguardismo dramático del poeta (fechado en julio de 1925, a menos de un año de la publicación del primer manifiesto surrealista[85]), al ser sometido a análisis por el excelente crítico de Lorca, Julio Huélamo, se nos aparece como un texto que podría tener cabida dentro de la ortodoxia[86]. Francisco Aranda, coincidiendo con esta opinión, lo considera «una de las obras maestras del surrealiamo español»[87]. Y Miguel García Posada, que estudia el tema en su artículo «Lorca y el surrealismo: Una relación conflictiva», nos asegura que «Federico García Lorca es el menos surrealista de los grandes poetas de su generación. Pero el surrealismo lo marcó, y en su ámbito concibió sus poemas más ambiciosos y sus mejores dramas»[88].

Es indudable que en las «comedias imposibles», que acabamos de ver adjetivadas como «sus mejores dramas», la utilización por el poeta de la tendencia que nos ocupa tiene un importante lugar. En nuestra opinión, es Rafael Martínez Nadal quien mejor acierta a expresar la conflictiva presencia de este movimiento literario en ambas obras, al señalar que representa «el primer intento importante de aplicar técnicas surrealistas a un teatro de problemas humanos»[89].

---

[84] Francisco García Lorca, *op. cit,* pág. 188.

[85] La primera referencia al surrealismo francés apareció en diciembre de 1924 en un artículo de Fernando Vela, «El Surrealismo», publicado en *La revista de Occidente,* t. VI, núm. 18, págs. 428-434. El primer manifiesto surrealista de André Breton es del 15 de octubre de 1924.

[86] «Lorca y los límites del teatro surrealista español», *op. cit.,* págs. 211-212.

[87] *El surrealismo español,* Barcelona, Lumen, 1981, pág. 89.

[88] «Lorca y el surrealismo: una relación conflictiva», *op. cit.* pág. 9.

[89] *F. G. L., El Público y Comedia sin título Dos obras teatrales póstumas,* Barcelona, Seix Barral, 1978, pág. 222.

No es nuestra intención extendernos demasiado aquí en la discusión del problema surrealista. Si lo hemos tratado en primer lugar entre las posibles influencias vanguardistas, se debe a la insistencia de la crítica en catalogar bajo tal enunciado la producción dramática del ciclo neoyorquino.

Mas no debemos olvidar que vanguardia y surrealismo no son sinónimos. «Una multitud de *ismos* impera», nos advierte el mismo poeta en su conferencia *Sketch de la nueva pintura*[90], donde analiza brevemente, futurismo, dadaísmo, expresionismo y sobrerrealismo, sin olvidar la presencia del cine. Podríamos añadir a la lista, además de simbolismo, ultraísmo y creacionismo, la importancia de autores como Strindberg, Pirandello y sobre todo Jean Cocteau, que no entran exactamente en ninguna tendencia concreta, pero que se representaron en el Madrid de los años 20[91]: en 1923 los *Seis personajes en busca de autor,* en 1928 el *Orfeo,* puesto en escena por Rivas Cherif en El Caracol. Del éxito de esta última producción se derivó la fama en España de Cocteau como «gran poeta surrealista» (por más que el paso del tiempo haya rebajado hoy su importancia), pero posiblemente el hecho de que figurase a la vez como dramaturgo, poeta, pintor y dibujante —además de director de cine—, llevó a establecer en aquellos días cierta comparación con Lorca, que por cierto en la conferencia más arriba mencionada lo había distinguido como «delicioso poeta francés». Hay indudablemente coincidencias entre ambos poetas que debemos atribuir a su contemporaneidad, o aceptar, quizá, cierta posible influencia, pero teniendo bien en cuenta que la

---

[90] Maurer, *F. G. L.Conferencias,* II, pág. 44. Claudio Guillén recuerda a Raimundo Lida asegurar que Federico «se apoderaba de todos los *ismos,* adueñándose de ellos y transformándolos». («El misterio evidente en torno a *Así que pasen cinco años*», *F. G. L.,* 7-8, pág. 223.)

[91] Por lo que respecta a August Strindberg se representaron en Madrid tres obras suyas —*Los acreedores, La danza macabra* y *El padre*— que no corresponden a la época pre-expresionista que nos interesa. Citado por Andrew A. Anderson, «*El Público, Así que pasen cinco años* y *El sueño de la vida.* Tres dramas expresionistas de García Lorca», *El teatro en España entre la tradición y la vanguardia,* Madrid, Consejo Superior de Investigaciones Científicas/Fundación F. G. L./Tabacalera, 1992, pág. 216.

curiosa similitud existente en algún punto de *Así que pasen cinco años* con *Le sang d'un poète*, el final del juego de cartas, por ejemplo, es absolutamente casual por parte de Lorca, ya que su obra es anterior al film de Cocteau que, terminado en 1931, no se proyectó en Madrid hasta 1932.

Tengamos ahora en cuenta la opinión de su hermano Francisco, que nos asegura que Federico: «absorbía vivamente, más por intuición que por conocimiento reflexivo —por contaminación...— las corrientes de la sensibilidad de su tiempo»[92] y añadamos el juicio autorizado de su crítico y amigo Ángel del Río, que precisamente comentando la dificultad que entraña el estudio de «la complicada cuestión de las influencias de Lorca» nos habla de «su facilidad extraordinaria para asimilar y aprovechar cualquier corriente literaria o artística que estuviera en aquel momento en el aire... era como un sexto sentido, como un atributo físico»[93]. Aceptada, pues, la extraordinaria capacidad de asimilación del poeta, debemos deducir como hecho natural la multiplicidad de sus influencias.

Así, no debe extrañarnos la atención dedicada por el conocido crítico Andrew A. Anderson hacia la deuda de Lorca con el expresionismo, en sus artículos: «Los dramaturgos españoles y el surrealismo francés, 1924-1936»[94] y *El Público, Así que pasen cinco años* y *El sueño de la vida,* tres dramas expresionistas de García Lorca»[95]. Encontramos ya en el primero, la afirmación concluyente de que en *El Público* «la máxima deuda estructural es sin lugar a dudas la expresionista». En el segundo artículo, de indudable interés, se estudia detenidamente una larga lista de obvias coincidencias, situaciones comunes, presentación de personajes, tratamiento de la escena, estructura y estilo, etc., de la vanguardia expresionista europea y los tres dramas experimentales de Lorca. Pero, aclara el crítico, se trata, a su modo de ver,

---

[92] *Op. cit.,* pág. 188.
[93] *Poeta en Nueva York,* Madrid, Cuadernos Taurus, pág. 37.
[94] *Surrealismo español, Ínsula,* 515, nov. 1989, págs. 23-25.
[95] *El teatro en España entre la tradición y la vanguardia,* Madrid, Consejo Superior de Investigaciones Científicas/Fundación F. G. L./Tabacalera, 1992, págs. 215-226.

más bien de puntos comunes de época, o paralelismos, que de literal adhesión de Lorca al movimiento. Lo que Andrew Anderson ve —en nuestra opinión muy acertadamente— es una mezcla de «influencia y coincidencia», muy de acuerdo con la personalidad del poeta y semejante, después de todo, a la intrusión del surrealismo en su obra.

Existe además, insistiendo en el mismo aspecto (pero excluyente de la *Leyenda del Tiempo*), un buen artículo de Carlos Jerez Farrán, «La estética expresionista en *El Público* de García Lorca»[96]. Es difícil para nosotros, como es de suponer, el intento de aislar el análisis de *Así que pasen cinco años* de *El Público*, ya que a partir de la publicación del manuscrito de este último, los estudios más relevantes se concentran en este importantísimo drama. Anderson menciona alusiones pasajeras al expresionismo en relación con *Así que pasen cinco años* al menos en tres casos[97]. Pero contamos con dos serios ensayos que analizan cuidadosamente las posibles influencias que recibe la obra.

Nos referimos, en primer lugar, al inteligente artículo de Ofelia Kovacci y Nélida Salvador, que hace ya algún tiempo estudiaron la posición de *Así que pasen cinco años* en la vanguardia europea, trazando una detenida interpretación de la obra por medio de un serio análisis crítico. El resultado conseguido fue la negación de la tesis surrealista, reducida en su opinión a «meras coincidencias en la temática y el clima propios de un teatro esencialmente poético». Según ellas, la obra presenta «un acercamiento más coherente» a la corriente expresionista, a pesar de hallarse «entrecruzada con caracteres más típicamente surrealistas»[98].

Julio Huélamo —cuya excelente memoria de licenciatura *Claves interpretativas de «Así que pasen cinco años» (1981)*

---

[96] *Anales de la literatura española contemporánea*, vol. II, 1-2, 1986.

[97] Edwin Honig, *García Lorca*, Londres, J. Cape, 1969, pág. 136; C. B. Morris, *Surrealism in Spain*, Cambridge, Cambridge Un. Press, 1972, página 48 y n. 193; Antonio F. Cao, *«Así que pasen cinco años* de G. L.: teatro y antiteatro», Actas del IX congreso de la Asociación Internacional de Hispanistas, II, ed. S. Neumeister, Frankfurt, Vervuert, 1989, págs. 186 y 192.

[98] «García Lorca y su Leyenda del tiempo», *Filología*, VII (1961), páginas 77-105. Cito de las págs. 105 y 89.

nos proporciona el estudio más completo que tenemos del drama— abunda en la misma opinión de las escritoras argentinas, aunque en trabajos recientes pasa también a considerar las «irrepresentables» lorquianas como «un teatro que, sin pruritos clasificadores, podríamos llamar surrealista»[99].

En su tesis, Huélamo se afirma en la naturaleza onírica de *Así que pasen cinco años*. Para él, la obra «es el resultado lúcido de la *mímesis* deliberada y minuciosa de un sueño»[100]. La Leyenda del tiempo, pues, desde el primer acto, hasta el comienzo del cuadro final —en que El Joven vuelve de un viaje— representa un sueño del personaje. Pero el tratamiento del sueño que utiliza Lorca no proviene del surrealismo, no se trata de un estado de ensoñación del autor ni de un trance de evasión poética. Estamos ante un texto-sueño que reproduce con rigurosa exactitud, conceptos, símbolos y teorías que aparecen en los escritos de Freud, principalmente en *La interpretación de los sueños*, y cuyo conocimiento por Lorca demuestra el crítico de forma convincente.

En ambos estudios mencionados, y en un reciente artículo del mismo autor, que resume «La influencia de Freud en el teatro de García Lorca»[101], se nos presentan, pues, las ideas freudianas como una importante influencia en *El Público* y *Así que pasen cinco años*. Incluso, la «lógica poética» de que se valió Lorca para evadir su poesía del «control lógico», se identifica —según Carlos Feal— con «la lógica del inconsciente que Freud fue el primero en descubrir»[102].

Según García Posada, Huélamo añade de esta forma «un dato sustancial no manejado hasta ahora de modo adecua-

---

[99] Una copia de la memoria de licenciatura se conserva en la Fundación García Lorca. El estudio de las comedias «imposibles» se complementa con la tesis doctoral del mismo Huélamo sobre *Estructura y personajes de El Público*, 2 tomos, Universidad Autónoma de Madrid, 1989. La cita proviene de «Lorca y los límites del teatro surrealista español», *op. cit.*, pág. 213.

[100] «La influencia de Freud en el teatro de García Lorca», *F. G. L.*, número 6, 1989, pág. 63, n. 12.

[101] *F. G. L.*, 6, diciembre, 1989, págs. 59-83.

[102] «Un caballo de batalla: el surrealismo español», *Bulletin Hispanique*, vol. 81, núms. 3-4, 1979, pág. 275.

do», el de «la profunda cultura freudiana de Lorca, común a los hombres de su generación, pero convertida en factor estructurante de sus obras»[103].

Por lo que respecta a fuentes clásicas de las abundantes referencias mitológicas utilizadas por Lorca, recogemos la afirmacion de Rafael Martínez Nadal, que cita las *Metamorfosis* de Ovidio y la *Teogonía* de Hesíodo como los libros sobre el tema que el poeta «leyó y releyó»[104].

No olvidemos, finalmente, otra importantísima influencia declarada por el mismo Lorca, la del teatro de vanguardia neoyorquino, «avanzado de formas y teoría», que admiró durante su estancia en la ciudad, prometiendo sacar de él «gran partido para mis cosas».

Carecemos de toda noticia sobre las representaciones a que pudo asistir el poeta[105], pero indudablemente estuvo en contacto con Irene Lewinsohn, directora —y fundadora junto con su hermana Alice— del Neighborhood Playhouse, uno de los tres teatros experimentales de renombre en Nueva York. No sabemos si Federico llegó a asistir allí a alguna puesta en escena, pero pudo, desde luego, conocer de primera mano la teoría del grupo, funcionamiento de ensayos y taller, ya que Irene Lewinsohn era persona interesada en cosas españolas, amiga de Federico de Onís —director del Departamento de Español de la Universidad de Columbia— y asistía a las conferencias de la Casa de las Españas donde Lorca había sido encargado de dirigir el grupo de canto que actuaba por costumbre al final de los actos académicos. Persona muy rica y generosa es con toda seguridad «la millonaria» que se menciona en una de las cartas[106]

---

[103] *Op. cit.,* pág. 8.

[104] *El público. amor y muerte en la obra de F. G. L., op. cit.,* pág. 95.

[105] El teatro en Nueva York durante la estancia de Lorca en la ciudad ha sido ampliamente estudiado por Maurer, Christopher, «Nueva York. El teatro, 1930», *F. G. L. escribe a su familia desde Nueva York y La Habana (1929-1930),* págs. 133-141; y Anderson, Andrew A., «On Broadway, Off Broadway: García Lorca and the New York Theatre, 1929-1930», GESTOS (Irvine, CA.), VIII, núm. 16, nov. 1993.

[106] Maurer, *op. cit.,* carta núm. XI, pág. 79. También en 1939 ayudó a los exiliados de la Guerra Civil que llegaron a Nueva York.

como quizá dispuesta a representar el *Perlimplín* si la traducción que intentaba Mildred Adams se hubiese llevado a cabo. Ella fue quien años más tarde, en 1935, sufragaría la costosa, aunque poco afortunada, representación, en inglés, de *Bodas de sangre*.

Federico nos habla con el mayor entusiasmo del Neighborhood Playhouse: «Es —nos dice— uno de los más interesantes laboratorios de experiencia de arte dramático del mundo»[107]. El Playhouse utilizaba artistas jóvenes, poco conocidos aún, pero baste mencionar que su primera bailarina era Martha Graham, futura creadora de la danza moderna. Se representaban solamente dos obras al año y por poco tiempo. Maurer en su citado estudio del teatro de Nueva York en 1930 menciona que en la temporada 1929-1930 el Playhouse experimentaba el drama lírico intentando amalgamar «el verso, el ritmo vocal y el movimiento», exactamente lo que se esforzaba Lorca por conseguir en los ensayos que yo presencié de Anfistora. No podemos menos de recordar los fines del grupo experimental español porque en la comparacion parecen seguir el modelo neoyorquino. (A saber: una única obra al año, pero intensamente trabajada, actores no profesionales, pero seriamente entrenados, contrastando con buenos escenarios o los mejores decoradores.)

Cuando Lorca, el día del estreno del *Perlimplín* por Anfistora —que se llamaba todavía por el momento Club Teatral de Cultura—, habla de la necesidad de crear en España muchos «clubs teatrales»[108], está pensando en los magníficos logros, lo mismo en repertorio que en presentación de vanguardia, de los múltiples teatros experimentales de Nueva York, entre los que destacaban el Theatre Guild, el Civic Repertory Theater y, sobre todo, muy significativamente a nuestro modo de ver, el Neighborhood Playhouse de Irene Lewisohn.

[107] Maurer, *op. cit.,* pág. 134.
[108] *O. C.,* II, pág. 909.

Al interpretar la *Leyenda del Tiempo* como una autobiografía en clave onírica, debemos remontarnos a escritos que abarcan infancia y primera juventud. «El niño es padre del hombre», nos dice Wordsworth[109], «La vida de uno es el relato de lo que se fue», señala Lorca[110], que desde la altura de los treinta años contempla su juventud ya muerta y su «niñez seca». Daremos, pues, la consideración de fuentes a todos aquellos aspectos del futuro drama que de manera esporádica, pero consistente, van apareciendo desde fecha muy temprana en los poemas, prosas o cartas del poeta. Aquí y allá, de manera obsesiva, ya desde 1918, se va elaborando la materia artística, mezcla de sueño y vida, que acabará decantándose en *Así que pasen cinco años*.

Gracias a los recuerdos de Francisco García Lorca aprendemos que la admiración de su padre por Victor Hugo le llevó, con motivo de la muerte del gran poeta francés, a comprar sus obras completas. «Aquella edición» —continúa Francisco— «inmanejable por su peso, presidió nuestra iniciación literaria [...] Las obras de Victor Hugo fueron mi primera lectura y creo que de Federico»[111].

Por su parte, éste nos deja una admirable estampa de una primerísima impresión lírico-dramática:

> Uno de los más tiernos recuerdos de mi infancia es la lectura del *Hernani* de Victor Hugo en la gran cocina del cortijo de Daimuz para gañanes, criados y la familia del administrador. Mi madre leía admirablemente y yo veía con asombro llorar a las criadas, aunque, claro es, no me enteraba de nada..., ¿de nada?..., sí, me enteraba del «ambiente poético», aunque no de las pasiones humanas del drama. Pero aquel grito de «Doña Sol, doña Sol...», que se oye en el úl-

---

[109] «The child is father of the man», conocida línea del poeta inglés William Wordsworth, 1770-1850, del poema «My heart leaps up...».
[110] *O. C.*, II, pág. 956.
[111] *Op. cit.*, págs. 49-50.

timo acto, ha ejercido indudable influencia en mi aspecto actual de autor dramático»[112].

El reconocimiento del gran escritor romántico francés como una primera fuente queda también declarado por Lorca, al dedicar uno de sus primeros poemas de juventud, «Leyenda a medio abrir» (fechado el 6 de junio de 1918)[113],

---

[112] *F. G. L.*, núm. 3, junio 1988, págs. 83-84.
[113] Copiamos la transcripción del poema publicada por Eutimio Martín en *Federico García Lorca, heterodoxo y mártir, op. cit.*, incluida también en la edición de Ch. de Paepe, *Poesía inédita de juventud*, Madrid, Cátedra, 1944, pág. 279:

«Leyenda a medio abrir»

Hay una blanca inquietud de tormenta
Y un eco morado en todas las cosas.
El campo está quieto. La ciudad se calla
Esta tarde de junio sentida y bochornosa.

En mi alma se agita una vaga leyenda
La noche de cien años del bello Pecopin
Y el talismán precioso que el torrente se lleva
Y las risas del mirlo en la haya serena
Y el grito del diablo que se ríe también.

Cien años. ¡Ay, Dios mío!
Duró la noche aquella de caza y de festín
Y el ave del amor se murió en el castillo
Aunque siempre sereno continúa el azul
Y Pecopin ya viejo entiende el estribillo
De los pájaros ciegos que gritaban: «¡Baldour!»
Pero era ya imposible el amor que los años
Habían apagado de sus almas la luz.

¡Oh! leyenda tristísima que el gran Hugo nos cuenta
Cuando estuvo soñando por la orilla del Rhin.
El caballo del tiempo no para aunque tengamos
Una mano de hierro sujetando su crin.

Una copa de oro tenemos en la mano
Llena de un licor raro que lento se derrama
Cada gota es un año que se va del tesoro
Y en un día perdemos esta copa de oro
Pues el amor que es fuego puede cambiarlo en llama
O el corazón doliente lo derrama del todo.

al recuerdo de la «leyenda tristísima que el gran Hugo nos cuenta». Se trata de la *Leyenda del apuesto Pecopin y de la bella Baldour* de la que se origina (como ya mencionamos anteriormente) con toda seguridad el título y subtítulo de *Así que pasen cinco años*. Esta fábula trágica del tiempo que tanto había impresionado su infancia y adolescencia continúa haciéndole meditar a sus veinte años. «Las emociones de la infancia están en mí —nos confiesa—. Yo no he salido de ellas»[114]. Presentes en «La leyenda a medio abrir», aunque embrionarios, están los temas de la *Leyenda del Tiempo:* el poeta que se incorpora a las últimas líneas de su poema, sabe que aún es muy joven, pero no hay mujer en su vida, el tiempo es inexorable, «la senda se pasa sin pensar» y la muerte puede encontrarlo cuando su corazón se haya hecho ya viejo esperando.

Hoy pienso en la leyenda
Y grave me estremezco
Soy joven y la senda se pasa sin pensar
De un amor adolezco
Y la ausencia me mata
De unos labios divinos donde poder besar.

Acaso en una noche se derrame mi copa
Y no tengo castillo ni tengo talismán
El torrente del cuento lo arrastró para siempre
Y el corazón ya viejo sólo piensa en llorar.
....
Tiene esta tarde inquietud de tormenta
Y yo una leyenda para meditar.

6 de junio de 1918

«La légende du beau Pécopin et de la belle Bauldour», *Le Rhin,* cap. XXI. Pécopin y Baldour se aman, pero el joven tiene que emprender un viaje a cuyo regreso se casarán. Sin embargo su ausencia se prolonga hasta durar cinco años. Pécopin, en sus múltiples aventuras ha conseguido un talismán que le defiende del tiempo y éste, no es pues, preocupación para él. Mas la noche en que se cumplen precisamente los cinco años y antes de llegar al castillo donde le espera su amada, el diablo le invita a una gran cacería en el bosque de los pasos perdidos. Pécopin no sabe negarse, la cacería durará sólo una noche, pero la noche del diablo durará cien años. Cuando Pécopin llega al castillo en busca de Baldour sólo encuentra una anciana decrépita. En su desesperación se arranca el talismán que lleva al cuello y lo arroja al agua del torrente, convirtiéndose al instante en un viejo centenario.

[114] *O. C.,* II, pág. 956.

50

Es del mayor interés también, para el estudio de las fuentes, el análisis de los manuscritos de adolescencia, ensayos, poemas o primeros pasos de obra dramática que, conservados por la familia, no fueron nunca intentados para su publicación por el autor. Aunque parte de ellos han sido ya incluidos por Eutimio Martín en *Federico García Lorca, heterodoxo y mártir*, existe un buen número de inéditos cuya publicación ha sido últimamente llevada a cabo por la Fundación García Lorca[115]. Se trata en muchos casos de obra muy primeriza, pero de la mayor importancia para el estudioso.

Tenemos así, entre estas prosas de juventud, dos interesantes composiciones cuyo tema, semejante en ambas, coincide con *Así que pasen cinco años*. En ellas un joven enamorado es rechazado por la mujer a quien ama, que lo abandona alejándose de él. Nos referimos a una tempranísima «Sonata de la nostalgia», fechada el 5 de enero de 1917, que narra la historia de «un primer amor» «desmoronado», y a «Sonata que es una fantasía», que data de 1917 o 1918[116]. En ambas el diálogo —prosa poética de tono modernista— aparece encajado entre elementos musicales en un intento de fusión de música y poesía o recreación del diálogo musical que estudiaremos más adelante.

Por cierto, que el tema del joven abandonado por la mujer que ama se repite en otro largo escrito, dividido en seis Cantos, que lleva por nombre «Historia vulgar», y que es igualmente de fecha muy temprana[117].

Mencionemos también la extraña «novela» de 1917 «Fray Antonio de la Purificación (Poema raro)», cuyo protagonista, «un muchacho [...] que tiene corazón fogosísimo y que aunque ama a todas las mujeres pero que a ninguna puede poseer por quererlas a todas»[118]. Personaje que nos recuerda al Amigo 1.º del comienzo de nuestra obra.

---

[115] Se trata de tres volúmenes publicados por la editorial Cátedra, Madrid, 1994: F. G. L., *Prosa inédita de juventud*, edición de Christopher Maurer; *Poesía inédita de juventud*, edición de Christian de Paepe; *Teatro inédito de juventud*, edición de Andrés Soria Olmedo.

[116] *Prosa inédita de juventud, op. cit.*, págs. 233 y 272 respectivamente.

[117] *Ibíd.*, pág. 351.

[118] *Ibíd.*, pág. 348.

Pero debemos destacar entre sus prosas de juventud, un texto importante, el titulado «Pierrot, Poema íntimo»[119], que consta de catorce páginas y está fechado el 9 de marzo de 1918. Para empezar, tengamos en cuenta que, por lo que respecta a la utilización de las figuras de la comedia del arte, habría que ligarlas a la infancia mucho antes de considerar todo aspecto literario. El primer contacto proviene de la experiencia infantil del niño disfrazado de máscara en las fiestas de carnaval de cada año. Su hermana Isabel todavía recuerda vagamente algún traje de payaso o arlequín olvidado en las arcas o los viejos armarios. Federico era siempre, por principio, el encargado de organizar los disfraces de todos, nos cuenta Isabel, aunque, por cierto, el disfraz de Pierrot no le había correspondido nunca a él, sino a otro niño amigo de la casa.

Pero a sus veinte años, en el texto que nos ocupa, el autor asume la personalidad del carácter literario hablando en primera persona desde su «jardín interior». Ya no es el niño disfrazado de máscara, ahora con una melancolía aguda de tonos románticos señala que entre «las rosas amargas de mi jardín oculto, yo tenía en el alma una vaga leyenda de mujer», y añade más adelante: «Yo soy una máscara eterna. A veces, las más, soy Pierrot, a veces soy Arlequín, otras soy Colombina. Nunca Pantalón .. Qué saben mis amigos de mi alma a la que sólo conocen disfrazada.» [...] «Una virgen exótica y lejana y un hombre musculoso y acerado danzan en mí. El corazón no sabe lo que hacer. ¡Qué triste es esto!»... ...«Yo soy una máscara desgraciada ...y no puedo quitarme el antifaz». A través del amor imposible de Pierrot por la luna, en un ejercicio de introspección de exagerado lirismo, entrevemos la grave angustia del joven ante el problema homosexual. Pero recordemos también que la presencia simbólica de la máscara, o la identificación de personajes como máscaras, es una constante en las comedias «irrepresentables», baste mencionar como ejemplo la observación acongojada del Amigo 2.º en el Primer Acto de *Así que pasen cinco años,* ante el paso del tiempo y el miedo al en-

---

[119] *Ibíd.,* págs. 416-425.

vejecimiento: «...ahora hay un hombre [...] que anda por dentro de mí con dos o tres caretas preparadas», sin olvidar el tema obsesivo de sus dibujos de payasos, pierrots y arlequines de rostros desdoblados.

Consideramos como otra fuente temprana el proyecto inacabado de teatro poético que lleva por título *Teatro de almas*. Su redacción queda interrumpida al comienzo de una novena página y está sin fechar, pero no parece muy posterior al *Teatro de animales* de 2 de marzo de 1919, que se considera la primera obra dramática de nuestro autor[120]. Este *Teatro de almas* junto con el llamado *Teatro de aleluyas* parecen formar una extraña trilogía con el *Teatro de animales,* que lleva como sobretítulo *Del Amor,* a modo quizás de designación de una serie. La irrupción del joven Lorca en el drama aparece, como podemos ver por las fechas, al mismo tiempo que su poesía. Lo ambicioso de su intento es querer presentar en teatro lo que en «Pierrot» es un monólogo interior y reproducir en vivo, en el escenario, ante nuestros ojos un proceso mental. Porque este *Teatro de almas,* filosófico, religioso y sensual, lleva como subtítulo «Paisajes de una vida espiritual», y más abajo, al pie del reparto, se indica «La escena ocurre en el teatro maravilloso de nuestro mundo interior». Escenificar pensamiento en el teatro es un auténtico desafío, no es de extrañar, pues, que se recurra a una técnica de auto sacramental o de misterio. Baste mencionar que el protagonista es el Hombre, que dialoga con voces y sueños personificados, y el reparto incluye la aparición de la Lujuria, el Amor, la Sombra de Cristo, la Muerte, una Estrella, el Bien y el Mal. Esta presencia de caracteres abstractos y plurivalentes, más las tres unidades de la teoría dramática —tiempo, lugar y acción— reducidas al espacio mental de un solo personaje que es «nuestra vida interna», constituye un planteamiento bien original para un intento dramático inacabado y primerizo,

---

[120] Eutimio Martín, «F. G. L. ¿un precursor de la teología de la liberación? (su primera obra dramática inédita)», *Lecciones sobre García Lorca,* Granada, Comisión Nacional del Cincuentenario, 1986, págs. 25-33. «Teatro de almas» está incluido en *Teatro inédito de juventud,* ed. cit., págs. 95-103.

pero que veremos reaparecer años más tarde desarrollado en *Así que pasen cinco años*.

Es curioso también encontrar en la primera página a un personaje, El Actor, que descorre la cortina y se dirige a la sala haciendo una larga exposición del significado de su teatro, exactamente al modo que hará Lorca en el fragmento de *Dragón*, *La zapatera prodigiosa*, *El retablillo de don Cristóbal*, *Comedia sin título*, o en tantas otras ocasiones en que se encargó de presentar personalmente la obra en las actuaciones de La Barraca o Anfistora. Aunque para tales circustancias, siempre llevaba alguna cuartilla preparada, ya que el poeta eludió, en tanto que pudo, dirigirse de palabra al público. Señalemos, sin embargo, como excepción, que este acostumbrado introito está ausente en las «irrepresentables» donde al público no se le pone en antecedentes de nada.

A pesar de que para algunos críticos la presencia de personajes abstractos y la utilización de tiempo y espacio mental en este fragmento serían claros ejemplos de surrealismo o expresionismo, vemos que en su origen en el dramaturgo principiante, estos mismos elementos pueden trazarse muy directamente al simbolismo litúrgico de un auto de Calderón.

Mas tampoco debemos olvidar la relación de *El Misterio del Tiempo* con los primitivos misterios, origen del auto sacramental, sobre todo recordando que el autor identificó claramente su obra como:

> Un misterio, dentro de las características de este género, un misterio sobre el Tiempo[121].

Y que el *Auto de los Reyes Magos*, del siglo XII, el primer misterio en tiempo e importancia de la historia de la literatura española, precisamente había sido presentado por Lorca en la famosa Fiesta de Reyes de 1923, con la extraordinaria colaboración de Falla[122].

---

[121] *O. C.*, II, pág. 929.
[122] La fiesta de Reyes de 1923 ha sido ampliamente estudiada. Véase: Francisco García Lorca, *op. cit.*, pág. 274; Andrés Soria, «Una fiesta íntima de arte moderno en la Granada de los años veinte», *Lecciones sobre García*

Marie Laffranque agrupa ambas «irrepresentables» junto con la *Comedia sin título* en lo que llama, a modo de género, «el ciclo de los misterios»[123], afirmando que *Así que pasen cinco años* mantiene el tono y estructura de los misterios tradicionales, donde con todo el sabor de un apólogo se plantea una demostración metafísica.

Desde luego, la deuda con el auto sacramental ha sido ampliamente reconocida por la crítica. Simone Saillard[124] ve, por ejemplo, el primer acto de la *Leyenda del Tiempo* como un evidente debate entre alegorías tan claramente definidas como las de un auto sacramental, en que Presente, Pasado y Futuro se disputan la suerte del Hombre angustiado ante su devenir. No es ajeno al momento el atractivo que Calderón tiene para nuestro poeta. La resonancia internacional de la extraordinaria presentación de *El Gran teatro del mundo* de Calderón de la Barca por Max Reinhardt, en la versión de Hugo von Hofmannsthal, en el Festival de Salzburgo de 1922 —espléndidamente repuesto en 1925—, había influido indudablemente en la producción en Granada de la misma obra de Calderón en 1927, en que Francisco, hermano del poeta, desempeñaba el papel principal. Era la primera vez que se desafiaba en España la prohibición, todavía imperante desde el siglo XVIII, de representar en público un auto sacramental. Consecuente es el hecho de que Federico escogiese en 1932, como estreno de La Barraca, otro auto de Calderón, el de *La vida es sueño,* donde él mismo se hizo cargo de un maravilloso personaje múltiple, el de La Sombra, que va desdoblándose sucesivamente en Eva y El Pecado, La Muerte y La Culpa. Sabido es que el gusto en aquellos años por el neobarroquismo llevó a la aparición

---

Lorca, Comisión Nacional del Cincuentenario, 1986, págs. 149-179; Ian Gibson, *op. cit.,* I, págs. 334-339; Mario Hernández, «Falla, Lorca y Lanz en una sesión granadina de títeres (1923)», *El teatro en España entre la tradición y la vanguardia,* Madrid, Consejo Superior de Investigaciones Científicas, Fundación F. G. L., Tabacalera S. A., 1992, págs. 227-239.

[123] *F. G. L., El público y Comedia sin título,* pág. 294.

[124] *Introduction à l'Étude Critique, Textes espagnols,* París, Colin, 1972, página 60.

de una serie de autos entre los poetas contemporáneos[125].

Pero pasemos al examen de una nueva fuente que Marie Laffranque afirma se encuentra en *Posada,* uno de los textos inconclusos. Según ella, «el primer protagonista de *Así que pasen cinco años,* de trabajosas y frágiles defensas, tiene su fuente más inmediata en Enrique y en Justina..., la novia sensual y vehemente, pero inmadura del acto segundo...». Para la señalada lorquista, *«Posada* seguramente es anterior al proyecto... de *Así que pasen cinco años,* aunque nazca de ella o en ella se refleje un boceto preparatorio de esta última obra»[126].

Sabido es que Lorca utiliza con frecuencia ideas, líneas, incluso estrofas enteras que aparecen en sus primeros escritos y vuelven a reaparecer una y otra vez hasta quedar finalmente decantadas en obras concretas, de madurez. Apenas esbozados, pero presentes, están en ellos temas como el desencuentro con la mujer, la fustración del amor, el tiempo humano, la espera de la muerte, la pérdida de la infancia, etcétera. Aunque este proceso puede aplicarse a la obra en general, se agudiza en extremo en el caso de *Así que pasen cinco años.* Sirvan de ejemplo dos líneas que estractamos de «Romanzas con palabras», poema fechado por Lorca el 31 de marzo de 1918:

> ¡Ay mis trágicas bodas
> sin novia y sin altar!

O el estribillo de otro temprano poema, fechado el 4 de noviembre de 1919:

> ¿Que es eso que suena
> muy lejos?
> Amor

---

[125] Como *El hombre deshabitado* de Rafael Alberti, *Eco y Narciso* de José Bergamín, *Quien te ha visto y quien te ve, Sombra de lo que eres* de Miguel Hernández.

[126] Marie Laffranque, *F. G. L. Teatro inconcluso,* págs. 115-116 y 207-213.

> El viento en las vidrieras
> ¡amor mío![127].

que se repite dando fin al poema con un pequeño cambio:

> ¿Qué es eso que suena
> muy lejos?
> Amor
> El viento en mi corazón,
> Amor mío

Composición, ésta misma, que encontraremos también en *Libro de Poemas* en forma más abreviada, bajo el título «Aire de nocturno», siempre conservando el mismo estribillo con una ligera alteración del orden de las líneas:

> ¿Qué es eso que suena
> muy lejos?
> Amor.
> El viento en las vidrieras,
> ¡amor mío!

Y que veremos reaparecer en el acto 3.º de *Así que pasen cinco años:*

MECANÓGRAFA

¿Qué es eso que suena muy lejos?

JOVEN

Amor, el día que vuelve,
¡amor mío!
....
MECANÓGRAFA

¿Qué es eso que suena tan lejos?

---

[127] Ambos poemas aparecen en la edición de C. de Paepe *Poesía inédita de juventud,* en págs. 191 y 530 respectivamente, aunque el primero había sido publicado con anterioridad por Eutimio Martín en *Juvenilia, Thèse pour le Doctorat d'État,* Université de Montpellier Paul-Valery, II, pág. 207.

Amor,
la sangre en mi garganta,
amor mío.

O los versos 8 y 9 de «Cúco-cuco-cucó» de *Primeras canciones:*

El cuco va sobre el Tiempo
flotando como un velero

que forman parte del poema que abre el acto 3.º de nuestra obra con un cambio significativo

El sueño va sobre el Tiempo
flotando como un velero

y sobre todo la adición del importante poema de la «Suite del Regreso»:

Yo vuelvo por mis alas
¡Dejadme volver!
Quiero morirme siendo
amanecer.
¡Quiero morirme siendo
ayer!

Yo vuelvo por mis alas
¡Dejadme retornar!
Quiero morirme siendo
manantial.
Quiero morirme fuera
de la mar[128].

---

[128] E, I, pág. 87; *O. C.,* I, 605; *F. G. L. Suites,* Edición crítica de André Belamich, Barcelona, Ariel, 1983, págs. 103, 113-116.

que con alguna ligera alteración en la ordenación de los versos, y distinta puntuación, da fin al primer acto de *Así que pasen cinco años*.

Alas seráficas éstas, que pertenecen a otro de los temas recurrentes, el de una infancia perdida y siempre añorada, que lamenta el poeta ya en carta a su amigo Adolfo Salazar. Carta, por cierto, que retrotrae el tema a la fecha temprana de 2 de agosto de 1921: «Veo que la vida me va echando sus cadenas. La vida tiene razón, mucha razón, pero... ¡qué lástima de mis alas!, ¡qué lástima de mi niñez seca!»[129].

LAS «SUITES»

Desde luego la fuente más inmediata de la *Leyenda del Tiempo* está en las *Suites* escritas entre finales de 1920 y el verano de 1923, donde quedan recogidos los dos últimos poemas mencionados anteriormente. Libro el de las *Suites* que, desgraciadamente, no llegó a publicarse en vida del poeta. Siempre muy apreciado por él, en su última entrevista de julio de 1936 no olvida mencionarlo como «un libro que he trabajado mucho y con gran amor sobre temas antiguos». Sin embargo, a su muerte todo el material estaba disperso: algunos poemas publicados en revistas, otros en cartas, o autógrafos dedicados a sus amigos, o sencillamente conservados entre sus papeles sin ordenar. Las *Suites* han podido ser reconstruidas en edición crítica en 1983, gracias al esfuerzo del erudito francés André Belamich[130]. Más recientemente el conocido lorquista americano, Christopher Maurer, ha presentado una nueva ordenación del libro, tanto de las propias *Suites* incluidas como de los poemas correspondientes a cada una de ellas[131]. Se apoya Maurer en re-

---

[129] E, I, pág. 39.

[130] Las *Suites* se publicaron primero en francés. Véase también del mismo autor: «Sobre un libro casi inédito de Lorca: Las Suites. (Una entrevista imaginaria)», *Trece de nieve*, 1-2, 2.ª época, diciembre 1976, págs. 113-116.

[131] *Federico García Lorca Collected Poems*, Edición bilingüe, Nueva York, Farrar Straus Giroux, 1988, *Suites:* págs. 165-399, 811-814.

ciente información biográfica, correspondencia y detenido examen de los originales. Desgraciadamente, todo nuevo reajuste, aunque seguramente más acertado que el anterior, no dejará nunca de ser conjetural, como el mismo crítico reconoce, dada la confusa situación en que quedaron los materiales.

El nombre de «Suites» obedece a la designación de una serie de danzas de los siglos XVII y XVIII escritas en la misma tonalidad que la primera. Se aplicará, pues, el título a poemas organizados en series que tratan el mismo tema, al estilo de las variaciones o diferencias de los vihuelistas y organistas españoles Cabezón, Milán, Mudarra o Morales.

Las *Suites,* aparte de su enorme valor en la obra de Lorca, son de un interés fundamental para el estudio de *Así que pasen cinco años.* Nos referimos sobre todo a las dos últimas, las tituladas «En el jardín de las toronjas de luna» y «En el bosque de las toronjas de luna». Pero atendamos al mismo autor que en una importante carta a sus amigos describe el «Jardín de las toronjas de luna»:

> Los paisajes en este poema son absolutamente inmóviles, sin viento ni ritmo alguno [...] mi poema actual es extático y sonámbulo. Mi «jardín» es el jardín de las posibilidades, el jardín de lo que no es, pero pudo (y a veces) debió haber sido, el jardín de las teorías que pasaron sin ser vistas y de los niños que no han nacido[132].

«Bosque» y «Jardín», tal como han llegado a nosotros, son realmente una misma «Suite» desdoblada en dos versiones, que Lorca al parecer trataba de ajustar en una sola en agosto de 1923 cuando inexplicablemente abandonó el proyecto sin completar.

Cada una de ellas —«Jardín» o «Bosque»— está encabezada con un impresionante prólogo en que su protagonista, «el poeta», evidente *alter-ego* del propio Lorca, siempre hablando en primera persona, nos anuncia un viaje al miste-

---

[132] Carta conjunta a José de Ciria y Escalante y Melchor Fernández Almagro. Fechada julio de 1923. E, I, págs. 69-70.

río del Tiempo. En la primera versión, después de vencer en duelo a «Su enemigo secular, el gigantesco dragón del Sentido Común», «una emoción aguda y elegiaca por las cosas que no han sido» le hace caminar ascendiendo al «jardín que se estremece en las altísimas llanuras del aire». Pero lo que le interesa es lo que va quedando atrás: «huertos sin frutos y ríos sin agua. Pero yo —continúa el poeta— por un momento contemplando ese paraje abandonado e infinito, he visto planos de vida inédita, múltiples y superpuestos»[133]. Presencia de un pasado inexistente, pero que quizá fue posible, que nos va concretando el espíritu de *Así que pasen cinco años* como autobiografía de un Lorca que no fue, pero pudo haber sido.

No es ajeno tampoco al propio espíritu dramático de nuestra obra el hecho de que el diálogo sea forma habitual en ambas «Suites». Así, en «Pórtico», el primer poema de «El jardín», el yo poético se desdobla en tres personas: «Yo-Tú-Él» —«(en un solo plano)», advierte el texto— que conversan entre sí[134], y en otros casos, los pronombres Yo, Él, Ella —o el nombre completo del protagonista ocasional—, encabezan la división de las estrofas, prestando al poema un cierto carácter de poesía dialogada, por más que se trate de diálogo interior. Característica es también la insistencia en el aspecto onírico, de un viaje sonámbulo, por ejemplo en el poema «Torre», en que se indica que es «la ganzúa del sueño» la que permite al poeta abrir puertas y pasar ríos para llegar a lo que «Vive / lo que no vivió nunca / ni vivirá»[135].

«En el bosque de las toronjas de luna» el viaje se completa, desde la salida a la exploración de su mundo interior hasta el regreso a la luz del día. Pero con independencia del diferente número y ordenación de las composiciones que los respectivos lorquistas concedan a «Bosque» o «Jardín», en los bellísimos poemas que componen las dos «Suites» encontramos las claves que reaparecerán dramatizadas en

[133] A. Belamich, *op. cit.*, pág. 171.
[134] *Ibíd.*, pág. 173.
[135] *Ibíd.*, pág. 177.

El Misterio del Tiempo, constituyendo la simbología básica argumental del drama: el rechazo del anillo, el desencuentro con la mujer, los hijos no nacidos, el bosque, la hora única. En el prólogo del «Bosque», subtitulado «Poema extático», se nos anuncia:

—Me voy a un largo viaje [...] Quiero visitar el mundo extático donde viven todas mis posibilidades y paisajes perdidos. Quiero entrar frío pero agudo en el jardín de las simientes no florecidas y de las teorías ciegas, en busca del amor que no tuve, pero que era mío[136].

E indica más adelante:

Pude haber ido al país de los muertos, pero prefiero ir al país de lo que no vive, que no es lo mismo.

No se trata, pues, de un descenso al misterio, sino de un viaje poético al bosque interior de lo imaginable.

Se trasluce así, en las *Suites* la nota autobiográfica. Mas no olvidemos, sin embargo, que estamos ante un fondo de espejo. Lo que se nos presenta es la imagen invertida que ha recibido el poeta al contemplarse en aquél, antes de salir. No esperemos, pues, la reconstrucción de un pasado vivido porque no se nos hará la confesión de lo que fue, sino de lo que pudo haber sido su juventud, como si se tratase de uno de aquellos «planos de vida inédita», sombras de ríos que corren sin agua o frutales secos mencionados «En el jardín». «Sonámbulo y extático», repetimos, es la adjetivación utilizada por su autor para inmovilizar, fijando «sin viento ni ritmo alguno» unos versos que siente huir entre sus manos, una poesía que de pronto ve con aprensión, como «fugitiva y viva»[137], a punto de alzarse de la página escrita e irrumpir humanizada en un mundo con el que teme sentirse, quizás, excesivamente compenetrado. Y efectivamente, en los te-

[136] *Ibíd.,* pág. 183.
[137] Carta conjunta de J. Ciria y M. Fernández Almagro de julio de 1923, más arriba mencionada.

mas de ambas composiciones —«Bosque» y «Jardín»— podemos reconocer ya en fecha tan temprana el espíritu de El Joven de *Así que pasen cinco años*. Es evidente, sin embargo, que a pesar de la compleja red de símbolos que pretenden desfigurar en el alejamiento, el aspecto de revelación intimista y melancólica de los poemas, se trasparentará claramente reflejado —lo mismo en su futuro personaje dramático que en el poético de los prólogos de las «Suites»— el auténtico Lorca, que siempre quiso evitar el verse desvelado por su propia poesía.

> Mis secretos
> alrededor de la garganta
> ¡sin darme cuenta! iban abiertos[138].

O dice comentando a un amigo:

> No tienes idea qué sufrimiento tan grande paso cuando me veo retratado en los poemas[139].

Y advierte años más tarde, que su estado depresivo le hace tener un continuo cuidado:

> porque tu estado no se filtre en tu poesía porque ella te jugaría la trastada de abrir lo más puro tuyo ante las miradas de los que no deben nunca verlo[140].

Mas a pesar de tal temor, es clara la presencia del poeta, y explícito su Yo sobre todo en la última «Suite», donde la exposición de sus problemas secretos es reveladora y valiente. En opinión de André Belamich, quizás cierta reserva íntima llevase a Lorca a posponer la publicación de las *Suites* (aparte de un frustrado intento de publicación por Emilio Prados en 1926) y, años más tarde, ya como autor reconocido:

---

138 *Ibíd.*, pág. 201.
139 E, II, pág. 43.
140 E, II, pág. 119.

tuviese aún más pudor en exponer a los ojos de un vasto público la imagen frágil, tierna, ingenua, indefensa del joven que había sido en aquella época[141].

SÍNTESIS

Ocho años después, en 1931, el mundo de ambas *Suites* de «En el jardín» y «En el bosque de las toronjas de luna», conseguirá escapar de la inmovilidad y arrobación del éxtasis lírico a que lo había condenado el poeta, y logrará subir al escenario, para «vivir» convertido en un drama con la estructura tradicional de los tres actos. Pocas veces se hará tan evidente la hoy ya muy repetida imagen de Lorca: «El teatro es la poesía que se levanta del libro y se hace humana»[142].

Pero en este tiempo, la posición poética del autor ha cambiado absorbida por las corrientes nuevas. Estamos en los tres últimos años de la década de los 20. En las *Suites* de 1923 abandonamos al joven poeta en su viaje al mundo del mito imaginativo. Este culto a la imaginación se reafirma en 1926 en la conferencia sobre Góngora, en su admiración por el lírico cerebral amante de la belleza objetiva. Pero en 1928 encontraremos que de la exaltación del gran cordobés, Lorca ha pasado a una nueva manera «espiritualista». Ahora es «la inspiración» la que permite a la poesía evadirse del control lógico impuesto por la razón y obedecer solamente al control poético. Impera el subjetivismo. En la ya citada conferencia *Imaginación, inspiración, evasión* se formula toda una serie de principios que podemos ir reconociendo, uno tras otro, en la *Leyenda del Tiempo*. Aprendemos así, que «ya no hay términos ni límites», que todo es «admirable libertad» que «hay que mirar con ojos de niño», que «la inspiración ataca de plano muchas veces a la inteligencia y al orden natural de las cosas»,

---

[141] A. Belamich, *op. cit.,* pág. 18.
[142] *O. C.,* II, pág. 1015.

y que para alcanzarla «se necesita saber rechazar con vehemencia toda tentación a ser comprendido». El paso de la
imaginación a la inspiración es el salto «del análisis a la
fe». Vemos, pues, estrecharse los márgenes entre las distintas tendencias al hallarnos en el momento en que Lorca
parece incidir en el surrealismo; sin embargo, el mismo
poeta marca su independencia al comentar las diferencias
entre su propia «evasión poética», «que puede hacerse de
muchas maneras», y la evasión surrealista que busca la inspiración en el subconsciente o en el mundo de los sueños,
y a la que parece considerar sólo una corriente paralela[143].
En este nuevo campo poético, es decir, en la incorpora-
cion de Lorca a la vanguardia se desarrollará *Así que pasen
cinco años*.

Nos hallamos, pues, ante un largo poema dramatizado,
en que teatro y poesía se funden en una sola unidad. En palabras de Francisco García Lorca: «Sólo una determinada
unidad poética mantenida por una serie de corresponden-
cias temáticas asegura su carácter de drama»[144]. Aceptada la
condición de poema dramático de la *Leyenda del Tiempo*,
con su estructura tradicional de los tres actos clásicos pro-
porcionados y pertinentes al desarrollo de la acción, las in-
novaciones técnicas, según el hermano del poeta, «vendrían
a revelar la aspiración a un "teatro puro", búsqueda exactamente paralela a la de la "poesía pura"»[145].

Argumento

El argumento básico es de una sencillez esquemática:
un Joven espera casarse con su novia así que pasen cinco
años. Ella, que apenas tiene quince años, ha emprendido
un viaje que durará exactamente los cinco años señalados.
Pasado este plazo, el Joven va en su busca, pero encuentra

[143] Maurer, *F. G. L. Conferencias*, II, págs. 17-20.
[144] *Op. cit.*, pág. 322.
[145] *Ibíd.*, pág. 330.

que su Novia ama ahora a otro hombre con el que decide fugarse. Viéndose abandonado, recuerda la existencia de otra mujer, su antigua Mecanógrafa, enamorada de él, a quien dejó marchar de su casa por su falta de interés en ella. Angustiado por el tiempo perdido, decide buscarla desesperadamente; no es sólo el amor lo que desea, sino también la paternidad. Cuando finalmente se encuentran, sus papeles respectivos están intercambiados, él ama, o quiere amar, ella es la que pospone el amor, la que exige otra espera de cinco años. El Joven regresa solo a su casa donde muere.

Pero intentaremos a continuación una sinopsis de la acción argumental, ya más complicada.

Primer acto

La escena representa una biblioteca. El Joven, que lleva un sencillo pijama azul, dialoga con El Viejo, vestido formalmente. Son las seis de una tarde bochornosa, hora que se mantendrá fija todo a lo largo de la obra, por más que recibamos la impresión de que va transcurriendo un impreciso periodo de tiempo, quizás años. Casi al comienzo el reloj marca la hora y El Criado se encargará de anunciarla de nuevo cuando está a punto de terminar el acto.

Entendamos que el protagonista es propiamente el personaje único. Los demás caracteres aparecerán como proyecciones suyas que evidencian al exterior su interioridad psíquica, o en otras palabras, van actuando su proceso mental. El Viejo será representación del tiempo, pero tiempo futuro, es decir, el que al Joven le queda todavía por vivir. En el diálogo que comienza el acto aprendemos que El Joven prefiere lo que está por venir a lo que ocurrió o está ocurriendo en el momento presente, que automáticamente se va destruyendo a cada paso. Ha proyectado su vivir en un ideal futuro, el regreso de su novia a la vuelta de un viaje que durará cinco años. No sabemos en qué momento de tal plazo nos hallamos, quizá al principio, pero nada pasará hasta que aquél se cumpla. En la pasividad y la innacción, en el desinterés por el presente, el protagonista aguarda la llegada del deseado momento en que conseguirá alcanzar el amor. El Joven, así pues, ha concentrado su vida en la espera. «Esperar es creer y vivir» —asegura El Viejo—, «lo otro es morirse ahora mismo».

La irrupción del Amigo 1.º, representación del presente absoluto, del que «no tiene tiempo» porque la acción incesante lo consume, al igual que la entrada del Amigo 2.º, ejemplo del deseo del regreso al pasado, a la infancia perdida, constituyen las otras dos interpretaciones complementarias del tiempo, que ejemplifican, junto con El Viejo, tres actitudes vitales opuestas.

En la tormenta que rompe la escena tendrá lugar una de las más emotivas y tiernas escenas infantiles de todo el teatro español, la del niño y el gato que acaban de morir, y esperan, entreteniendo su angustia, el entierro y la entrada definitiva en el mundo de los muertos. El Criado informa de lo que ha ocurrido en el exterior: el hijo de la portera ha muerto y unos niños en la calle han matado un gato, y al arrojarlo al tejadillo del jardín han causado el estrépito de cristales rotos que se oyó poco antes.

Otro personaje, La Mecanógrafa, primer carácter femenino que conocemos, ha cruzado muy alterada la escena ya dos veces antes. Obviamente enamorada del protagonista, anuncia ahora de forma definitiva que deja la casa. El Joven, sin interés alguno por ella, la ve marchar indiferente.

Segundo acto

Alcoba de La Novia. Decoración inesperada y sorprendente: cama llena de colgaduras y plumajes, nubes y ángeles pintados por las paredes, grandes cortinajes llenos de pliegues y borlas, un tocador sostenido por ángeles con ramos de luces eléctricas en las manos, etc. El texto resume la compleja acotación como: «Alcoba estilo 1900», pero está claro que se trata de una visión irónica de lo que se considera un ambiente de alcoba femenino. Es, por otra parte, el ambiente que corresponde al sueño de amor de El Joven.

Han pasado los cinco años, ha llegado la hora largo tiempo esperada y se anuncia la llegada de El Joven. Pero La Novia, entre encajes, bucles y grandes lazos de color rosa, ha encontrado ya su ideal amoroso. Por el balcón hace entrar a El Jugador de Rugby que aparece vistiendo el equipo completo del jugador americano, casco, hombreras, rodilleras, etc.. Es la caricatura de la «masculinidad», que no necesitará decir ni una sola palabra, su imponente presencia física es suficiente, su actuación se reduce a fumar un puro tras otro y envolver en humo a La Novia, que habla y habla mientras le besa y abraza. Por su largo parlamento podemos fácilmente catalogarla entre las sensuales heroínas de Lorca, Belisa, Adela, o La Novia de *Bodas de sangre*. Pero en este caso, por más que sus palabras sean bellas, y sus imágenes líricas, la exagerada adoración al robot gigante nos acerca a la comicidad de lo inapropiado que encuentra un lugar más seguro en la farsa.

De hecho, casi todo el acto segundo va a tener un marcado carácter realista, en duro contraste con el primer acto, e incluso aún más, como ya veremos, con el tercero. Personaje del elenco de criadas lorquianas será La Criada de La Novia. Hermano gemelo de El Tío de Doña Rosita, cultivador de rosas, es El Padre de La Novia, contemplador de eclipses. Caracteres ambos, Criada y Padre, que pertenecen a un ambiente habitual de comedia.

Ante la presencia de El Joven, La Novia cambia de carácter, incluso de traje (fuera quedan la gran bata de cola, los lazos y bucles). Vestida ahora con un traje de hábito, sencillo, encontramos en ella a la mujer fuerte, desafiante, con valor para rebelarse contra una sociedad tradicional que intenta coartar su libertad. El Joven lírico, delicado, que venía dispuesto a reunirse con una mujer idealizada, recreada en el sueño de la imaginación durante años de espera, se ve desarmado al enfrentarse con la vital sensualidad de la mujer real que tiene ante sus ojos. En la argumentación que sigue, el tímido protagonista no es enemigo para ella que lo abandona y huye con El Jugador. Queda El Joven sólo, perdido, con «su amor sin objeto».

La escena se oscurece hasta quedar iluminada solamente por la luz azulada de la luna que entra por los balcones abiertos. Aparece en escena El Maniquí con el vestido de novia. En el poético diálogo que sigue, propiamente sostenido mentalmente por El Joven consigo mismo, El Maniquí le confronta con su falta de carácter, su miedo a la acción, su debilidad ante la mujer:

> ... Tú tienes la culpa.
> Pudiste ser para mí
> potro de plomo y espuma
> ....
> Pudiste ser un relincho
> y eres dormida laguna,
> con hojas secas y musgo
> donde este traje se pudra.

Pero más que a la pérdida de la mujer, la insistencia del Maniquí despierta la conciencia de El Joven al fracaso de su paternidad, al posible hijo perdido. Su desesperanza le lleva a recordar a aquella otra mujer enamorada de él, La Mecanógrafa que él dejó marchar de su casa. «¡He de vivir!», asegura, saliendo precipitadamente en su busca, que es en realidad la busca de sí mismo. Ha de recuperar su tiempo perdido. Tropieza antes de salir con El Viejo, que trae en las manos un pañuelo manchado de sangre, la actitud del Joven exaltando la acción, deseando la vida en el presente lo ha herido. Éste ha prometido encontrar a La Mecanógrafa antes de que termine el eclipse de luna que tanto deseaba contemplar El Padre de La Novia, y que aún no ha comenzado. Es una clave de tiempo que percibimos como apremiante, perentoria, pero también engañosa, porque los cinco años se comprimen de pronto en unos minutos, si recordamos que El Joven al entrar en escena se disculpó por haber tenido que detenerse a intentar evitar, inútilmente, que unos niños mataran a pedradas a un gato. Suponemos, pues, que su llegada tuvo lugar a las seis de la tarde o poco después.

El texto indica un bosque[146]. Hay un fondo de grandes lunares azules entre los troncos nocturnos. En el centro un pequeño teatro con el telón echado.

El sonido de graves trompas de caza que se oye durante todo el acto con medidos intervalos, indica que una cacería lejana y nocturna está teniendo lugar. La impresión que produce es la de un incierto peligro de acoso y posible muerte. Su efecto nos retrotrae al recuerdo de la gran cacería nocturna de cien años en que participara Pécopin engañado por el diablo (a que alude Lorca en su ya mencionado poema «Leyenda a medio abrir») que Victor Hugo había situado precisamente en «el bosque de los pasos perdidos», donde, según la leyenda, el que entra no podrá ya salir. Contribuyen al ambiente siniestro dos figuras vestidas de negro, manos y rostros blancos de cal, que cruzan entre los troncos sin hablar.

El tiempo, según parece desprenderse de la acción, puede ser la continuación de la noche del acto anterior, desde el fin del eclipse de luna, hasta poco antes de la salida del sol. («Antes que las ramas giman / ruiseñores amarillos», es decir, antes que los primeros rayos del sol al incidir en ellos los tornen de gris en amarillo. Clave digna de Góngora, Calderón o Gracián, no precisamente surrealista.)

Aparece El Arlequín que actuando de modo plástico y vestido a manera de ballet, mitad verde, mitad negro, recita, alternando dos caretas —alegre y triste—, el extraordinario poema que glosa el tema básico de la obra: la confrontación de tiempo y sueño, que analizaremos más adelante.

Entra un nuevo personaje, La Muchacha, cantando una

---

[146] Bosque que puede recordar el de *Bodas de sangre*. Pero no vemos aquí referencia al «negro bosque» de Shakespeare de *El sueño de una noche de verano* cuyo tema sera «la casualidad terrible del amor», del que se ocupa María Clementa Millán, en su edición de *El público*, Madrid, Cátedra, 1987, «Shakespeare como contrapunto», págs. 37-46.

cantilena infantil que indirectamente alude al problema en que se centra el acto: el de la busca y encuentro imposible de lo perdido. El Arlequín juega burlándose de ella y llama a El Payaso a que le ayude a seguir la broma fingiendo la voz del amante que busca La Muchacha, perdido en el fondo del mar. Ésta, que sabe que su búsqueda es pura ilusión, huye asustada de la posible confrontación de su sueño con la realidad.

Tenemos ahora en la escena dos figuras de la comedia del arte, Arlequín y Payaso. Ambos pertenecientes a un viejo mundo dramático-literario, serán los encargados de presentar la acción que se está representando (teatro en el teatro) creando incluso un tercer nivel ficcional al dirigirse el Payaso directamente al presunto público que se supone presencia la obra y al que saluda con un «Buenas noches» (técnica cervantina, presente también en Pirandello, que borra las líneas de realidad y ficción y que practica Lorca repetidamente). Terminada la recitación lírico-dramática subrayada en ballet de El Arlequín con que comienza el acto, éste y El Payaso actuarán en adelante los papeles de la consabida pantomima circense que les pertenece también por tradición y que aquí se justifica con la presencia de un circo que con sus jaulas y carros ha interceptado las salidas del bosque. Aprendimos por su juego con La Muchacha, que el tiempo es irrecuperable, que lo perdido no volverá a repetirse ni debe buscarse. Y mientras El Arlequín pretende tocar, bien o mal, su violín imposible (es blanco, grande y plano, con dos únicas cuerdas de oro), El Payaso melancólicamente nos recuerda que la rueda del tiempo, «La rueda que gira / del viento y el mar» no puede detenerse[147].

Queda sola la escena, entran ahora La Mecanógrafa y La Máscara. La primera viste un traje de tenis, la segunda, a quien no conocíamos, debe producir por su atuendo el efecto de una «llamarada amarilla», poco más tarde aprendemos que es en realidad la portera madre del niño muerto. Pero en el diálogo que mantienen percibimos un extra-

---

[147] La «rueda del tiempo» ya mencionada por el poeta en sus primeros versos. *Poesía inédita de juventud, op. cit.*, pág. 462.

ño efecto en La Mecanógrafa: su visión de la realidad ha quedado invertida en el tiempo. Ha intercambiado su personalidad con la de El Joven en el primer acto, atribuyéndole a él la suya propia. Cree ahora que fue ella la que le rechazó, que es por ella que todavía está esperando a que pasen los cinco años. Su actitud es exactamente la de El Joven en el comienzo de la obra: rechazo de la realidad, alejamiento del presente, soñar y esperar. Cada una cuenta su vida, La Mecanógrafa precisamente al revés de lo que conocemos, pero La Máscara narra una historia demencial, alucinante y, sin embargo, paralela a la de su compañera. Ambos relatos se resumen en la frustración, el abandono, la espera. Por su conversación, parecen perfectamente compenetradas, su diálogo es paralelo al de El Joven y El Viejo del primer acto hasta el punto de adjudicarse líneas enteras de ellos:

(Primer acto)

JOVEN

guardaba los dulces para comerlos después.

VIEJO

Después ¿verdad? saben mejor. Yo también...

(Tercer acto)

MECANÓGRAFA

De pequeña yo guardaba los dulces para comerlos después.

MÁSCARA

¡Ja, ja, ja! Sí ¿verdad? saben mejor.

Pero ya que volvemos al espíritu del primer acto, no debe extrañarnos que, quizás, Muchacha, Mecanógrafa y Máscara Amarilla sean desdoblamientos —pasado, presente y futuro— de un mismo personaje.

El Arlequín en su juego entre irónico y sádico, interrumpe la entrada de El Joven que dice estar buscando algo

72

—«porque lo necesito»— y no encuentra la salida del bosque. Ya sabemos que no la hay, sabemos también que lo que busca es su tiempo pasado, perdido ya irremisiblemente. El Payaso, sibilino, haciéndose eco de la cantilena de La Muchacha, le aconseja: «Da la media vuelta y lo encontrarás.» Se oye entonces, acercándose, la voz de La Mecanógrafa que canta. Pero hay que desconfiar de El Payaso, porque el amor que encontrará El Joven ha dado, efectivamente, la media vuelta. Quedan solos en escena Mecanógrafa y Joven. El encuentro en el primer momento parece muy feliz. El protagonista cree haber alcanzado lo que desea con todas sus fuerzas: vivir, amar, no soñar más. Pero ella comienza lentamente a distanciarlo. El ya no es más que «la sombra de un río» y pronuncia la palabra maldita. «Espera.» «Amor no espera», responde desesperadamente El Joven.

«Se descorre en este momento la cortina del teatrito y aparece la biblioteca del primer acto, reducida y con los tonos pálidos.» «Una escalera une el tabladillo con el escenario.» (Explica la acotación.) Como desteñido en la distancia, en color y tamaño, se nos presenta el pasado. Por la escenita cruza Juan, El Criado del primer acto. Seguida por El Joven sube La Mecanógrafa al pequeño escenario. Según ascienden la personalidad de ésta va cambiando, haciéndose ahora autoritaria y seca. El diálogo revierte del verso a la prosa. Ella puede prometer amor en el futuro o el pasado —«Te he querido», «te querré»—, pero tal posibilidad no es un presente. Solamente El Joven es capaz de enunciar el «te quiero», y ya es demasiado tarde para ser escuchado.

Entra El Viejo, el pañuelo con que se enjuga la sangre de la cara y el pecho nos indica que esta vez viene herido de muerte. Vemos cruzar la escenita al niño muerto en el primer acto mientras se oyen los gritos de la madre-portera-máscara que llora a su hijo. El Joven añade a su angustia una frustración más, la del hijo no nacido. Se cruzan, pues, confundidas las imágenes del niño muerto y la del que no llegará a nacer. Ambos pertenecen a dos fronteras «del otro lado», la de lo que ya no es y su opuesta la de lo que no llegará a ser.

La Mecanógrafa le recuerda fríamente la realidad. Ella

también frustrada, idealizó su amor por él hasta adoptar su misma postura ante la vida. Pero está ahora demasiado lejos, demasiado alta. Necesita tiempo para acortar la distancia y descender hasta él y volver a ser la que era. Volverá con él, sí, pero así que pasen cinco años.

Estática, en lo alto de la escenita, queda La Mecanógrafa. El Criado silenciosamente la cubre con una gran capa blanca, haciéndola desaparecer, borrándola. Inmóvil, sólo repetirá mecánicamente hasta la caída del telón: «Te espero, amor», «Te espero».

Fracasado, vacío, El Joven desciende lentamente la escalera, no le queda más que el regreso a su casa a esperar, esta vez a la muerte.

Tercer acto. Cuadro último

El desarrollo circular de la obra nos lleva al lugar donde dio comienzo. La biblioteca del primer acto, cuenta ahora con tres elementos nuevos: varias maletas abiertas, el traje de novia puesto en un maniquí sin cabeza y sin manos[148] y una mesa de juego. El Criado y una Criada, que no conocíamos hasta ahora, comentan entre ellos la reciente muerte del niño de la portera cuyo entierro acaba de tener lugar. La pregunta de Juan, El Criado, a su señor: «¿Descansó lo suficiente después del viaje?» y la presencia de las maletas evidencian la vuelta de un viaje. Viaje largo a juzgar por la sorpresa de El Joven ante el tamaño del ventanal que recordaba más pequeño. Se trata del regreso de un serio fracaso vital. El personaje, que según la acotación «da muestras de desesperanza y desfallecimiento físico», se ve frustrado, enfermo, psíquicamente agotado.

Esperan visita. Juan ha preparado la ropa, pero el frac extendido sobre la cama, los zapatos de charol, las cintas de seda negra, son presagios funestos que rechaza El Joven. Antes de retirarse ordena que lleven el maniquí a la

---

[148] Se refiere a un maniquí corriente de modista o sastre que no tienen cabeza *ni brazos*.

buhardilla donde se reunirá con los demás inútiles trastos viejos.

Aparecen en escena los tres jugadores vestidos de frac con largas capas blancas. Son los ángeles de la muerte, o representación literaria de las mitológicas Parcas. Dialogan mientras esperan a El Joven, contando cada uno una historia de sus extrañas experiencias. Son tres historias que coinciden casualmente con los tres *alter-egos* del protagonista en el primer acto: El Viejo, el Amigo 1.º y el Amigo 2.º. Cada uno ha reaccionado de manera distinta ante la visita de la muerte. El Viejo y el Amigo 1.º lograron burlarla. El Amigo 2.º, evadido siempre en el recuerdo, no pudo luchar con el paso del tiempo y tuvo que entregarles su última carta.

Entra El Joven. Lleva puesto el frac, elegante pero futura mortaja. Juega fríamente. Aunque trata de retener la entrega de su corazón, debe jugar la carta y finalmente ponerla sobre la mesa. «Aparece en ese momento un as de *coeur* iluminado en los anaqueles de la biblioteca. El Jugador 1.º saca una pistola y dispara sin ruido una flecha.» El as de *coeur* desaparece y El Joven se lleva las manos al corazón. Antes de salir, pronuncia cada uno de ellos, clara y repetidamente, la lección de vida que El Joven a su tiempo no supo entender: «Jugador 1.º: Hay que vivir»; «Jugador 2.º: No hay que esperar»; «Jugador 3.º: No hay que esperar nunca. Hay que vivir».

Demasiado tarde El Joven se da cuenta del fracaso de su vida. En la soledad de su agonía llama en su ayuda a Juan, El Criado, mientras El Eco va repitiendo sus palabras:

JOVEN

¡Juan! ¡Juan!

ECO

¡Juan! ¡Juan!

JOVEN

(Agonizante.) Lo he perdido todo.

75

Eco

Lo he perdido todo...

Joven

Mi amor......

Eco

Amor...

Muere El Joven y aparece El Criado con un candelabro encendido. El reloj da doce campanadas. Entendemos que pueden ser, o no, las seis y su eco.

Personajes

Lo primero que llama nuestra atención es el alto número de participantes que requiere el reparto: veintidós personajes, incluyendo animales (El Gato), objetos, (El Maniquí), figuras de la *Commedia dell'Arte* (Arlequín y Payaso), más seis figuras raras y silenciosas que pueblan el bosque en el cuadro primero del tercer acto. A saber: dos máscaras con el rostro y manos pintadas de blanco, otras dos que entran más adelante y dos criados con libreas azules y rostros palidísimos.

Señalaremos como primer carácter distintivo el hecho de que todos estos personajes son presentados únicamente por su nombre genérico; con una excepción, la de Juan, El Criado, cuyo nombre propio es necesario para alguien que debe ser llamado o interpelado a distancia. Lorca utiliza este mismo sistema en otras obras, dando sólo uno o dos nombres propios como en *La zapatera prodigiosa*, en *Bodas de sangre*, en *Doña Rosita*, y desde luego en las «irrepresentables», incluyendo *Comedia sin título*.

Es sabido que la identificación de personajes por su edad, profesión, relación familiar, etc., evitando nombres propios, es una característica del teatro expresionista. También lo es la utilización de figuras simbólicas, máscaras, animales u objetos humanizados o deformados, o la inclusión de movimiento de ballet o pantomima, aunque esto no quiera decir que tales recursos no puedan también relacionarse con el surrealismo. Además de la tendencia genérica, señala Andrew Anderson[149], el uso de bloques de personajes indistinguibles entre sí, vistiendo elegantemente de etiqueta, descripción que encaja con los tres jugadores del cuadro último de nuestra obra, pero que corresponde también al carácter formal de la indumentaria de los demás participantes de la *Leyenda del Tiempo,* que ayuda, por cierto, marcadamente a la identificación de su simbolismo.

Citemos como ejemplos, el impecable chaqué gris de El Viejo; el traje de niño en tamaño de adulto del Amigo 2.º, blanco con enormes botones azules, chaleco y corbata de rizados encajes; la exagerada bata de cola con grandes lazos y encajes, rayana en lo cursi, de La Novia; El Padre, vistiendo traje negro con guantes blancos, ridículamente formal en su propia casa; El Joven, en el primer cuadro del tercer acto, a la última moda del año 30, tal como viste el poeta en sus fotografías de Nueva York, de sport, nickers grises y medias de lana a cuadros azules o con el elegante frac en el cuadro final; sin contar el auténtico traje de «máscara» de La Máscara Amarilla; o para terminar, el atuendo de La Mecanógrafa en el acto 3.º, primer cuadro, que añade a un traje de tenis una boina de color fuerte, indefinido, y una capa larga.

Pero lo remarcable es que la mayor parte de esta larga lista de caracteres será vista por corto tiempo y en uno sólo de los actos. Así, de los ocho actores del primer acto, tres no volverán a ser vistos. Los cuatro nuevos personajes del segundo acto no pasarán al tercero. De los trece que figuran en el primer cuadro del tercer acto, únicamente encontraremos a dos en el cuadro final, donde habrá también cuatro nuevos actores no conocidos hasta entonces. Resumiendo: solamente un personaje, El Joven, está presente en toda la obra. El Viejo que le acompaña, no le sigue al cuadro final.

---

[149] *Op. cit.,* pág. 217.

El Criado aparece en el primero y en ambos cuadros del tercer acto. Diríamos, pues, que El Joven no es sólo el protagonista, sino la obra misma propiamente.

Entendemos, así, que la relativa rapidez con que la mayoría de los participantes pasa ante nuestros ojos no dará lugar a un estudio psicológico detenido. Son «ideas vestidas», tal como definió el propio Lorca a sus criaturas[150], cuya caracterización no puede profundizar mucho más allá del propio símbolo representado.

Pero debemos señalar ya, no obstante, la importantísima excepción que constituyen dos personajes inigualables: El Niño y El Gato —que es gata. Ambas psicologías, de niño y niña, están magistralmente conseguidas en un dúo de ternura e ingenuidad infantil elevado a la más alta calidad poética.

De los caracteres femeninos, destacan en primer lugar, las dos mujeres, entre las que se debate la vida de El Joven, que personifican dos formas de amor. La sensualidad exacerbada, trazada con matices irónicos de La Novia, contrasta con el amor idealizado hasta la irrealidad de La Mecanógrafa. Pero la primera, con toda su urgencia, vive el amor, cree sentir ya al hijo futuro en las entrañas, mientras la segunda sueña, y anhela tanto ese amor que no sabe reconocerlo cuando llega a tenerlo presente. En el marco de lo imprevisto aparece un tercer personaje femenino: La Máscara Amarilla. Su historia aberrante es de frustración completa, no fue sólo abandonada por su amante, hipotético conde italiano, sino que su hijo acaba de morir, abandonádola también. Sumida en la confusión de diferentes planos de temporalidad, presente y pasado quedan fundidos para ella. No sabemos bien en cuál vive o cree vivir.

En el primer acto el tema del Tiempo ocupa el diálogo de El Joven y sus tres *alter egos*. Lorca está haciendo lo que hiciera ya Góngora, que como él mismo nos dice: «Dobla y triplica la imagen para llevarnos a planos diferentes» necesarios «para redondear la acción y comunicarla con todos sus

[150] Ricardo G. Luengo, *op. cit.*

aspectos»[151]. Desdobla, pues, nuestro poeta el pensamiento de su personaje central en proyecciones humanizadas de futuro, presente y pasado, muy al estilo, precisamente, que hubiera hecho Calderón en un auto sacramental. De los tres caracteres resultantes, Viejo, Amigo 1.º y Amigo 2.º, es El Viejo el que permanece como inseparable del protagonista. Es la personificación del Tiempo, pero en un aspecto muy original. No es Cronos, no conserva de éste más que la calidad de anciano irritable, no esperemos guadañas, ni clepsidras, a que nos remitiría la simbología más inmediata, porque no representa tal concepción de Tiempo absoluto. Es tiempo humano, limitado, espacio de tiempo futuro que queda desde el presente a la muerte, que se va consumiendo con cada acción, con la realizacion de los hechos. Es éste el Tiempo a que alude el subtítulo de *Así que pasen cinco años*. De aquí que El Viejo asuma cierto papel de guardián o director de El Joven, al que aconseja siempre la inacción, la espera, puesto que el tiempo se gasta y hay que hacerlo durar para que no llegue la muerte. Evitará así la palabra «años» sustituyéndola por cualquier otra («Porque si ella tiene quince años puede tener quince crepúsculos o quince cielos»), o cambiará la conjugación para no utilizar un tiempo pasado y dirá: «Se me olvidará el sombrero» en lugar del impronunciable: «Se me olvidó.» Por eso aparece herido cuando El Joven intenta «consumir» su vida, buscándola en el amor. Lo volveremos a ver por última vez al fin del primer cuadro del tercer acto, ya mal herido porque queda muy poco tiempo, pero ese plazo de vida restante, corto o largo, hay que intentar agotarlo también. Por eso insiste: «Vamos a no llegar, pero vamos a ir.»

El Amigo 1.º, uno de los caracteres trazados con cierto detenimiento, ejemplifica la vitalidad, la acción. Está lanzado al presente, a la vida, gozando de todo cuanto ésta puede poner a su alcance, mujeres, alcohol, hombres si es necesario. La personalidad de El Amigo 2.º, entregado al recuerdo, deseando sumirse en el pasado, queda plasmada en el

---

[151] *La imagen poética de Don Luis de Góngora*, Maurer, *F. G. L. Conferencias*, I, pág. 107.

magnífico poema de «La suite del regreso» incorporado a la obra como fin del acto primero.

Pero este Joven vive encerrado entre los cuatro muros de su biblioteca. Su miedo a la vida se trasluce en su rechazo del mundo exterior, del ruido de la calle, del movimiento. «Están las cosas más vivas dentro que ahí fuera, expuestas al aire o a la muerte» —le aconseja El Viejo. Su repulsión por el presente le lleva a posponer la fecha de su encuentro con la mujer, con el amor, fijando un plazo detenido en una arbitraria dilación de cinco años vagamente justificados, igual que lo es la motivación del largo viaje de La Novia. Vive en un tiempo estático que se va consumiendo, mientras justifica sin demasiada precisión la dilación de la espera, proyectando al mismo tiempo todo recuerdo hacia el futuro. «Hay que recordar hacia mañana», le insiste El Viejo. Nuestro protagonista parece padecer una aparente apatía o timidez sexual. «Quisiera querer —dice— como quisiera tener sed delante de las fuentes.» No se trata exactamente de un caso de impotencia como algunos críticos han querido ver, sino más bien de un abúlico desinterés, y si el Amigo 1.º en su desenfrenado vitalismo le empuja a una lucha momentánea de posible tinte homosexual, participa en el juego con la misma desgana y alejamiento que presenta ante su amor por La Novia.

Tiene, desde luego, El Joven un evidente parentesco con Don Perlimplín, que refugiado entre libros, huyendo de la vida, llegó a viejo sin haberla vivido. Sin embargo, para Francisco García Lorca no se trata de un personaje pasivo porque «asistimos a su dolorosa lucha por vivir desviviéndose, y esa lucha es la que se dramatiza»[152]. Su angustia vital lo mantiene paralizado. Más que vivir, sueña o espera.

Pero su fracaso ante La Novia y la acusación de El Maniquí que lo culpa duramente por su inacción, lo hacen despertar súbitamente a la realidad. No ha habido ni hay aún mujer en su vida, y el deseo de paternidad se hace acuciante en él. Su vida también tiene un plazo que el Tiempo va

---

[152] *Op. cit.*, pág. 324.

destruyendo. Debe rápidamente encontrarse a sí mismo en el amor por la mujer y en el hijo no nacido. Pero es demasiado tarde. Frustrado, perdido en la espera y en la inútil busca de lo ya pasado, El Joven tiene que morir. Su nombre abstracto, después de todo, lleva implícita su temporalidad.

El Maniquí del vestido de novia, objeto humanizado, se alza a categoría de personaje conectado con el tema de la fustración amorosa. Símbolo usual, por el contrario, de la feliz ceremonia del triunfo del amor, de la unión erótica que implica la esperanza de fecundidad, queda fijo en un punto equidistante entre La Novia y La Mecanógrafa. Muy utilizado por el surrealismo, y por el propio Lorca[153], debemos suponerlo aquí como El Maniquí de escaparate que reproduce tradicionalmente embellecida, pero con exactitud, la figura femenina agrandada por la longitud de la cola del vestido y los largos velos blancos. No se trata del maniquí de modista o sastre, sin brazos ni cabeza, a modo de torso amputado. En tal forma, con un tinte siniestro, lo veremos en el cuadro final, despojado del velo, convertido en objeto mudo que aunque condenado al polvo del desván, permanecerá en escena presenciando la muerte de El Joven.

La Criada de La Novia, entre la larga serie de retratos de criadas andaluzas que Lorca hace pasar del recuerdo familiar a su teatro, es como excepción joven, y en oposición a La Novia su visión del amor es lírico-romántica con el intencionado tinte cursi de comedia realista a que pertenece como personaje.

El Padre que participa también del mismo ambiente de comedia, es casi una caricatura, Viejo distraído «delicadamente» miope, con su cara de color rosa y peluca blanca está literalmente en la luna, lo mismo en el acontecer de su casa que en la contemplación de eclipses.

En la intrusión de las dos figuras de la comedia del arte en el acto tercero hay algo desconcertante. Payaso y Arlequín no corresponden exactamente a su carácter tradicio-

---

[153] «Negros maniquís de sastre [...] en largas filas que gimen / su silencio mutilado», *El romancero gitano,* «Martirio de Santa Olalla».

nal, frívolo y de pantomima ligera, ya sea teatral o de carácter circense. Aquí son dos figuras extrañas, siniestras («La cabeza empolvada del Payaso da una sensación de calavera», advierte la acotación) y sus palabras entre irónicas y melancólicas, los sitúan muy por encima de la acción como conocedores de todo lo pasado y lo por pasar. Encargados de encaminar a los que se pierden en el bosque hacia la única salida, el circo «lleno de espectadores definitivamente quietos», parecen desempeñar un incierto papel de criados o introductores de la muerte.

Por lo que respecta a La Muchacha, personaje menor, pero muy lírico, puede representar quizá el salto atrás en el tiempo de La Mecanógrafa. Nos basamos en el recuerdo de ésta en el primer acto de un tiempo más lejano, cuando El Joven era «pequeñito», un niño, al que ella, niña enamorada, contemplaba desde arriba, asomada a su balcón, mientras él, indiferente, jugaba abajo. Es esta línea afectiva bien marcada de arriba a abajo la que se repite en la búsqueda de La Muchacha de un amante al que el tiempo ha ido hundiendo siempre en la vertical hasta el punto más lejano posible: el fondo del mar.

Juan, El Criado, carácter fantasmal que se desliza en silencio, siempre andando en la punta de los pies. Parece quedar como situado al margen, estar hecho de otra materia que el resto de los personajes. Diríase que es consubstancial con la biblioteca, ya que aparece las tres veces que se repite este decorado. Es testigo mudo, pero es el que sabe todo lo que ocurre entre la habitación cerrada y la calle o el exterior. Su papel es el de mediador entre el dentro y el fuera y es el que con su candelabro encendido, a modo de cirio funerario, entra en escena ya muerto El Joven, poniendo fin al drama.

Quedan por mencionar, finalmente, los tres jugadores. Fríamente correctos, elegantísimamente vestidos, fracs y largas capas de raso, emulan el atavío y la conducta estereotipada desde su estreno en el teatro de Nueva York en 1927, del Conde Drácula, el vampiro[154]. Aunque el blanco de las

---

[154] Bela Lugosi, como actor, director y productor, estrenó la versión teatral de *Drácula* en Nueva York en 1927. No pasó al cine hasta 1932 bajo la dirección de Tod Browning.

capas no corresponda al atuendo de éste último, es color que en la simbología lorquiana nos representa a la muerte, cuya presencia física aparece en este caso desdoblada en tres *alter egos*, que, como ya indicamos, comentan respectivamente —siempre cerrando el círculo de la obra de principio a fin— la suerte de cada uno de los tres *alter egos* del protagonista que conocimos en el primer acto.

TEMAS

Así que pasen cinco años es obra articulada por unos temas básicos que reaparecen obsesivamente entrecruzados a la vez que interdependientes. Además de los grandes temas centrales, el tiempo, el amor y la muerte, omnipresentes en la obra total del poeta, adquieren también máxima relevancia en este drama: el sueño, la frustración y el viaje interior.

El Tiempo

El tema central de *Así que pasen cinco años* es el Tiempo. La crítica reconoce unánimemente el tema como básico, pero señala también metódicamente todas las transgresiones a que somete el poeta al tradicional sistema del teatro gobernado por las tres unidades de tiempo, acción y espacio. Infracciones que ya sean de orden expresionista o surrealista, son «obstáculo grande, si no insalvable, para una crítica rigurosa», en opinión de Francisco Ruiz Ramón[155]. No obstante existe sobre el tema el excepcional libro de Luis Fernández Cifuentes que estudia con profunda originalidad el tiempo en el teatro de García Lorca. Para el crítico, *Así que pasen cinco años*

> es una obra de teatro sobre el tiempo empeñada en perturbar las firmes convicciones de tiempo en el teatro. La alte-

---

[155] Francisco Ruiz Ramón, *Historia del teatro español, siglo XX*, Madrid, Cátedra, 1986, pág. 187.

ración o el desorden de ese curso convencional es a la vez
el objeto y el procedimiento de la obra[156].

Esta, en efecto, rechaza todo orden cronológico. La presencia del reloj no sirve para medir el tiempo, sino para inmovilizarlo. Son las seis al principio y al fin del primer acto y vuelve a oírse el reloj en el final de la obra dando las doce campanadas, que puede ser también la repetición de las seis y su eco. Hecho, por otra parte, que hemos visto ya en *Doña Rosita,* donde al comienzo del último acto el reloj repite las seis dos veces, resultando en doce campanadas. Así pues, según la acción pueden transcurrir cinco años, una sola hora o cinco minuntos. El Gato muerto en el primer acto se menciona en el segundo como muriendo. El Niño muerto también en el primer acto cruza la escena del teatrito en el tercer acto, y en el cuadro final se nos dice que acaba de ser enterrado. La particular arbitrariedad con que es tratado el tema queda justificada desde el momento que aceptamos la *Leyenda del Tiempo* como *obra-sueño* o *obra-en-soñación* que sólo tiene lugar en la mente del personaje principal. Después de todo, recordemos que el propio Lorca explicó a la Xirgu que «la obra se desarrollaba fuera del tiempo y de la realidad en la cabeza del protagonista».

Personal y peculiar es, en efecto, el tratamiento del Tiempo que aquí hace nuestro poeta. Cada uno de los caracteres representa su propia parte de tiempo intransferible que se proyecta en la escena no siguiendo una secuencia, sino funcionando en distintos planos interpolados o combinados sin prescindir de ninguna de sus posibilidades. Todos tienen su relación particular, sólo suya, con el tiempo ya sea en una u otra de sus dimensiones.

Incluso hay seis de ellos —El Criado, El Arlequín, El Payaso y los tres Jugadores— que están situados fuera de él. Acción y tiempo no se suceden en el orden establecido como las horas del reloj, no siguen la misma dirección, van y vienen y, sin embargo, se mantienen ciertos principios del

---

[156] *García Lorca en el teatro: la norma y la diferencia,* Zaragoza, Prensas Universitarias, 1986, pág. 264

modelo tradicional: la división en tres actos, por ejemplo, y el usual esbozo de argumento en el primero, por más que éste ultimo nos dirija al futuro, el cambio de planteamiento en el segundo, marque el presente, y la resolución en muerte en el tercero intente reivindicar o revertir al pasado.

Por lo que respecta al tiempo que vemos transcurrir en la escena, tiene una engañosa secuencia. La obra comienza en una tarde —son las seis— que se oscurece durante la tormenta hasta formar una noche pequeña como sus muertos, Niño y Gato. Desaparecidos éstos y acabada la tormenta, vuelve la escena a tomar luz de atardecer. Tarde que anochece y termina en noche de luna en espera de un eclipse dará fondo al acto segundo. En la misma noche, ya acabado el eclipse, hasta la salida del sol tendrá lugar el primer cuadro del acto tercero. Tarde, otra vez, el último cuadro, posiblemente en la misma hora que el comienzo del primer acto, dada la construcción circular de la obra y el atuendo elegante y formal de los Jugadores. El pijama de El Joven en el primer acto y las alusiones de El Criado al descanso de su señor en el último podrían indicar en ambos casos la hora de despertar o levantarse de una siesta: las seis.

Esta fijacion del tiempo como tema básico, no es ajena a otras obras de Lorca, *Doña Rosita* por ejemplo, pero en *Así que pasen cinco años,* como su subtítulo indica, el Tiempo domina el carácter y sentido de la obra.

Mas pasando ya al tiempo real del autor, a los años vividos por el joven Lorca en el Madrid de los años 20, no podemos menos de pensar en la resonancia que las teorías de Einstein —y el impacto de la visita personal del propio genio a la Residencia de Estudiantes en marzo de 1923— hubo de tener por fuerza en aquella generación.

La prensa, como pudo, trató de divulgar las difíciles ideas de la teoría de la relatividad, sólo comprensibles para los iniciados. Se lograba entender, por ejemplo, «que la teoría de la relatividad modificaba las nociones de tiempo y espacio» (*El Sol,* 28/2/23) o que «era imposible una definición racional del tiempo por medio de relojes que se hallan en reposo con relación a un sistema de referencia» (*El Sol,* 8/3/23). Precisamente este punto nos llevaría a suponer la *Suite* de nuestro poeta, titulada «La selva de los relojes», como correspondiente al momento.

La composición de las *Suites* está fijada entre finales de 1920 y principios de agosto de 1923. «La selva de los relojes» no tiene fecha, pero aunque André Belamich la sitúe tentativamente en noviembre de 1922, las variaciones del tema de la «Suite» —tiempo, reloj y hora— en los ocho poemas que la componen, parecen hacerse eco de las ideas que de las teorías de Einstein podía transmitir la prensa. Baste el poema titulado «Meditación primera y última»:

> El Tiempo
> tiene color de noche.
> De una noche quieta.
> Sobre lunas enormes,
> La Eternidad
> está fija en las doce.
> Y el Tiempo se ha dormido
> para siempre en su torre.
> Nos engañan
> todos los relojes
>
> El Tiempo tiene ya
> horizontes[157].

o las dos primeras y últimas líneas del primer poema

> Entre en la selva
> de los relojes.
> ....
> Hay una hora tan sólo.
> ¡Una hora tan solo!
> ¡La hora fría![158].

o la octava línea de «El viajante del Tiempo» de la *Suite* «Herbarios»:

> Una sola hora tiene mi herbario[159]

---

[157] Belamich, P. Ct., pág. 160.
[158] *Ibíd.*, pág. 156.
[159] *Ibíd.*, pág. 163.

Esta idea fija de la hora única nos hace insistir, en la estrecha relación existente entre nuestra *Leyenda del Tiempo* y las *Suites*. La transposición a *Así que pasen cinco años* de los temas de «En el jardín de las toronjas de luna» y «En el bosque de las toronjas de luna» nos induce a no esperar en la obra respeto alguno al tratamiento del tiempo que en «El jardín» aparece absolutamente inmóvil, e igualmente extático es el viaje interior del poeta que le lleva a una contemplación, fuera del tiempo, del mundo de lo no realizado.

Pretender organizar el tiempo «dormido» en *Así que pasen cinco años* no es otra cosa que sucumbir al «engaño de los relojes», que, por otra parte, nos justifica la secuencia rota del suceder en el drama. Las seis puede ser «la hora única» en que éste tiene lugar en la mente del protagonista, mientras que las doce, marcarán «la hora fría», la última del reloj, la de la muerte, fija en la eternidad.

El Sueño

El Sueño aparece aquí entrelazado con el tema omnipresente del Tiempo, también de primera importancia en *Así que pasen cinco años*. Analizaremos el poema que abre el acto tercero y que literalmente explica el conflicto que presenta el drama. Recordemos que está recitado por El Arlequín utilizando dos máscaras, de expresión «alegrísima» o «dormida» y actuado con ritmo de ballet.

> El Sueño va sobre el Tiempo
> flotando como un velero.
> Nadie puede abrir semillas
> en el corazón del Sueño.

> *(Se pone una careta de alegrísima expresión.)*

> ¡Ay como canta el alba! ¡cómo canta!
> ¡Qué témpanos de hielo azul levanta!

El Joven en el primer acto, sueña. Sus deseos imaginados, cómodamente pospuestos, se deslizan fácilmente sobre el

Tiempo. Pero la inacción del Sueño impide la germinación, o futura fructificación de la semilla. Esperar es ser estéril.

La máscara nos indica que el alba, el mañana, aparece alegre para el soñador, que la imagen del hielo azul es bella, pero como el Sueño es ilusoria porque el hielo es frío y estéril también.

(Se quita la careta.)

El Tiempo va sobre el Sueño
hundido hasta los cabellos.
Ayer y mañana comen
oscuras flores de duelo.

(Se pone una careta de expresión dormida.)

¡Ay, cómo canta la noche! ¡cómo canta!
¡Qué espesura de anémonas levanta!

El Tiempo pesa y va hundiéndose sobre el Sueño. Ayer y mañana, o pasado y futuro, es decir, criaturas ya muertas o todavía por morir, compartirán la misma comida en el mundo de los muertos —las mismas flores, dice en una tachadura el manuscrito. Estamos ahora (que diría Lorca de Góngora) ante «un mito de perfil» o alusión mitológica intencionalmente quebrada. Según las antiguas creencias griegas, la comida de los muertos era una planta, el asfodelo, que se dejaba o plantaba en las tumbas en señal de duelo creyendo que los muertos podían nutrirse con sus raíces bulbosas. Sus venenosas flores amarillas (no «oscuras», que estará dado por Lorca en el sentido de «tristes» o de «oscuro» significado) cubrían, según Homero, las llanuras del Hades. Quedan, pues, explicados los versos tercero y cuarto, pero el mito tiene un quiebro más, porque el asfodelo es sólo una variedad en color del narciso, y este último simboliza exactamente la muerte del Joven[160], del hombre que,

---

[160] *The New Century Classical Handbook,* ed. C. B. Avery, Nueva York, Appleton Century Crofts, 1962, pag. 180; Encyclopedia Britannica, 1910-1911, vol. XIX, pág. 238 y vol. II, págs. 768-769; Jean Chevalier & Alain Gheerbrant, *Dictionnaire des Symboles,* París, Leffont/Jupiter, 1982.

muere pronto sin llegar a realizarse, es decir, infecundo. El augurio de muerte para el soñador, nuestro protagonista, se repite en las dos líneas del estribillo. La máscara de expresión dormida que les corresponde, acentúa este aspecto, decisivo, por otra parte, por la sola presencia de las anémonas, flor símbolo de la muerte que, marcada además como «espesura», da a la canción de la noche un tono lúgubre de canto funerario.

> *(Se quita la careta.)*
>
> Sobre la misma columna
> abrazados Sueño y Tiempo,
> cruza el gemido del niño
> la lengua rota del viejo.
>
> *(Con una careta.)*
>
> ¡Ay cómo canta el alba! ¡cómo canta!
>
> *(Con la otra careta.)*
>
> ¡Qué espesura de anémonas levanta!

De principio a fin —del niño que nace al viejo que muere— el hombre cree que Sueño y Tiempo permanecen juntos abrazados a la columna de la vida, sin pensar que el Tiempo destruirá al Sueño. El cruce de ambos estribillos y el cambio de caretas revela la falsedad del Sueño, que promete un mañana feliz cuando la muerte espera en la línea siguiente.

> Y si el Sueño finge muros
> en la llanura del Tiempo,
> el Tiempo le hace creer
> que nace en aquel momento.
> ¡Ay cómo canta la noche! ¡cómo canta!
> ¡Que témpanos de hielo azul levanta!

El Joven ha creído poder detener al Tiempo con su plazo de cinco años, pero el Tiempo derriba los muros, es decir, convierte en fracaso el sueño de amor del Joven y le hace creer engañosamente que puede renacer o volver atrás recreando un sueño pasado. La inversión de líneas que repiten invertido el penúltimo estribillo debe venir obligada seguramente por la inversión anterior, pero parece dar la última esperanza al Sueño, que a pesar de la canción fúnebre de la noche mantiene la ilusión, o bien significar que la noche se ha apoderado también del hielo. Es de notar que el cambio de caretas está omitido en este último caso, ya que no aparecen en el manuscrito ni en el texto de Anfistora.

El poema, como vemos, glosa la acción del drama, pero rompiendo toda sucesión cronológica. Así, al primer acto corresponderían la primera y tercera estrofa; a los actos segundo y tercero, el doble fracaso del protagonista de la estrofa cuarta; la estrofa segunda marca la muerte del cuadro final.

El mismo tema «tiempo-sueño» se repite en otro gran poema, el que Julieta recita en *El Público,* que complementa en cierta forma el de El Arlequín (relación que estudia Martínez Nadal)[161]. Pero en el poema de Julieta, que habla desde el mundo de los muertos, pidiendo como alivio de su eterna soledad un mar de «sueño y tiempo», ambos temas aparecen como equivalentes entre sí, unidos con la «muerte», en la que ya residen. En cambio, en el poema de El Arlequín, que aunque posible mensajero de aquélla, habla desde la vida, «tiempo» y «sueño» son antagonistas, y lo que se predice es la victoria del «tiempo» y la muerte del soñador.

La Muerte

Tema ligado inexorablemente al del Tiempo, cualquiera que sea la forma en que éste pueda ser considerado.

La muerte, habitual en el mundo lorquiano como destino último de todas las criaturas, habita con singular prefe-

---

[161] *Op. cit.,* págs. 72-77.

rencia las obras del ciclo neoyorquino. No es atracción poética o literaria lo que mueve al autor hacia este tema obsesivo, sino constante terror personal hacia lo inevitable. Pero «el que teme la muerte la llevará sobre sus hombros», dice el propio Lorca[162], y según Miguel García Posada, es precisamente «el amor apasionado a la vida el que suscita la oscura pesadilla» de la muerte en el poeta[163]. La posición del Amigo 2.º, que encuentra en la inmovilidad del pasado una defensa, un no llegar aún al pozo que los espera a todos en el indefinido plazo de los cuatro o cinco años, hace que el Amigo 1.º, al que la acción continua no da tiempo para pensar, resuma escuetamente la situación planteada en el diálogo de los personajes del primer acto: «Todo eso no es más que miedo a la muerte.» Frase clave, en opinión de Marie Laffranque, para quien «el héroe múltiple de *Así que pasen cinco años* no es el tiempo, sino la muerte»[164]. El hermano del poeta, Francisco, en una acertada opinión sobre el tema nos comunica:

> Para Federico, el morir es el no llegar, porque la muerte nos sorprende siempre en medio de la jornada, y toda muerte es en cierto modo asesinato. No otra, creo, es la explicación de tanta muerte violenta en su obra: es que esa violencia es la verdadera cara de la muerte[165].

Violenta es, en efecto, la muerte de El Joven en nuestro drama, por más que aparente ser elegante y fríamente correcta, porque aunque se preste a jugar su corazón a una última carta, uno de los Jugadores —Parcas, vampiros, ángeles o *alter-egos* de la muerte misma— lo asesina disparando con una pistola una flecha a su as de *coeur* que al estilo cinematográfico se proyecta en primer plano en los anaqueles de la biblioteca.

---

[162] «Ciudad sin sueño», línea 21, *Poeta en Nueva York*.

[163] *F. G. L., Poesía I,* Madrid, Akal, 1980, pág. 47.

[164] *F. G. L.,* París, Seghers, 1966, pág. 60.

[165] «Córdoba, lejana y sola», *F. G. L.,* ed. Ildefonso Manuel Gil, Madrid, Taurus, 1975, págs. 275-285, en pág. 279.

La última escena de la obra, la de la agonía y muerte del protagonista, apenas acompañado por la lejana voz de su propio eco, produce una desconsolada sensación de vacío, apenas subrayada por la tardía entrada, lúgubre y silenciosa, de El Criado, que, ajeno e indiferente, ilumina con el candelabro encendido la inmensa soledad del muerto. Impresión de vacío que corresponde a la visión cósmica lorquiana de un mundo sin Dios, donde sus criaturas, seres vivientes, hombres, animales o plantas, han quedado solos, desamparados de todo amor o ayuda, porque no hay más que «el mundo solo por el cielo solo», un «cielo desierto» que revela una angustiosa visión metafísica de vacío total[166].

Abandonadas ya en la adolescencia sus creencias religiosas, sin fe alguna en la vida eterna que promete el cristianismo, el más allá se convierte para el poeta en una impresionante vida de los muertos que extrañamente no mueren del todo, siguen bajo la tierra, en la oscuridad, padeciendo el suplicio de una existencia misteriosa apenas intuida por los vivos, pero de los que parecen depender. Muerte peor, desde luego, que el vacío de la soledad o el olvido en la nada. Singular vida de los muertos que tiene, sin embargo, reflejos literarios en Victor Hugo[167] e importante resonancia en Baudelaire[168], pero que para nuestro propósito bastará con reducirnos al contenido mitológico de las líneas del Arlequín más arriba mencionadas:

> Ayer y mañana comen
> oscuras flores de duelo.

que, como ya señalamos, hacen referencia a las antiguas costumbres griegas, donde la gente dejaba o plantaba asfodelos en las tumbas para alimentar a sus familiares muertos.

---

[166] «Navidad en el Hudson», líneas 13, 16, 22, *Poeta en Nueva York.*

[167] Eutimio Martín estudia este punto, *F. G. L. heterodoxo y mártir, op. cit.,* pág. 119.

[168] Hay un excelente artículo de Miguel García Posada: «La vida de los muertos: un tema común a Baudelaire y Lorca», *Anuario de la Soc. española de literatura general y comparada,* I, 1978, págs. 109-118.

Pero lo triste de esta creencia es que no se trataba de alimentarlos con la belleza de las flores, venenosas por otra parte y muy corrientes en los campos de Grecia, sino que los bulbos, las raíces de los asfodelos eran la comida más pobre, el último recurso de las gentes más humildes y necesitadas. Los muertos, pues, padecían una oscura vida de hambre y necesidad, y la ayuda que recibían de los vivos no era mucho más que la limosna que se daría a un mendigo, al que se teme. Recordemos como un escalofriante eco de la vida de los muertos las líneas del extraordinario poema «Infancia y muerte», uno de los más amargos de nuestro poeta, donde leemos:

> Me han cerrado la puerta y hay un grupo de muertos
> que juega al tiro al blanco, y otro grupo de muertos
> que busca por la cocina las cáscaras de melón,
> y un solitario, azul, inexplicable muerto
> que me busca por las escaleras, que mete las manos en el al-
> [jibe[169].

Sumido ya en el silencio de la nada el protagonista de *Así que pasen cinco años,* retrocedemos a encontrarnos con ese peculiar tipo de muerte consciente, en la escena de El Niño y El Gato en el primer acto.

Aquí, la infancia y la inocencia del animal suavizan el tema macabro. Ambos personajes, Niño y Gato (que es gata) acaban de morir, y compañeros en el terror, aguardan que llegue el momento de ser enterrados. Mas el milagro de la poesía logra, en tan difícil situación, comunicar el encanto y ternura que irradian los niños y los animales jóvenes, y la escena, que nos sobrecoge en su tremendo significado, resulta agridulce y en gran parte sencillamente encantadora. La cháchara de Niño y Gata, entrecortada, saltando a modo infantil de una cosa a otra, pasa del terror, a sus cancioncillas habituales, al recuerdo de sus juegos respectivos, a la coquetería mimosa de La Gata, para llegar al desencanto del

---

[169] *F. G. L.: Autógrafos,* Rafael Martínez Nadal, Oxford, The Dolphin Book Co. Ltd., 1975, vol. I, pág. 243.

Niño que esperó en vano a los ángeles y que aprende pronto que todo fue «fábula inerte»[170]. Su desesperación por no morir, aunque ya están muertos, por no tener que habitar un paisaje negro de cielo y sol apagados, «mares y montes de carbón», los lleva, atolondrados por el miedo, a buscar salida tropezando. Pero no la hay, no se sale de la muerte. Igual que El Joven en el bosque, están atrapados por ella. Todavía cree El Niño que la mano que aparece para arrastrarlos uno tras otro, sin contemplación alguna, «debe ser la de Dios». Pero intuimos que no ha de ser otra que la de la única presencia que habita el vacío total de cielo y tierra: la muerte.

Mas ya dentro de ésta existe una posibilidad para El Niño —nada para La Gata—, está pendiente todavía la promesa de la vida eterna que le hizo la religión, quizás, aunque sin ángeles, exista realmente, y El Niño deshoja la flor de su última esperanza: «¿sí? ¿no? ¿sí?», a lo que contesta alto, clara y rotunda la voz de la muerte: «NO.» Tenemos como fin de esta maravillosa escena una dura confesión del poeta.

El Amor

Perdida la fe en la religión de su infancia, el Lorca joven reacciona contra «el Dios de las iglesias», sombra para él de un Jehová cruel y vengativo, ya muerto. Busca entonces refugio espiritual en la figura de Cristo, símbolo del Amor, de la Caridad y del Bien. Son muchas las páginas escritas a partir de 1917 (y recogidas hoy día en la citada edición de Maurer, *Prosa inédita de juventud*), que el escritor primerizo llena con sus ideas de rebeldía social o protesta contra los dogmas religiosos, y muchas en las que se trasluce el erotismo angustiado de la sexualidad del adolescente que trata de reconciliar la carne con el espíritu.

Todavía en su libro de juventud *Impresiones y paisajes* persiste cierto franciscanismo, en la Introducción por ejemplo,

---

[170] «Navidad en el Hudson», línea 33, *Poeta en Nueva York*.

donde pide «El amor y la misericordia para con todos». Pero finalmente aparecerá el amor, desprovisto de advocación religiosa concreta, como uno de los ejes centrales de la poesía y dramaturgia lorquiana.

Este tema del amor que lo abarca todo está claramente expresado en el prólogo de *El maleficio de la mariposa*, donde «Un viejo silfo del bosque escapado de un libro del gran Shakespeare» es el encargado de transmitir el mensaje:

> Muy pronto llegará el reino de los animales y de las plantas; el hombre se olvida de su Creador, y el animal y la planta están muy cerca de su luz; di, poeta, a los hombres que *el amor nace con la misma intensidad en todos los planos de la vida;* que el mismo ritmo que tiene la hoja mecida por el aire tiene la estrella lejana, y que las mismas palabras que dice la fuente en la umbría las repite con el mismo tono el mar; dile al hombre que sea humilde, ¡todo es igual en la Naturaleza![171].

Es curioso que este mismo mensaje, aligerado de su nota ingenua, pueda aplicarse incluso a *Poeta en Nueva York,* pero ya hemos repetido que es característica de nuestro poeta presentar ideas en sus primeros balbuceos literarios, que persisten hasta la obra más desarrollada. Tal es el caso de otro importante subtema del amor, el de la terrible accidentalidad de este sentimiento, que se origina también desde fecha muy temprana en la admiración del escritor joven por *El sueño de una noche de verano* de Shakespeare. Existe un primerísimo poema (fechado el 23 de octubre de 1917) en que un Lorca de apenas diecinueve años dialoga en su «distancia interior» con el poeta inglés sobre «la casualidad temible del amor» que presenta la obra, donde Titania, por efecto de una flor venenosa, se enamorará del primer ser que vea al despertar de su sueño. La accidentalidad del amor ejemplificada por Shakespeare en la reina de las hadas enamorada de un asno, sobrecoge a nuestro poeta que escribe en su técnica primeriza:

---

[171] La cursiva es nuestra.

> el demonio de Sakespeare
> que ponzoña me ha vertido en el alma!
> ¡Casualidad temible es el amor!
> Nos dormimos y un hada
> hace que al despertarnos adoremos
> al primero que pasa. ¿Y Dios qué piensa?
> ¿Se le han roto las alas?[172].

El amor tiene, pues, en Lorca un carácter universal, a modo de un extraño panerotismo. Es un sentimiento que alcanza a todo lo vivo y puede aparecer como móvil humano en todas sus posibles facetas. Amor como conjunto de alma y cuerpo, no como Roma lo ha presentado por siglos, a quien Lorca acusa duramente en una de sus *Místicas* juveniles:

> Porque vuestro gran pecado ha sido desligar la carne del espíritu, no comprendiendo en vuestra miserable pequeñez que la carne es el espíritu y el espíritu es la carne[173].

Todas las inclinaciones eróticas tendrán, por tanto, cabida en la expresión amorosa lorquiana, siempre que revelen verdadero amor. Abiertamente se presenta la homosexualidad en *El Público*, o en la «Oda a Walt Whitman», donde se plantea el derecho del hombre a escoger entre Venus —nacida de la espuma de las olas—, o Apolo —amante de efebos— , en los ya muy citados versos:

> Puede el hombre, si quiere, conducir su deseo
> por vena de coral o celeste desnudo.

Y recordemos, como mucho más atrevido, su proyecto de drama, *La bestia hermosa*, donde el poeta pensaba presen-

---

[172] *Poesía inédita de juventud, op. cit.*, pág. 29; F. G. L., *Cuatro poemas inéditos*, Málaga, Plaza de la Marina, 1988. Publicado también por María Clementa Millán en su edición de *El público*, Madrid, Cátedra, 1987, págs. 39-41.

[173] «*Visión de juventud.* Mística que trata del freno puesto por la sociedad a la naturaleza de nuestros cuerpos y nuestras almas», Eutimio Martín, *F. G. L. heterodoxo y mártir, op. cit.*, pág. 260. Publicada en su integridad en la edición de C. Maurer ed., *Prosa inédita de juventud, op. cit.*, págs. 159-165.

tar el conflicto, por cierto paralelo al de Titania, de un joven enamorado de su jaca.

Sensualidad, deseo, lujuria, sexo, son constantes fácilmente trazables en su poesía, y aún más en su teatro, donde la pasión amorosa puede convertirse en fuerza ciega y conducir a sus víctimas al enfrentamiento y desafío de la sociedad con la consecuente entrega de su propia vida. Amor y muerte, Eros y Tánatos, unidos y contrapuestos, forman todo un permanente subtema de la dramaturgia lorquiana.

Y podríamos considerar amor también —interés por el prójimo— lo que lleva al poeta a su defensa de los injustamente oprimidos por las convenciones sociales, ya sean los gitanos, las mujeres, los homosexuales, o los negros.

En contraste con su obra dramática protagonizada por mujeres, las dos «comedias irrepresentables» son dramas de hombres donde el tratamiento del amor ofrece aspectos diferentes, más intelectualizados. Así, la angustia del amor oculto, los múltiples disfraces de la homosexualidad centran el tema dramáticamente en *El Público*, mientras que en *Así que pasen cinco años* la visión melancólica del amor débil, pospuesto o imposible por la mujer, paralelo a la frustración, parece confundirse con ésta. Recordemos a El Joven en el primer acto incapaz de corresponder al amor de La Mecanógrafa:

> Yo quisiera quererla como quisiera tener sed
> delante de las fuentes. Quisiera.

La Frustración

a) La frustración amorosa

El Joven realmente no ama. Sea cual sea la causa de su pasividad, ha alejado en el tiempo la realización de su amor. Refugiado en el sueño que se ha construido para protegerse de la realidad inmediata, se justifica creyendo amar a una novia lejana con la que le une un compromiso matrimonial, pero a la que ni siquiera se atreve a identificar como

97

mujer. Sólo puede aludir a ella de manera defensiva descri-
biéndola como «una niña», «una muchachita». En verdad,
la mujer es prescindible para él, tal como lo demuestra el
contundente: «No, no te necesito», con que despide a La
Mecanógrafa que le ofrece la posibilidad inmediata de auténtico amor.

Pero cumplido el plazo de los cinco años y deshecho su
proyecto de amor ante el rechazo de La Novia, se ve perdido, cara a cara con su frustración, con «su amor sin objeto»,
consumido en una vida sin realizar. Ha de buscar, pues, «en
la calle», según le ordena El Maniquí, es decir, fuera de su
sueño, un amor que no siente pero que necesita para sobre-
vivir, porque el amor es vida, y como tal, aleja la muerte.
Necesita ahora volver al pasado a reencontrar a La Mecanógrafa, a «la mujer que me quiere», no a la que quiere él, que
propiamente sólo se ama a sí mismo: «Tú vendrás conmigo.
Porque me quieres y porque es necesario que yo viva.» Pero
no es exactamente amor lo que le mueve ahora. El Maniquí
ha despertado en él el ansia de fertilidad, la motivación hasta entonces oculta en su pretendido amor por la mujer. Ha
dejado pasar demasiado tiempo soñando y su deseo de paternidad no está exento de urgencia. El hijo es la única continuación posible de su vida y la esterilidad es la máxima
frustración, la muerte total.

b) Esterilidad

Dentro del mismo tema de la frustración debemos identificar como un segundo apartado el de la esterilidad, que
encontramos a su vez dividido en tres subtemas: la renuncia al matrimonio simbolizada por el anillo perdido; la busca y desencuentro con la mujer; y los hijos no nacidos.
Subtemas estos que aunque presentes desde los primeros
escritos, es en las *Suites* donde alcanzan una importante expresión poética, para finalmente decantarse en el teatro en
Así que pasen cinco años.

El símbolo del anillo perdido, para empezar, es utilizado
en nuestro drama a modo de ritornelo por El Maniquí, ya

sea enunciado solamente por el personaje o en duo con El Joven:

> Mi anillo, señor, mi anillo de oro viejo,
> se hundió por las arenas del espejo.

Arenas y espejo sustituyen al agua, elemento original del tema en la que, como veremos, se pierde el anillo. Dedicaremos cierto espacio a este aspecto por su calidad autobiográfica que nos demuestra la sinceridad con que Lorca se enfrenta a su problema amoroso. El símbolo se origina en una reminiscencia de infancia, en una conocidísima canción, recuerdo lejano pero todavía presente en el poeta:

> Al pasar el arroyo
> de Santa Clara
> se me cayó el anillo
> dentro del agua[174].

Ya en «Balada triste. Pequeño poema», fechado en abril de 1918, incluido en el *Libro de Poemas,* aprendemos que el poeta, muy joven todavía, es consciente de que nunca llegará a casarse:

> y perdí la sortija de mi dicha
> al pasar el arroyo imaginario[175].

Y en *Canciones,* que comprende poesía del mismo momento que las *Suites,* esto es, de 1921 a 1924, se encuentra un poema de tono trágico titulado «Desposorio», donde la renuncia al matrimonio no deja lugar a duda:

---

[174] Utilizamos la variante que presenta el cancionero de Torner (páginas 41-42), identificada como «seguidilla» y que curiosamente parece ser la aceptada por el poeta. La canción infantil dice: «Al pasar por el puente / de Santa Clara», el resto no cambia.

[175] *O. C.,* I, pág. 27.

Desposorio

Tirad ese anillo
al agua.

(La sombra apoya sus dedos
sobre mi espalda.)

Tirad ese anillo. Tengo
más de cien años. ¡Silencio!

¡No preguntadme nada!

Tirad ese anillo
al agua[176].

Y en la Suite de «En el bosque de las toronjas de luna»
queda el tema tratado de forma definitiva:

Altas torres.
Largos ríos.

Hada

Toma el anillo de bodas
que llevaron tus abuelos.
Cien manos, bajo la tierra,
lo están echando de menos.

Yo

Voy a sentir en mis manos
una inmensa flor de dedos
y el símbolo del anillo.
No lo quiero.

Altas torres.
Largos ríos[177].

---

[176] *O. C.,* I, pág. 363.
[177] Publicada en *O. C.,* I, pág. 359, en la sección *Trasmundo* con el título «Escena» del que prescinde Belamich, *op. cit,* pág. 199, núm. 1, por haber sido incorporado más tarde en *Canciones.*

Por lo que respecta al segundo subtema mencionado, el del encuentro o desencuentro con la mujer, tenemos que revertir a las propias confesiones del poeta, ya sea en la mencionada carta a sus amigos Fernández Almagro y José Ciria, o en los magníficos prólogos, que ya conocemos, del doble poema de «En el jardín de las toronjas de luna» y «En el bosque de las toronjas de luna». Allí, «contemplando el pasado inexistente» que no fue «pero pudo (y a veces) debió haber sido» revela haber visto «planos de vida inédita» y anuncia su entrada «en el jardín de las simientes no florecidas, en busca del amor que no tuve pero que era mío».

Esa sombra de mujer que no existió, que le fue negada por el destino, tiene, sin embargo, un puesto en la conciencia y la obra del poeta desde fecha temprana. En «Pierrot, poema íntimo», ya citado, de marzo de 1918 menciona:

> Yo tenía en el alma una vaga leyenda de mujer.

Y en el poema «Romanzas con palabras» de la misma fecha, también citado anteriormente, se lamenta:

> ¡Ay mis trágicas bodas
> sin novia y sin altar!
> ¡Ay! Bodas tristes de mi espíritu.
> Bodas de nieve y de gris pasional

Novia, cuyo rostro no llegará a ver nunca, ni siquiera en su imaginación:

> Un velo blanco de desposada
> cubre a la novia que nunca veré

Y añade más adelante:

> De mujer escondida que pasó[178].

---

[178] Publicado por Eutimio Martín, *Juvenilia, op. cit.,* pág. 207; también C. de Paepe ed., *Poesía inédita de juventud, op. cit.,* págs. 192-193.

Esta mujer, que «pudo haber sido y no fue», a la que pudo haber amado, pero que no amó, es la que aparece en el inquietante poema «Encuentro» del «Bosque de las toronjas de luna» como surgiendo en el deslumbramiento de un reflejo del sol en el agua:

Flor de sol.
Flor de río.

Yo

¿Eras tú? Tienes el pecho
iluminado y no te he visto.

Ella

¡Cuántas veces te han rozado
las cintas de mi vestido!

Yo

Sin abrir, oigo en tu garganta
las blancas voces de mis hijos.

Ella

Tus hijos flotan en mis ojos
como diamantes amarillos.

Yo

¿Eras tu? ¿Por dónde arrastrabas
esas trenzas sin fin, amor mío?

Ella

En la luna ¿te ríes? entonces
alrededor de la flor del narciso.

Yo

En mi pecho se agita sonámbula
una sierpe de besos antiguos.

ELLA

Los instantes abiertos clavaban
sus raíces sobre mis suspiros.

YO

Enlazados por la misma brisa
frente a frente ¡no nos conocimos!

ELLA

El ramaje se espesa, vete pronto.
¡Ninguno de los dos hemos nacido!

Flor de sol.
Flor de río[179].

Personaje éste, que aunque realmente no tiene correspondencia directa con los caracteres femeninos de *Así que pasen cinco años*, «esas trenzas sin fin» que se arrastran en la luna o circundan la flor de la esterilidad, no dejan de relacionarse con las imágenes de irrealidad en altura y lejanía en aire y agua, que encontramos en El Maniquí:

Mi cola se pierde por el mar
y la luna lleva puesta mi corona de azahar.

Visión en espacio y distancia, vertical y horizontal que se repite, por cierto, en el estribillo del poema: «Altas torres. / Largos ríos» más arriba incluido y que pertenece a la misma *Suite* de «En el bosque».

En cuanto al tercer subtema, el de la infecundidad, es decir el de los hijos no nacidos, pero inútilmente deseados, tenemos referencia directa en toda una serie de poemas, como por ejemplo, en las líneas siete a diez del poema «Encuentro» que acabamos de insertar. Quizá en la «Cancioncilla del niño que no nació» de «En el bosque de las toron-

---

[179] Belamich, *op. cit*, pág. 204.

jas de luna», que copiamos a continuación, encontramos la visión más emocionante del tema:

> ¡Me habéis dejado sobre una flor
> de obscuros sollozos de agua!
>
> El llanto que aprendí
> se pondrá viejecito
> arrastrando su cola
> de suspiros y lágrimas.
>
> Sin brazos, ¿cómo empujo
> la puerta de la Luz?
> Sirvieron a otro niño
> de remos en su barca.
>
> Yo dormía tranquilo.
> ¿Quién taladró mi sueño?
> Mi madre tiene ya
> la cabellera blanca.
>
> ¡Me habéis dejado sobre una flor
> de obscuros sollozos de agua!

Adjuntamos aquí también el extraordinario poema «Arco de lunas», de la misma *Suite* del: «Jardín / de lo que no soy / pero pude y debí haber sido»[180], donde encontramos una visión trágica, sublunar, de una paternidad angustiosa que persigue al poeta desde el mundo de lo no existente. Extraño Limbo, del que quieren escapar sus hijos no nacidos, orilla opuesta, pero no menos trágica, que la que limita el mundo habitado por los muertos.

Arco de lunas

> Un arco de lunas negras
> sobre el mar sin movimiento.

---

[180] «Los puentes colgantes», de la *Suite* «En el bosque de las toronjas de luna», Belamich, *op. cit.,* pág. 195.

Mis hijos que no han nacido
me persiguen.

«Padre, no corras, espera,
¡el más chico viene muerto!»
Se cuelgan de mis pupilas.
Canta el gallo.

El mar hecho piedra ríe
su última risa de olas.
«¡Padre, no corras!»......
                            Mis gritos
se hacen nardos[181].

Alusiones muy directas al subtema tenemos en dos composiciones en la *Suite* «Caracol», donde predomina el sentimiento paternal de ternura

Caracoles blancos
. . . .
Mi niño ¿dónde está?
. . . .
¡qué loquillo! cantando
quiere salirse de
mi corazón cerrado[182].

Caracoles negros
. . . .
Niño mío, chico,
¿dónde estás? Te siento
en el corazón
¡y no es verdad! Lejos
esperas que yo saque
tu alma del silencio[183].

Muy cercano en espíritu a ambos fragmentos queda el
parlamento del protagonista de *Así que pasen cinco años*, que

181 Belamich, *op. cit.*, pág. 198.
182 *Ibíd.*, pág. 148.
183 *Ibíd.*, pág. 149.

en el cuadro primero del tercer acto, ante los gritos de la portera que llora a su hijo, El Niño muerto del primer acto, reacciona:

> Sí, mi hijo. Corre por dentro de mí, como una hormiga sola dentro de una caja cerrada. Un poco de luz para mi hijo. Por favor. Es tan pequeño... Aplasta las naricillas en el cristal de mi corazón y, sin embargo, no tiene aire.

O en el diálogo angustiado de El Joven y El Maniquí:

JOVEN

> Sí, mi hijo:
> donde llegan y se juntan
> pájaros de sueño loco
> y jazmines de cordura.
> ¿Y si mi niño no llega....
> pájaro que el aire cruza
> no puede cantar?

MANIQUÍ

> No puede.

JOVEN

> ¿Y si mi niño no llega...
> velero que el agua surca
> no puede nadar?

MANIQUÍ

> No puede.

JOVEN

> Quieta el arpa de la lluvia.
> Un mar hecho piedra ríe
> últimas olas oscuras.

Vemos cómo, a pesar de los ocho años transcurridos, la estrecha línea de continuidad entre las *Suites* y la *Leyenda del*

Tiempo es un hecho evidente, incluso conocíamos ya desde entonces esa extraña imagen del «mar hecho piedra» que «ríe sus olas». Y por cierto, que hay en este subtema de la infecundidad un uso peculiar de los diminutivos que comunica un sentimiento de ternura y verdadero amor paternal, que ayuda a suavizar, haciendo más melancólico que amargo, el sentimiento de frustración dominante en la obra. Abiertamente planteado en la escena de El Maniquí, con excepción de La Novia que sigue su camino acertado al menos por el momento, todos los demás personajes están advocados al fracaso. Las mujeres —Muchacha, Mecanógrafa, Máscara— son ejemplos de frustración amorosa. Igualmente frustrados quedan los hombres, desde el protagonista dos veces fracasado, a El Viejo repetidamente herido por los intentos de El Joven de escapar hacia la vida, a El Amigo 1.º, a quien el exceso de posibilidades le impide cumplir ninguna, hasta el Amigo 2.º, cuyo deseo imposible es sumirse en el pasado, «volver a la infancia, y de la infancia a la sombra»[184]. Incluso a El Padre, personaje secundario, de comedia, se le malogra su ferviente deseo de ver el eclipse.

El viaje interior

Es tema de larga tradición literaria. En la obra poética de García Lorca encontramos cuatro ocasiones importantes en que, con diferencias de motivación, se recurre al viaje interior. Posiblemente exista alguna más en sus múltiples escritos de juventud. Es corriente, por otra parte, encontrar en estos últimos, como variante, el discurso mental o monólogo interior.

Acudiremos, en primer término, a la fuente más inmediata de *Así que pasen cinco años* que hemos tenido que mencionar insistentemente. Se trata, pues, del viaje introspectivo de extraño carácter confesional de «En el bosque de las toronjas de luna», en que vemos al protagonista identificado

---

[184] «Recodo», de la *Suite* de «El regreso», Belamich, *op. cit.*, pág. 105.

como «el poeta», gracias a la clave que le ofrece el espejo al devolverle invertida la imagen de su mundo real, entrando en el bosque imaginario de lo que pudo haber sido su encuentro con la mujer, el matrimonio o la paternidad. La *Suite* de «El bosque» está fechada el primero de agosto de 1923. Lorca, que tenía a la sazón veinticinco años, contempla, pues, en su Yo interior la decisión sobre su futuro inmediato que debe clarificar ante sí mismo.

Volvemos a encontrar el tema en 1926, en la conferencia sobre «La imagen poética de don Luis de Góngora», donde analizando la experiencia poética, nuestro autor utiliza la imagen del viaje en busca de la poesía en forma de «cacería interior»:

> El poeta que va a hacer un poema dentro de su campo imaginativo tiene la sensación vaga de que va a una cacería nocturna en un bosque lejanísimo.

Y aclara más adelante:

> Se vuelve de la inspiración como se vuelve de un país extranjero. El poema es la narración del viaje[185].

A fines de 1927 la *Revista de Occidente* publica *Santa Lucía y San Lázaro*, donde la acción se estructura alrededor de un viaje interior. El protagonista, identificado también como «el poeta», es hermano gemelo del que conocimos «En el bosque de las toronjas de luna». Incluso recurre como aquél a la inversión del fondo del espejo para identificarse a sí mismo. Pero aquí va a analizar, en clave irónica, lo que debe ser, no ya su vida como allí, sino su estética futura. En palabras de Julio Huélamo, que estudia magistralmente la obra:

> el viajero es un poeta y el viaje en sí una indagación sobre las directrices que han de regir el hecho estético[186].

---

[185] Maurer, *F. G. L. Conferencias, I*, págs. 108 y 111.
[186] *F. G. L. Santa Lucía y San Lázaro, op. cit.*, págs 26-27.

Se nos representa, pues, el choque entre la fría objetividad (en la que entra el propio Góngora) y la subjetividad emocional de las últimas teorías (incluido surrealismo). Vuelto a casa «el poeta» nos revela que no se ha decidido por una sola cosa (leamos «teoría»), que de su expedición mental trae como recuerdo solamente «Dos temas de viaje. Puros y aislados»[187].

Cuatro años más adelante el viaje interior se desarrolla ampliándose hasta convertirse en base de una obra dramática. Federico García Lorca tiene treinta y tres años en la fecha en que da por terminado el manuscrito de la *Leyenda del Tiempo*. Su juventud, los veinte años, son ya un pasado muerto, pertenecen tanto como su infancia al recuerdo.

En el cuadro final de *Así que pasen cinco años* la vuelta a casa del protagonista está señalada de forma evidente como si se tratase de algo que se quiere dejar marcado como real. Es el punto que indica el despertar del sueño o arrobación mental que pone fin al viaje interior. Pero la acotación que pide «varias maletas abiertas y el traje de novia en un maniquí sin cabeza y sin manos» desordena el espacio escénico de manera no apropiada para la visita formal que se espera. Las maletas abiertas son evidencia, naturalmente, de la vuelta de El Joven, pero su presencia permanente ocupando lugar en el escenario no deja de ser inquietante. ¿Están acaso esperando ser nuevamente preparadas para el siguiente viaje, más largo y definitivo? El hecho es que, al igual que el vestido de novia, quedarán en escena presenciando el último fracaso del protagonista, la apuesta de su vida al juego de naipes. Juego que también perderá con la entrega simbólica a la muerte de un corazón inútilmente guardado. El malogrado viaje de El Joven ha sido, por cierto, circular. Estamos en la misma biblioteca donde empezó, y en la misma hora, «la hora única», definitiva también.

---

[187] *Ibíd.*, pág. 86.

A primera vista, *Así que pasen cinco años* es obra de estructura anárquica, de máxima complejidad y presentación vanguardista. Pero a pesar del aparente desorden de escenas intercaladas unas en otras, del número de personajes que aparecen y desaparecen en cada acto, de la utilización de planos superpuestos o intercambiados sin relación de tiempo o espacio, el drama consigue completa coherencia lo mismo estructural que dramática. «Se diría —explica Francisco García Lorca— que la obra está concebida y ejecutada con la libertad de un poema»[188]; no debemos, pues, pretender encontrar aquí la presencia de la lógica habitual del teatro, ni sorprendernos por el inesperado desembarazo de su novísima construcción. Existe en ella una unidad interna y una indudable correspondencia entre los múltiples temas que la entrecruzan. La acción fluye libremente en la conjunción de drama y poesía, consiguiendo su máxima expresión al proyectarse en el escenario.

Para empezar, la *Leyenda del Tiempo* está estructurada a la manera tradicional en los tres actos clásicos, de los cuales el tercero queda dividido en dos cuadros[189]. El total de noventa y siete páginas aparece distribuido de manera proporcionada: treinta y ocho páginas el primer acto, veintinueve el segundo, treinta y dos el tercero, repartidas a su vez en cuadro primero: veinte páginas, y cuadro último: doce[190]. En cuanto a la proporción existente entre verso y prosa, se nos revela al simple recuento un sorprendente equilibrio numérico: el verso ocupa ocho páginas y media en el primer acto, siete en el segundo, y ocho y media nuevamente en el tercero.

---

[188] *Op. cit.,* pág. 322.

[189] Como ya indicamos la continuación del subtítulo en «Tres actos y cinco cuadros» es un desgraciado error de la primera edición de Losada que ha llegado hasta nuestros días. No existe en el autógrafo ni en el Texto de Anfistora. Es sólo explicable por la absurda suma de tres actos y dos cuadros que hacen cinco.

[190] Contamos las páginas por el autógrafo.

La obra, básicamente en prosa, incluye, intercalados en cada acto, episodios poéticos en que se recurre al verso y que se presentan a diferente nivel, relacionados de manera indirecta con la acción principal. El verso, pues, en el primer acto, nos pasa del mundo real al irreal: de los vivos a los muertos; a lo puramente imaginativo en el segundo acto: la intervención del objeto humanizado, El Maniquí, o a la intromisión, en el tercero, de personajes ajenos, pertenecientes a otra esfera dramática: la *commedia dell' arte*. El paso de la prosa al verso al inicio de estos interludios se consigue sin que el oído del espectador perciba realmente el cambio hasta encontrase plenamente sumido en el nuevo ritmo. El hecho de que la poesía sea dialogada y predomine el octosílabo contribuye a este efecto. En realidad sólo hay dos poemas en la obra que requieren la recitación directa. Tal es el caso del que da comienzo al tercer acto, que ha de decirse de cara al público a base de sustitución de caretas alternadas y movimiento rítmico de ballet. Actuación teatral que corresponde propiamente al carácter del personaje de la *commedia dell' arte* que la efectúa, que no es otro que El Arlequín y que ejecuta su papel a su manera tradicional, formando una pequeña representación tangencial, en la que, por cierto, se explica literalmente, como ya sabemos, el conflicto dramático de la obra.

El segundo caso de recitación directa es la del Amigo 2.° al final del primer acto. El poema en cuestión consta de doce líneas. El actor canta, en tono menor, como recordando para sí mismo, unos cuantos versos, siendo interrumpido por la conversación general, y volviendo más adelante a recitar otra vez, medio dormido, los primeros seis versos, para ser interrumpido nuevamente y acabar poco después recitando las últimas líneas como en un sueño. El poema está así presente pero diluido en la acción. Se evita de esta forma la recitación directa en que el verso podía quedar destacado cortando el fluir dramático.

En cuanto a las secuencias en verso intercaladas, tenemos en primer lugar la que aparece hacia la mitad del primer acto, la de El Niño y El Gato muertos, escenográficamente engranada a base del juego de luces que oscurece la escena, formando en «una luminosidad azulada de tormenta» otra escena dentro de la acción principal. Tras la discusión desde el comienzo del acto, de las diferentes actitudes vitales ante el tiempo y la muerte, Niño y Gato, ya muertos, simbolizan la inexorabilidad que hace inútil toda toma de posición. Terminada la escena al ser violentamente arrastrados ambos a sus presuntas sepulturas, se resume la luz que dio comienzo al acto. Joven, Viejo y Amigo 1.º vuelven a salir continuando, agitadamente, una conversación cuyo comienzo nos es desconocido, dado que la intromisión del episodio intercalado no nos lo ha permitido, pero que ha ocurrido en un plano interior, detrás de la escena que nosotros, lector o público, hemos presenciado y, que por cierto, no ha sido percibida por los personajes.

Igualmente ayudado por el soporte luminotécnico —luz azul de luna, que se va intensificando— tiene lugar el nuevo interludio que ocupa el fin del acto segundo. Se trata de la escena en que El Maniquí reclama el derecho del traje de novia a realizarse. Estamos, como ya mencionamos anteriormente, ante un nuevo desdoblamiento del protagonista que mentalmente dialoga con el personaje/objeto a través del cual se culpabiliza a sí mismo. La fuerza emocional del verso y la originalidad del planteamiento comunican a esta escena un inolvidable efecto teatral.

En el tercer acto se complica la intervención del verso. Se trata siempre del primer cuadro, el del bosque, ya que el cuadro final no contiene más que prosa. Comienza sin ayuda alguna de luz especial, aunque el azul, que ha presidido los dos episodios líricos anteriores, sigue presente en «el fondo de azules lunares y troncos nocturnos» que indica la acotación. Se inicia el acto con la recitación del Arlequín y continúa sin interrupción en el juego de buscar y encontrar —o no— lo perdido, por La Muchacha. Propiamente aunque se ha mantenido el verso sin interrupción, la motivación del poema del Arlequín —la interpretación total del drama—, queda como un todo separado de la burla y busca del amor perdido de la escena siguiente, que es clave interpretativa del tercer acto. Incluso la versificación cambia del octosílabo al hexasílabo que marca la cantilena rítmica del salto de la comba con que La Muchacha entra en escena. Consideramos, pues, como distintos estos dos episodios aunque carezcan de pausa intermedia. Páginas después hallamos un nuevo interludio que vendrá a ser el tercero de este cuadro y el último de la obra: es el diálogo apasionado que narra el trágico encuentro en el espacio y desencuentro en el tiempo de El Joven y La Mecanógrafa y que precipitará el final del drama.

La prosa, esencialmente lírica y emocionada, alterna un ritmo rápido de frases cortísimas con líneas poéticas o parlamentos, no largos, que pueden expresar ideas filosóficas, o paradójicas, incluso contradictorias, pero de significado accesible. Abundan las metáforas sencillas que plasman claramente el carácter de un personaje. La rápidez que subraya el dramatismo hace raros, pues, los parlamentos de más de seis o siete líneas. La Novia y La Máscara Amarilla son la excepción, naturalmente, pero su verbosidad excesiva señala precisamente el estado de ansiedad, ya sea amorosa o trágica, del personaje respectivo. Diríamos, resumiendo, que *Así que pasen cinco años* se caracteriza por un diálogo sencillo de comprensión, pero de gran intensidad que mantiene de principio a fin un evidente carácter poemático sin desdecir por un momento del fuerte sentido teatral del drama.

La canción infantil

Pasando ya a diferente aspecto, recordemos que es sentimiento peculiar en Lorca el deseo de mantener vivo, de no dejar morir, el recuerdo de su infancia, hasta el punto de que constituye todo un subtema en el estudio de su obra. El mismo poeta es perfectamente consciente de este punto: «Estos mis años todavía me parecen niños —nos dice—. Las emociones de mi infancia están en mí, yo no he salido de ellas»[191].

No debe extrañarnos, así, que como engarzadas en la belleza del verso resalten líneas —a veces sólo un par de pala-

---

[191] *O. C.*, II, pág. 956.

bras—, que nos evocan inesperadamente su procedencia antigua de canciones o juegos infantiles ya olvidados para nosotros. Es, pues, de esperar que, dado el matiz autobiográfico de la *Leyenda del Tiempo*, encontraremos como perdidas entre los episodios líricos, alusiones, palabras, temas que nos remitan a la infancia. «Yo sueño ahora lo que viví en mi niñez» —explica el poeta[192]. Y efectivamente, incluso fuera del verso, en el primer acto, El Amigo 1.º coge en brazos al Joven dándole vueltas y recitando:

Tin, tin, tan,
la llamita de San Juan

Exactamente como aún se hace con un niño pequeñito que todavía se mantiene en los brazos. O la expresión de cariño a una niña pequeña que utiliza El Niño para La Gata:

Chata, barata, naricillas de hojadelata.

Más distanciada queda la séptima línea del pequeño poema en que El Niño expresa su deseo de escapar a la luz:

Es tierra dura
....
con nubes que se levantan

en que creemos reconocer una conocida invocación infantil a la lluvia:

¡Que llueva! ¡Que llueva!
....
los pajaritos cantan.........
las nubes se levantan

y un poco más adelante pasan a cantar tres líneas de «La pájara pinta» o quizá de «El jardín de rosas»

---

[192] *Ibíd.*

114

> y en el pico una flor
> y en la flor una oliva
> y en la oliva un limón

hasta que El Niño interrumpe la canción al olvidar en su angustia, la línea siguiente que le recuerda La Gata.

Y en la escena, líricamente apasionada de El Maniquí, que reclama el anillo perdido:

> Mi anillo, señor, mi anillo de oro viejo,
> se hundió por las arenas del espejo.

que ya relacionamos anteriormente con una antigua canción, hoy sólo perteneciente al ámbito infantil:

> Al pasar el arroyo
> de Santa Clara
> se me cayó el anillo
> dentro del agua

Y no podemos menos de recordar la primera estrofa de la misma canción:

> Quisiera ser tan alto
> como la luna,
> ¡Ay! ¡Ay!
> como la luna,
> como la luna,

que parece, marcando la verticalidad en altura, relacionarse indirectamente con los versos:

> Mi cola se pierde por el mar
> y la luna lleva puesta mi corona de azahar.

En el acto tercero, en la escena de La Muchacha, hay un recuerdo de dos canciones cruzadas. En primer lugar, tres líneas del «Ambó ató, mata rile, rile, rile» hacen alusión a algo perdido en el fondo del mar que se debe ir a buscar:

Ambó ató[193]
mata, rile, rile, etc.
¿Dónde están las llaves?
mata, rile, rile, etc.
En el fondo del mar,
mata rile, rile, etc.
¿Quién las irá a buscar?
mata rile, rile, rile, etc.

Gira la escena, además, alrededor de una versión casi exacta de «La gallina ciega». La adaptada al ritmo de comba, dice:

Perdí mi agujita,
perdí mi dedal,
y a la media vuelta
los volví a encontrar.
Mentira.
Verdad[194].

El texto en el drama cambia solamente la primera línea a: «Perdí mi corona».

La devoción de Lorca por la canción infantil queda evidenciada en una de sus tempranas composiciones, «La balada de la placeta», de 1919[195]. Basada precisamente en la canción: «Arroyo claro / fuente serena» el poema mantiene un diálogo entre el Yo del poeta y los Niños que cantan y le aconsejan «beber el agua tranquila / de la canción añeja». «Canción añeja», revela Lorca, es la que le «enseñó el camino de los poetas».

---

[193] «Ambó ató» es corrupción del francés «J'ai un beau château». La canción francesa quedó traducida al español de manera incomprensible pero ya tradicional.

[194] En la *Tragicomedia de don Cristóbal y la señá Rosita* hay otra versión de la misma cantilena, también en ritmo de comba: «Fígaro *(Saltando):* A tira y afloja / perdí mi dedal. / A tira y afloja / lo volví a encontrar», *O. C.*, I, pág. 94. En la versión tradicional del juego de «la Gallina ciega», de origen remoto, el niño o niña que queda en el centro del corro lleva los ojos vendados y debe buscar a tientas. El diálogo sigue a pregunta y respuesta: «Gallinita ciega, ¿qué se te ha perdido? —Una aguja y un dedal. —Da tres vueltecitas y lo encontrarás. —Una, dos y tres, y la del revés.»

[195] *O. C.*, I, pág. 96.

El espacio escénico estará organizado simbólicamente, exactamente reglamentado. Conocida es la costumbre de Lorca de extremar detalles en sus acotaciones, que pueden abarcar desde la descripción minuciosa del escenario, al movimiento, color, sonido, música, cualquier cosa por mínima que sea, que ayude a la puesta en escena, porque sus dramas están pensados como representación. La escenografía, pues, tiene significado y función particular, por más que sea aparentemente convencional. Sin embargo, y en contraste con tal costumbre, en el primer acto de nuestra obra, la decoración está lacónicamente señalada por una sola palabra, sin descripción alguna ni mayor explicación; se indica solamente: «biblioteca». Pero según se desarrolla la acción, vamos aprendiendo que en la pared del fondo hay un ventanal, y toda una serie de objetos amueblan la habitación: un sofá con cojines, sillas, un taburete, un biombo negro bordado con estrellas y dos puertas laterales. Mas el contenido es accesorio, lo básico es el carácter de la habitación, porque una biblioteca es un espacio cerrado, interior, un lugar inmóvil donde se estanca el tiempo. Es una conjunción preliminar de tiempo y espacio escénico.

Al levantarse el telón, encontramos al protagonista sentado, en pijama. Su manera de vestir nos indica que no piensa salir a la calle. Queda así señalada su intención de permanecer en el espacio interior de su casa y de su conciencia. En palabras de Ricardo Gullón, nos hallamos ante la:

> perspectiva determinante de una toma de conciencia que impone concentración y, por tanto, reducción del espacio dramático a interioridad pura. Desde tal perspectiva el punto de vista se interioriza en el mundo del personaje y ha de ser, en consecuencia, profundizante[196].

---

[196] «Perspectiva y punto de vista en el teatro de García Lorca», *La casa de Bernarda Alba y el teatro de García Lorca*, edición Ricardo Doménech, Madrid, Cátedra, 1985, pág. 27.

La biblioteca, espacio cerrado correspondiente a la interiorización del pensamiento del protagonista, se da en oposición al espacio exterior que no vemos, pero oímos, y que es el presente, con todo su desagradable ruido y agitación. El ventanal que separa el dentro y el fuera, mantiene aislado a El Joven que trata insistentemente de inhibirse:

> «No me importa lo que pase fuera»
> «Me molesta que las cosas de la calle entren en mi casa»
> «Todo bien cerrado»
> «Están las cosas más vivas dentro que ahí fuera, expuestas al aire o a la muerte.»

Miedo a la muerte que lleva al personaje, encerrado en sí mismo, a aislarse de todo, a tener miedo también de la vida. En los sucesivos desdoblamientos de El Joven cada nuevo personaje reaccionará a la tensión entre interior y exterior de manera distinta, personal. De la oposición o equilibrio entre estas dos fuerzas —dentro y fuera— unido a la disparidad en el tiempo que simboliza cada uno de los representantes —futuro, presente y pasado— proviene su antagonismo que motiva el desarrollo de la acción en este primer acto[197].

Incidentalmente, las estrellas bordadas en el biombo negro no son un capricho decorativo, sino proyección en el espacio escénico de las estrellas de papel que adornaban la caja del Niño muerto, que no vimos, pero conocemos por el relato que él mismo hace. Mantienen, pues, la relación entre lo que vemos dentro de la escena y lo ocurrido o narrado fuera de ésta. Biombo, por cierto, que también separa los vivos de los muertos, porque el dentro y el fuera en este acto, es aplicable incluso a la vida.

De la escueta descripción de la biblioteca, ambiente esencialmente masculino, pasamos en el segundo acto a la alcoba de La Novia, contrastada al máximo en femineidad. Se

---

[197] Véase sobre el particular el importante artículo de Michel Pruner, «Espace et temps dans *Lorsque cinq ans seront passés*», en *Lorca, Théâtre Impossible,* en Organon, núm. especial, 1978, Université Lyon, págs. 69-93.

trata ahora de un espacio todavía más privado que la biblioteca, donde la cama ocupa el centro del escenario. El espacio real es el de la intimidad, el espacio virtual, que no vemos, está, sin embargo, bien presente en los balcones practicables, abiertos de par en par al mundo, a la vida, por los que entra a raudales la luz azul de la luna y sube y baja El Jugador de Rugby, al igual que nos llega por ellos el sonido insistente del claxon o el ruido de la calle. Son lo opuesto al ventanal siempre cerrado del primer acto. El paralelismo de la acción es evidente: La Novia ha regresado hace poco de su largo viaje y antes del fin del acto se lanzará nuevamente al exterior al fugarse con su amor, El Jugador de Rugby. El Joven llega del exterior y ante su fracaso, acuciado por El Maniquí debe salir precipitadamente para buscar fuera, en la calle, a la única esperanza de amor que le queda. El interior, la alcoba, no es más que el punto de encuentro momentáneo del amor inútilmente soñado durante cinco años.

En el primer cuadro del tercer acto se complica el espacio escénico. Para empezar, el bosque es un exterior, pero un exterior cerrado, acotado, sin más salida que la del circo de los muertos. Mas ahora nos vamos a encontrar con un escenario doble, es decir, con dos espacios teatrales simultáneos. Diríamos que de los sucesivos desdoblamientos del personaje central hemos pasado al desdoblamiento del espacio escénico. No se trata sólo de un ejemplo más de teatro dentro del teatro, ya que de tal manera tenemos, desde el comienzo del cuadro, a Arlequín y Payaso representando sus consabidos papeles circenses insertados dentro de la acción principal. Nos referimos al teatrito construido en el centro del bosque, cuyas cortinas se abren en un momento dado para dejar ver, disminuido en tamaño y color, es decir, en el recuerdo y el tiempo, otro espacio escénico: la biblioteca del primer acto. A modo de cajas chinas o muñeca rusa, aparece centrado en el espacio exterior otro espacio interior más pequeño, que podría no ser más que una imagen ilusoria, un reflejo del lugar y situación original en la que El Joven se creyó amado y que está intentando reconstruir. Se trata, como podemos ver, de una inversión escénica del dentro/fuera del primer acto. El inútil esfuerzo del protagonista por revivir algo ya muerto produce la sensación de movimiento hacia atrás, de retroceso del exterior al interior; de vuelta a casa. La escalera que une los tablados de ambos escenarios funciona a modo de puente entre los múltiples planos de realidad y tiempo, centrando en la lenta subida de El Joven y La Mecanógrafa de un tablado a otro, el paso imposible del presente al pasado.

En contraste el cuadro final es solamente interior. Estamos en la misma biblioteca del primer acto, exacta, ahora, en tamaño y color. Pero el mundo exterior ha desaparecido. El personaje no presentará ya desdoblamiento alguno, ante la muerte es un ser completo, El Viejo no le ha seguido y de la mujer sólo queda, a modo de despojo, el traje de novia sobre un maniquí.

Debemos anotar además, la forma en que los sonidos que llegan del exterior subrayan el desarrollo de la acción, nos alertan de lo que está ocurriendo fuera. Así, en el primer acto se oye a un reloj dar las seis, los truenos de la tormenta dan entrada y salida al mundo de los muertos, el estrépito de cristales rotos nos advierte que El Gato no es alucinación, sino criatura real que acaba de morir igual que El Niño. En el segundo acto, el desagradable sonido del claxon y su impertinente insistencia nos recuerdan la presencia del Jugador de Rugby en la calle, al pie del balcón, esperando la huida de La Novia. En el primer cuadro del tercer acto, las trompas de caza señalan el augurio de muerte de la extraña cacería nocturna que tiene lugar más allá del bosque y que marcan en sonido las entradas respectivas de La Muchacha, La Mecanógrafa y El Joven. Y en el cuadro final, justo antes de caer el telón, el silencio mantenido por la ausencia de espacio exterior se rompe con las doce campanadas del reloj —las seis y su eco— que subrayan a un tiempo la «hora única» y la definitiva.

Una vez comentado el espacio escénico anotemos brevemente la ausencia del espacio geográfico, el «dónde» en que pudo tener lugar la obra. Pero sabemos de antemano que no encontraremos el menor indicio en el texto, ni la referencia más lejana que nos ayude a situar la acción. Ocurre en cualquier parte, o en ninguna, porque no debemos buscarla en el exterior, sino en el espacio interno de la conciencia del protagonista.

Por lo que respecta al «cuándo», al momento en el tiempo en que se sitúa la acción, sí tenemos —aunque indirecto y desde luego involuntario— un dato muy concreto: el traje, los pantalones nickers y las medias de sport que viste El Joven en el primer cuadro del tercer acto corresponden al mismo momento que las fotografías de Federico en Columbia University. Eran la moda de los jóvenes bien vestidos de fines de los años 20 y principios de los 30. En otras palabras, y a juzgar por el atuendo de su protagonista, la obra ocurre, tiene lugar exactamente en las mismas fechas en que fue escrita.

EL COLOR

En la conferencia, repetidamente citada ya, sobre don Luis de Góngora, Lorca establece taxativamente que:

> Un poeta tiene que ser profesor de los cinco sentidos corporales en este orden: vista, tacto, oído, olfato y gusto[198].

Si la vista, como se nos dice, ha de ocupar el primer lugar, el color es fundamental, y mucho más aún en el teatro que en la poesía. El mismo poeta se expresa claramente en otra ocasión sobre la función del color:

> El problema de la novedad del teatro está enlazado en gran parte a la plástica. La mitad del espectáculo depende del ritmo, del color, de la escenografía[199].

Es éste, pues, símbolo básico en la obra dramática de Lorca, pero su significado raramente es críptico. No existe un código de color privativo del poeta, sólo alguna peculiar va-

---

[198] Maurer, *Conferencias, op. cit.*, II, pág. 99.
[199] *O. C.*, II, pág. 986.

loración personal, como por ejemplo la adjudicación simbólica del color blanco a la muerte, fácil de aceptar, por otra parte, como correspondiente a palidez, mortaja o sudario, significado puramente lorquiano, que vemos aparecer ya en su obra más temprana[200]. Aunque al referir el blanco a ropa interior o al traje de novia pasará, naturalmente, a representar erotismo. En realidad, la plurivalencia del color en Lorca no es extraña. Así, podemos hallar atribuido a un mismo color, diferente simbolismo en diferentes ocasiones respondiendo al valor emotivo que el poema o el momento tenga para su autor. El rojo, por ejemplo, puede significar: pasión, amor, vitalidad, violencia, sangre, vida, muerte; el verde: juventud, vitalidad, vejez, amor, muerte, etc. Jaroslaw M. Flys[201] estudia la forma en que las imágenes emblemáticas de el *Libro de poemas* van cambiando con el tiempo en las sucesivas publicaciones poéticas. Pero en el teatro, el simbolismo que expresa el color suele tener un valor tradicional que ayuda a la comprensión y puede ser asumido sin mayor dificultad por el público o lector.

Cada obra dramática de nuestro poeta tiene una gama definida relacionada siempre con el ambiente o el espíritu del drama, desde los colores estrepitosos y violentos, como el personaje principal en *La zapatera prodigiosa,* a los blancos y negros de *Bernarda Alba.* Particulares son los casos de *Mariana Pineda* o *Doña Rosita,* donde el traje de la protagonista va cambiando en cada acto, anunciando a base del nuevo color la marcha trágica del drama. Baste recordar a Mariana (Estampa I, escena IV) que vestida de malva claro sólo tiene que declarar: «Mi alma tiene el mismo color del vestido», para comunicarnos el tono melancólico de la escena.

---

[200] «esa invisible blancura crepuscular que da la muerte», *Impresiones y Paisajes,* «Los cristos», I, pág. 876.

[201] *El lenguaje poético de F. G. L.,* Madrid, Gredos, 1955, «El emblema», pág. 150. R. G. Knight se ocupa también del color, aunque sólo enumera los lugares en que aparece, «F. G. L.'s *Así que pasen cinco años*», Bulletin of Hispanic Studies, 1966, vol. 43, núm. 1, págs. 32-46. Allen Josephs y Juan Caballero en *F. G. L. La casa de Bernarda Alba,* Madrid, Cátedra, 1976, páginas 75-76 lo estudian con relación a esta última obra. También Louis Parrot en «Un poète fou de couleur», *F. G. L,* París, Seghers, 1957, págs. 43-61.

Mas así como la presencia y el tratamiento del color es dominante en los dramas «de mujeres», no lo es tanto en las dos «irrepresentables» que consideraremos «obras de hombres». Concretamente, en *Así que pasen cinco años* la coloración queda muy atenuada, por más que se recurra a la luz y a la utilización de objetos para marcar la adecuación de un color a un personaje o situación.

Domina en la obra el blanco y el azul. El negro ocupará un tercer lugar, aunque quedará casi totalmente circunscrito al cuadro final del tercer acto.

El blanco adjudicado a trajes y caras de los personajes es el color más visible, e irremisiblemente aparecerá en cada acto y cuadro del drama. Blanco, así pues, es el traje de primera comunión del Niño muerto y el del Amigo 2.° en el primer acto; el aparatoso traje de novia en el final del segundo, velo y ropa interior incluida, que no vemos pero a la que se alude en el verso repetidamente; se menciona además un abanico blanco; blanco es el traje de tenis de La Mecanógrafa en el cuadro primero del tercer acto al que se añade la gran capa con que queda cubierta y anulada al fin del cuadro; y de raso blanco son las tres capas de los jugadores en el cuadro que da fin a la obra. Añadamos a la impresión de dominio de este color la descripción que apuntan las acotaciones sobre el maquillaje: la cara blanca amarillenta (color de cera) del Niño muerto en el primer acto; la cabeza empolvada en blanco (como es su tradición circense), del Payaso que le da aspecto de calavera, en el primer cuadro del acto tercero, a lo que se suma la máscara de yeso blanco de La Máscara Amarilla y las caras y manos de yeso de las otras máscaras que deambulan entre los árboles más la palidez extrema de los dos criados con libreas azules.

La presencia del azul responde a distinta motivación que el blanco. Señalaremos, en primer lugar, que este color, con excepción del principio y fin de la obra, domina la iluminación de la escena. Incluso en el primer acto, la entrada del mundo de los muertos, Niño y Gato, se marca por «una luminosidad azulada». En el segundo acto, la luz de la luna entra desde el comienzo por los balcones abiertos y «se hace más azulada» al encender La Novia la luz del techo.

Las bombillas de las lámparas sostenidas por ángeles según la acotación inicial, se encienden en azul subrayando la entrada de El Joven, y anunciando el comienzo de la escena del Maniquí, la luz de luna «se intensifica yendo en aumento» hasta que termina el acto. El bosque nocturno del primer cuadro del tercer acto presenta también un fondo azul, aunque aquí quede interrumpido por grandes troncos oscuros. Sólo el cuadro final recupera el tono de luz de tarde que dio comienzo a la obra. Diríamos que el azul enmarca acompañando como fondo el estado de ensoñación, recuerdo o contemplación filosófica en que está sumido el protagonista.

Aparte de la iluminación en azul, hay un número de objetos cuya coloración tiene carga simbólica. Contamos así, el abanico azul del Joven, los grandes botones azules del traje del Amigo 2.°, la mención a otro abanico azul en el segundo acto, el extraño color azul del gato muerto. Nos quedan, sin embargo, dos aspectos en que la significación emblemática del color es evidente, pero que requieren interpretación. Se trata del traje azul que viste El Viejo en su última aparición —ha vestido de gris hasta entonces— y sobre todo del pijama azul con que se presenta El Joven al comienzo de la obra.

En el *Libro de poemas* aparece el azul ya con cierta regularidad como sinónimo de cielo, tomando en ocasiones el tono filosófico de abierto desengaño o desconfianza ante la vida inmortal prometida. Los significados aportados al color azul por Flys[202] —inocencia, ilusión, esperanza—, que identificaríamos más bien como desilusión o desesperanza (dejando a un lado el concepto de inocencia que no concuerda aquí con nuestro propósito), proceden de dicho *Libro de poemas*. Sirvan de ejemplo las líneas que adjuntamos de la composición «Ritmo de otoño», donde el poeta en su angustia se dirige a un Dios indiferente:

> Pidiendo lo del hombre, Amor inmenso
> y azul como los álamos del río.

---

[202] *Op. cit.*, págs. 152-153.

> Azul de corazones y de fuerza,
> el azul de mí mismo.
> ....
> Sin terror y sin miedo ante la muerte[203].

Lejos de la nota juvenil de su primer libro, encontramos la misma línea de pensamiento metafísico, pero poéticamente estilizado al máximo, en la dificilísima sencillez de las *Suites,* de donde tomamos el poema «El gran espejo», que, con toda su carga ontológica, considera al cielo como un simple reflejo del hombre:

> Vivimos
> bajo el gran espejo.
> «¡El hombre es azul!»
> ¡Hosanna![204].

Existe, pues, para el poeta, una cierta identificación del color azul con el hombre, el cielo y la meditación metafísica.

En el teatro, por otra parte, la ausencia del color azul en el traje de los personajes se hace obvia, viniendo a ser sustituido generalmente por el morado, malva o violeta[205]. La única excepción son los *Títeres de cachiporra,* donde el tradicional vestido de Doña Rosita, rosa como su nombre, aparece en el sueño de Cocoliche cambiado en azul oscuro[206]. Ninguna otra heroína de Lorca usará tal color. Y como es de suponer, lo que nos interesa aquí es el hecho de que el color del sueño sea el azul.

En *El Público* nos encontramos ante una acotación escueta: «Decorado azul», que indica la tonalidad del comienzo —y del fin— del drama. El que un color de escasa presencia en la obra en general, quede destacado en las dos «imposibles» parece como una adscripción simbólica del azul a

---

[203] *O. C.,* I, pág. 142.
[204] «Suite de los espejos», *O. C.,* I, pág. 626; Belamich, *op. cit.,* pág. 51.
[205] Existe un figurín del traje de «la Vecina azul» del propio Lorca que M. Laffranque en *F.G.L., op. cit.,* pág. 32, reproduce; sin embargo el personaje identificado con tal color quedó fuera del reparto.
[206] *O. C.,* II, pág. 91 (201).

masculinidad. En *Así que pasen cinco años* la atribución como emblema de este color al protagonista se hace evidente, no sólo en el pijama azul con que se nos presenta y que no es un hecho casual, sino en el detalle aparentemente menor, pero precisamente por innecesario altamente significativo, de los colores de los tres abanicos —azul, negro y rojo— con que se identifican los tres personajes —Joven, Viejo, Amigo 1.º— que regresan a escena después del interludio del Niño y El Gato muerto.

En cuanto al color azul del Gato, consideraríamos que para el poeta es color de muerto, aunque no sea más que por asimilacion al tono que adquiere el cadáver de un ser humano. Recordemos nuevamente la línea del poema «Infancia y muerte»:

y un solitario, azul, inexplicable muerto

Y por lo que respecta al cambio de color del traje de El Viejo del gris al azul en su ultima aparición en escena, lo aceptamos también como señal de muerte próxima del personaje. El tiempo de vida que le queda a El Joven es ahora muy breve, cuando lo volvamos a ver en el cuadro final no encontraremos desdoblamiento alguno de su personalidad. El Viejo, que dejamos mal herido al final del cuadro anterior ha muerto ya en él.

Pero aparte de estos dos últimos casos en que el color representa muerte o muerte próxima, parece ajustado a la *Leyenda del Tiempo* el valor simbólico del pijama azul, implicando vida interior, ensoñación o sueño, al mismo tiempo que la ya señalada identificación metafísica del color (azul = cielo) justifica la presencia del protagonista ensimismado en la contemplación filosófica del hombre ante el tiempo, el amor y el destino final.

En el último cuadro el color es definitivamente símbolo nefasto. No hay más que dos colores, negro y blanco, y ambos, como ya sabemos, representan muerte para Lorca. El rojo no aparece en toda la obra más que en ocasiones incidentales: el abanico rojo del Amigo 1.º, símbolo de vitalidad, y las manchas de sangre de El Gato y del pañuelo del

Viejo, señales de muerte. Pero la inesperada entrada del amarillo de La Máscara, en un fondo de azul nocturno, a modo de «una llamarada», denota la importancia que la presencia del color tiene para el poeta, que sin duda alguna visualiza cromáticamente la escena que va construyendo.

En suma, la obra comenzada en luz de tarde, va sumergiéndose en un fondo azulado que se intensifica a medida que se profundiza la acción, para volver a su fin a la luz del principio. Los abundantes blancos y grises matizan los fondos azules en una cierta monotonía, rota momentáneamente por la presencia de un simple objeto rojo en el primer acto, la inapropiada incursión del uniforme de rugby americano en el segundo, o por el brillo de las lentejuelas del traje del payaso y la violenta invasión del amarillo en el tercero.

MÚSICA, RITMO Y BALLET

La integración de color y música, la plastificación de sensaciones es característica del poeta, nos dice Francisco García Lorca[207]. En realidad la analogía de sonidos y colores en conjunción con las siete notas de la escala diatónica es muy antigua. Y precisamente en 1925 existía en Europa un gran interés, con carácter de moda, por los conciertos en que se integraban color y música[208]. Pero según percibe bien Edwin Honig en su temprano libro sobre Lorca, la concepción musical de *Así que pasen cinco años*

> traspasa lo poético, lo pictórico y lo dramático. No entendiendo por concepción musical meramente el suplemento... de la envoltura dramática, sino la sutil organización temática que parece basada en un entramado más musical que dramático[209].

---

[207] *Op. cit.,* pág. 173.

[208] Véase Klein, Adrian B., «Colour-Music», Encyclopaedia Britannica, 1955, VI, 64-65.

[209] *García Lorca,* Norfolk, Connecticut, New Directions, 1944 y 1963. Traduccion esp., Barcelona, Laia, 1974, págs. 150-153.

Lo verdaderamente significativo para Honig es que se haya establecido una relación estética entre dos medios distintos, correspondencia cuya aparición considera rara en el teatro moderno. Sin embargo, la presencia de este trasfondo musical en la creación de nuestro poeta está hoy día ampliamente señalada por la crítica.

En realidad, Lorca, que había contemplado originalmente su futuro como pianista, no renunció a la música al dedicarse a la poesía y al teatro. Su obra, pues, estará en todo momento concebida musicalmente. El mismo poeta lo declara:

> Mi obra es musical. Por eso el que quisiera ponerle música cometería un disparate. La música está en el ritmo de los movimientos, del diálogo que a veces termina, naturalmente, en canto[210].

El hecho es que el presunto músico eventualmente convertido en poeta y dramaturgo, desde sus escritos de juventud pretende, por todos los medios a su alcance, la fusión de música y palabras, la recreación del diálogo musical. Recordemos como buen ejemplo de este intento entre sus composiciones primerizas la titulada «Sonata que es una fantasía» escrita en prosa, pero siguiendo la forma musical que indica el título, y donde —entre indicaciones de tono, tempo y ejecución— los distintos instrumentos dialogan comentando el amor perdido del protagonista[211]. Igualmente, otra temprana composición también en prosa, «Sonata de la nostalgia»[212], a modo de poema/sonata recoge las que-

---

[210] Mario Hernández, ed. *La zapatera prodigiosa,* Madrid, Alianza Editorial, 1982, pag. 156.

[211] C. Maurer, se ocupa de este punto en su edición de *Prosa inédita de juventud, op. cit.,* págs. 272-277; también en «Lorca y las formas de la música», *Lecciones sobre F. G. L.,* Granada, Comisión Nac. del Cincuentenario, 1986, págs. 237-250; «Sobre la prosa temprana de García Lorca, 1916-1918», *Cuadernos Hispanoamericanos,* julio-agosto 1986, núms. 433-34, páginas 13-32; y en la Introducción a *Once Five years pass* traducción de Logan-Gil en *Lorca,* Nueva York, Station Hill Press, 1989, págs. xxi-xxil.

[212] *Ibíd.,* págs. 233-237.

jas de un joven abandonado por su amor, con las instrucciones para acompañamiento de piano anotadas como estribillo. Y ya señalamos anteriormente, que en ambas «Sonatas» el tema de la frustración del amor del Joven a quien abandona su amada, nos acerca mucho a la *Leyenda del Tiempo*.

La búsqueda del diálogo entre instrumentos aparece señalada también en el título del poema «Dúo de violoncello y fagot»[213]. Lo curioso es que este extraño ensayo aparece como algo ya conseguido al comienzo de *Amor de don Perlimplín,* donde en palabras de Francisco García Lorca:

> A poco que los actores acentúen, siquiera sea levemente la intención rítmica y la tonal, se convierte el lenguaje en un diálogo entre instrumentos musicales[214].

Precisamente esta misma obra está identificada por su autor como una «operita de cámara» donde «los entreactos están unidos por sonatinas de Scarlatti y donde «constantemente el diálogo... cortado por acordes y fondos musicales»[215] sustituye a la partitura.

Pero profundizando más en los estudios de la música en García Lorca, el erudito Christopher Maurer, al comentar el impacto de los fondos musicales en su obra, ve en las *Suites* —tan próximas a *Así que pasen cinco años*— «aspectos del arte de Debussy», y señala a Bach como modelo estructural en el tercer acto de *Bodas de sangre,* donde analiza la presencia de una cantata suya, citando otra importante afirmación del propio poeta:

---

[213] Christian de Paepe, ed., *F. G. L., poesía inédita de juventud, op. cit.,* página 132. Estas peregrinas tentativas de fundir música y poesía nos recuerdan la anécdota que relata Carlos Morla sobre la reacción de Lorca ante la idea expresada por Ramiro de Maeztu de que «los poetas modernos no eran musicalizables». «¡Por Dios! —había exclamado Federico— todo es musicalizable, hasta una receta de médico» (Morla, *op. cit.,* pág. 453).

[214] Francisco García Lorca, *op. cit,* págs. 315-317.

[215] *O. C.,* II, pág. 908.

Bodas de sangre está sacada de Bach... ese tercer acto... estaba en la cantata de Bach que yo tenía. Donde yo trabajo, tiene que haber música[216].

Así, pues, con respecto ya a *Así que pasen cinco años*, cuya calidad de largo poema escenificado o drama lírico conocemos, debemos suponerle ahora, como factores intrínsecos además de color y ritmo, un complejo entramado musical. Citemos como ejemplos a Juan Guerrero Zamora, para quien «el verdadero argumento es el intento de dramatizar, mediante fugas sucesivas y musicalmente conjugadas, la huida del tiempo»[217], o el comentario de Luis Fernández Cifuentes, que ve en la acción de la *Leyenda del Tiempo*, como en ciertas composiciones musicales, el hecho de que la melodía correspondiente en el primer movimiento a los altos es asignada en el último a los bajos, o viceversa[218]. Vemos así el caso de las líneas que dichas en el primer acto por Joven y Viejo se repiten en el tercer acto, pero asimiladas por La Mecanógrafa y La Máscara, es decir, en voces femeninas de distinto timbre. Hay, pues, toda una serie de notas discordantes que engarzadas unas en otras reaparecen y desaparecen inesperadamente a modo de temas musicales. Sirva de ejemplo el tema del Niño muerto del primer acto, que queda ligado en el tercero al del niño no engendrado; o las recurrentes apariciones del Criado en los momentos más inesperados; o El Viejo herido resurgiendo en situaciones críticas. Y valga aquí la obsesiva mención de las escaleras que quedan al margen de la acción, pero que a modo de hilo musical conductor marcan la omnipresencia de la sexualidad, permanente fondo erótico disfrazado (cuyo evidente significado freudiano nos revela Julio Huélamo)[219].

---

[216] «Lorca y las formas de la música», *Lecciones sobre F. G. L.*, *op. cit.*, páginas 247-248. Ch. Maurer es quien se ha ocupado con mayor detenimiento y en diversos estudios del tema musical en Lorca.

[217] *Historia del teatro contemporáneo*, Barcelona, Flors, 1967, pág. 85.

[218] *García Lorca en el teatro, op cit.*, pág. 271.

[219] En «La influencia de Freud en el teatro de G. L.», *op. cit.*, pág. 74, cita directamente a Freud: «La subida por escaleras, simbolizan [sic] oníricamente el acto sexual» (S. Freud, *O. C.*, I, pág. 561).

Toda esta orquestación desajustada, de temas sumidos unos en otros que pasan de forma imprevisible al plano central, ya sea como realidad escenográfica o mero recuerdo, ilusión o sueño, acentúan en su desconexión la inmovilidad del tiempo y la presencia dominante del ritmo sincopado.

Es conocida la obsesión del Lorca director teatral por el ritmo escénico. Él mismo comenta «el esfuerzo que supone conseguir el ritmo que debe presidir la representación de una obra dramática. «Para mí —asegura— esto es de lo más importante»[220]. Pero si un ritmo identifica a una obra, el ritmo extemporáneo a primera vista que preside *Así que pasen cinco años* corresponde, como es natural, a la alteración del movimiento escénico que presenta la obra, al desorden cronológico, al tiempo roto. Nos atreveríamos, pues, a pensar en las variaciones armónicas discordantes, habitualmente sincopadas del jazz, fondo musical de ritmos más apropiados, después de todo, a una obra del ciclo neoyorquino que las melodías españolas. Sabida es, por otra parte, la afición de Lorca al jazz, cuyos discos atesoraba. Una colección de los cuales había traído consigo a España a su vuelta de Nueva York, donde había frecuentado, en compañía de Emillo Amero, los locales de Harlem donde se tocaba la música negra[221].

Pero tengamos en cuenta, que a este respecto pensamos sólo en los ritmos desacordados de la acción o el movimiento de la escena —sobre todo por lo que respecta al cuadro primero del tercer acto—, no en el espíritu esencialmente lírico del drama, que estructuralmente veríamos encuadrado en la sonata. Recordemos las dos composiciones tempranas más arriba citadas que se identifican como «Sonatas» y cuya relación con nuestra obra es evidente. Y señalemos también, por otra parte, cómo la *Leyenda del Tiempo*

[220] *O. C.*, II, pág. 970.
[221] Especialmente el «Small's Paradise» de Harlem donde según Emilio Amero habían asistido juntos con frecuencia. Citado por Kevin Power en «Una luna encontrada en Nueva York», *Trece de nieve*, 1/2, Segunda Época; diciembre 1976, pág. 141, también por Rafael Utrera, *García Lorca y el cinema «Lienzo de plata para un viaje a la luna»*, Sevilla, Edisur, 1982, pág. 59.

difiere de la inveterada costumbre de Lorca de incorporar canciones a su producción dramática. Canciones provenientes, en la mayoría de los casos, de los fondos inagotables de los cancioneros musicales españoles, de los que nuestro poeta era profundo conocedor y que, estilizadas, enmarcan líricamente sus obras, con independencia del trasfondo musical que mencionamos anteriormente. Pero en el drama que nos ocupa, aparte del comienzo de una cancioncilla infantil, graciosamente mal aprendida por El Gato, apenas se marcan unos versos cantados por El Amigo 2.º en el primer acto, la entrada de El Maniquí que «canta y llora» y cuatro versos cantados fuera de escena por La Mecanógrafa. Posiblemente el autor habría incorporado alguna canción o música en el último momento, tal como era su costumbre, pero falto de ensayo general el texto de Anfístora, no nos ha quedado constancia de ello.

No obstante, se marca la presencia de música en el cuadro primero del tercer acto, aunque no conocemos la melodía o melodías que hubiese seleccionado el autor. Pero recordemos el violín blanco, grande, plano, con dos únicas cuerdas de oro que presenta el Arlequín en su segunda entrada en escena, y que pretende tocar un par de veces (en la burla en que el Payaso finge la voz del novio de La Muchacha y al final de la misma escena en que se anuncia «un vals»). La detenida descripción, repetida más de una vez, del instrumento utilizado nos hace pensar en un sonido burlesco, caricatura musical. Se trata a nuestro modo de ver de un instrumento de circo, ridículo. Recordemos, sin embargo, que en la tradicional escena circense de la pareja Clown-Payaso —inteligente el primero, elegantemente vestido de lentejuelas, con la cara enharinada en blanco; tonto de circo el segundo, ridículamente mal vestido con ropa de tamaño desmesurado— solían tocar siempre ambos, como parte de su número, un instrumento musical, usualmente una concertina, bien tocada, el Clown, y un instrumento absurdo el Payaso, del que inesperadamente se sacaba un sonido reconocible. Y notemos que al fin del acto en la última entrada del Arlequín la acotación insiste en señalar que éste ha de llevar su «violín blanco». Se añade también que el Payaso llevará ahora una concertina. Sentados con sus instrumentos musicales en los taburetes colocados a ambos lados del pequeño escenario tomaran finalmente el papel de músicos que acompañan la representación que tiene lugar en el tabladillo, presenciada sólo por un público de máscaras de cara y manos de yeso. Queda claramente indicado así que la música pondrá fin al cuadro acompañando al verso, y podemos anticipar que aquélla, aunque la desconocemos, será lírica como éste.

Pasando ya a la posible presencia del ballet en *Así que pasen cinco años*, Marie Laffranque afirma que el drama parece estar compuesto:

> sur un mode musical et dansant, selon un rythme très fermé, et dans une mise en scene qui rapellerait [...] le mouvement de la comédie italienne et surtout des ballets de Diaghilev[222].

Consideramos, en efecto, indudable la relación entre el concepto de teatro total que intentó llevar a cabo Lorca —conjunción de drama, poesía, música, baile, ritmo, color, escenografía— y los ballets de Diaghilev, de donde proviene la nueva orientación dada a la plasticidad escénica, a la importancia del cromatismo y la luz, a lo que unían la ambiciosa intención de reunir en un gran espectáculo todas las artes posibles. Presentaban, no obstante, una definitiva carencia para nuestro poeta: los ballets eran mudos. En ellos la música, el ritmo o el movimiento sustituían al diálogo. No hay constancia, por otra parte, de que Lorca asistiese a las representaciones que tuvieron lugar en Granada o en Madrid[223], pero a través de Falla tuvo indudable conocimiento de los figurines y decorados de Picasso, de la puesta

---

[222] Citado por Kevin Power, *ibíd.*, pág. 151. (en n. 8 parece referir equivocadamente la cita de Laffranque a *F. G. L.*, Seghers, pág. 25).

[223] Los ballets de Diaghilev se presentaron en Granada, Barcelona y Madrid en 1917-1918, con «Parade» y «Les femmes de belle humeur»; volvieron en 1920-1921 con «Pulcinelle» y «Le Tricorne». Tomado de Kevin Power, *op. cit.*, pág. 151, n. 8.

en escena, el montaje, etc., de *El sombrero de tres picos* («Le Tricorne» en los programas de Serge de Diaghilev).

En nuestra obra, el sentido de ballet se hace visible en el movimiento de las figuras mudas que se entrecruzan entre los árboles, en la entrada de La Muchacha saltando con una guirnalda, en el paso de baile con que Arlequín y Payaso se retiran de la escena, en la recitación de Arlequín marcada por la acotación que textualmente pide movimiento de ballet, en la salida final de los tres jugadores rodeando la mesa sobre la que yace El Joven haciendo además de cortar los hilos de la vida, fieles ya a su carácter de Parcas.

EL CINE

El mundo de las imágenes como medio de expresión fue pronto aceptado por Lorca y visto con toda la consideración e interés que el nuevo arte merecía. Aficionado al cine desde niño, fue habitual en Madrid del Cine-Club, que organizado por Ernesto Giménez Caballero había hecho posible la presentación de los cómicos americanos, de los films de vanguardia o los representativos del cine alemán, francés, ruso, incluso chino. Cuando nuestro poeta, siempre dispuesto a ensayar su capacidad en toda posible forma de arte, descubre el cine hablado durante su estancia en Nueva York, escribe a sus padres esperanzado mencionando su proyecto de abordar también el nuevo medio: «Me he aficionado al cine hablado, del que soy ferviente partidario porque se pueden conseguir maravillas. A mí me encantaría hacer cine hablado y voy a probar a ver qué pasa»[224].

En realidad, ya había ensayado las técnicas cinematográficas en 1927 en *El paseo de Buster Keaton*. Esta pequeña obra dramática, considerada por la crítica como perfecto ejemplo de surrealismo, tiene propiamente un peculiar carácter de guión cinematográfico. Las numerosas indicaciones escénicas ocupan más espacio que el diálogo, que que-

---

[224] Ch. Maurer, *F. G. L. escribe a su familia desde N Y. y La Habana, op. cit.*, pág. 80.

da desplazado a un segundo término, consistente, por cierto, en muchos casos, en meros sonidos onomatopéyicos con que se señala la participación de los animales. Al ir describiendo en acotaciones los objetos como vistos muy de cerca, con exagerado detalle —los ojos, por ejemplo, del protagonista—, tenemos la sensación de recibir imágenes a través del movimiento de una cámara que lo mismo se aproxima para enfocar en primer plano unos zapatos de mujer, que se aleja para apuntar la presencia de un objeto en la lejanía del horizonte. Añadamos que los diálogos escuetos nos recuerdan además los rótulos del cine mudo, en que unas cuantas palabras eran suficientes para poder seguir la complicada acción que ocurría en la pantalla. Las absurdas metáforas, las antítesis desatinadas que presenta la prosa de las acotaciones vienen a ser el reflejo en palabras de lo que Buster Keaton expresa en imágenes en la pantalla. Se trata de un ejercicio similar al que acabamos de apuntar en el apartado anterior, en que el poeta intenta fundir música y poesía utilizando el sonido de la palabra y la forma de una composición musical. Pero en este nuevo caso probará la fusión de imagen y poesía interpretando en palabras el impacto visual del lenguaje de los planos.

Similar es la presencia, cuatro años más tarde, de recursos o elementos cinematográficos en el texto de *Así que pasen cinco años*. Ejemplo máximo de la intromisión del cine en la producción dramática de Lorca es la forma en que muere el protagonista, víctima de una flecha silenciosa disparada por una pistola, a la proyección en primer plano del as de *coeur* en los anaqueles de la biblioteca. Igualmente serían ejemplos las imágenes que aumentan de tamaño o disminuyen como respondiendo al movimiento de una cámara: así los botones excesivamente agrandados del Amigo 2.º que achican al personaje; la cama, el patio o las ventanas de la casa de El Joven que en el recuerdo son mayores que en la realidad; y sobre todo el escenario del primer acto que se proyecta disminuido en el tercero formando un segundo teatro, cortinas y embocadura comprendidas, en el centro del escenario principal. Efecto perfectamente factible en cine, pero que presenta en teatro una dificultad extrema.

Personaje de cine es propiamente El Maniqui, objeto inanimado que toma voz y movimiento para participar en una única escena. La intromisión del mundo de los muertos en el primer acto puede verse como un salto atrás o doble exposición de planos cinematográficos, al igual que el caso del Niño muerto que cruza el escenario de la biblioteca disminuida, ya en calidad de aparecido, puede hacerlo propiamente a modo de imagen en sobreimpresión o en técnica de fundido. Y finalmente las máscaras sin identificar del primer cuadro del acto tercero, vestidas de negro con manos y rostro blancos de yeso, incluida la cara de La Máscara Amarilla blanca de yeso también, la cabeza empolvada del clown, más la palidez extrema de los criados de libreas azules, reflejan todos el uso del maquillaje al estilo inconfundible de *El gabinete del Dr. Caligari.* Y por cierto, que la sombra —frustración, locura y muerte— del gran film expresionista pesa sobre la extraña ambientación de este cuadro.

Intentos son los anteriores, como podemos ver, de interpolar en el lenguaje poético de un drama las nuevas técnicas de cine que Lorca parece conocer bien. Utilizadas con sentido lúdico en *El paseo de Buster Keaton,* ayudan a la compleja presentación de *Así que pasen cinco años* y al dramatismo de *El Público,* donde también se encuentran.

Lorca no llegó a hacer cine hablado, como había sido su deseo, pero sí completó un guión de cine mudo, *Un viaje a la luna,* que constituye otra de las obras importantes que debemos adjudicar al ciclo neoyorquino. Motivado indudablemente, por el cortometraje surrealista de Buñuel y Dalí, *Un perro andaluz,* el poeta que, no sin razón, se sentía aludido en el film de sus supuestos amigos[225], decidió demostrar

---

[225] Buñuel años mas tarde cuenta que Lorca, durante su estancia en Nueva York, le había confiado a Ángel del Río: «Buñuel ha hecho una mierdesita así de pequeñita que se llama *Un perro andaluz* y el perro andaluz soy yo». Citado por I. Gibson, II, pág. 72.

su capacidad en el nuevo medio escribiendo su propio guión[226].

Viaje a la luna, ampliamente estudiado hoy día, según Marie Laffranque, encargada de su edición[227], narra un viaje, pero no a la luna, sino interior y hacia la muerte. Aunque los temas son comunes a la totalidad del ciclo neoyorquino, el lirismo de *Así que pasen cinco años* contrasta con la violencia y el espíritu crítico, amargo del guión, de tintes abiertamente sexuales, que lo acercan más al crudo dramatismo de *El Público.* Considerado generalmente como el ejemplo más extremo de surrealismo en Lorca, creemos que el poeta marca siempre sus límites utilizando ampliamente, como sello personal, la «lógica poética» que lo independiza de toda ortodoxia doctrinal.

Conclusión

Así que pasen cinco años es obra de indudable dificultad, pero no hay en ella hermetismo. No es críptica. La actitud del poeta es en casos ambigua y abierta por tanto a interpretación. Es obvio que la obra está centrada en el proceso mental del protagonista. Hay, pues, un personaje único cuyo monólogo interno se desdobla en diálogo con interlocutores, que aparecen o desaparecen según la mente del pensador los conjure o despida. El personaje, a nuestro parecer, se encuentra en un estado de ensoñación o duermevela. Para el lorquista Julio Huélamo, sin embargo, se trata

---

[226] Es muy posible que Lorca no conociese todavía *Un perro andaluz* estrenado con gran éxito en París el 6 de junio de 1929. El poeta, que había salido de Madrid el 13 de junio camino de Nueva York, se detuvo en París un sólo día. Pero acompañado por Fernando de los Ríos no debió de tener mucho tiempo de ver el corto de Buñuel y Dalí, aunque desde luego lo conocería bien por referencias y más tarde en Nueva York a través de la reseña de Eugenio Montes, publicada en *La Gaceta Literaria* de Madrid, de 15 de junio de 1929. El Cine-Club proyectó dos veces *Un perro andaluz* en Madrid, pero durante la ausencia de Lorca.

[227] *F. G. L. Un viaje a la luna,* guión cinematográfico citado y estudiado por Marie Laffranque, Braad Editions, Loubressac, 1980. Hay una edición más reciente al cuidado de Antonio Monegal, Valencia, Pre-Textos, 1995.

de un sueño en cuya descripción se sigue literalmente la *Interpretación de los sueños* de Freud. Esta tesis queda bien argumentada por el crítico, pero no obstante no creemos que contradiga nuestra opinión. En realidad, consideramos que ambas situaciones son perfectamente posibles dentro de los datos que nos permite la obra. Así, pues, la descripción del periodo hipnogénico del sueño incipiente, que coincide con el primer acto, al igual que el periodo hipnopómpico de vigilia atenuada del despertar en el cuadro final, no contradice la ensoñación o estado de semiconsciencia del que «duerme despierto». Y en cuanto al supuesto estado de inconsciencia total del sueño profundo, al que pertenecerían el segundo acto y el cuadro primero del tercero, no se trasluce en absoluto en la marcha del drama.

Es interesante, desde luego, el conocimiento de Lorca del estudio de los sueños de Freud que aporta Huélamo, y que debemos ajustar a los años 20 (hoy día sabemos, por ejemplo, que el sonámbulo duerme, pero no sueña y que durante el sueño profundo de inconsciencia plena no se sueña tampoco)[228]. No pensamos, naturalmente, en Lorca siguiendo al pie de la letra una doctrina. Entendemos que aprovecharía, sin duda alguna, la traslación a símbolos de una narración, la nueva interpretación simbólica de los caracteres mitológicos, la sexualidad omnipresente y disfrazada o el mundo de los sueños como espacio poéticamente ultrarreal, al igual que aspectos, notas, detalles. Sirva de ejemplo en *Así que pasen cinco años* la repetida mención de esas escaleras, cuya ascensión, para Freud —como ya mencionamos— simboliza oníricamente el acto sexual. El poeta utiliza tal simbología de forma reiterada, pero manteniéndola en un segundo plano, a juego con la débil capacidad amatoria de su personaje, del que sabemos que espera y finalmente desea, pero muere sin haber llegado nunca a realizarse sexualmente. Así pues, encontramos las escaleras como fuera de contexto en el primer acto, relegadas a la imaginación ausente del protagonista, para quien la sexualidad está

---

[228] En ninguno de los dos casos hay movimiento ocular rápido.

a cinco años de distancia. Muy reales, en cambio, en el segundo, al ser el acceso a la habitación de La Novia, que El Joven sube rápidamente para tener que volverlas a bajar. Escaleras fantásticas, en el primer cuadro del tercero, pretendiendo recuperar lo perdido marcando un máximo descenso al fondo del mar, o formando un falso puente entre el tablado principal y el tabladillo disminuido de la reconstrucción imposible del pasado, al que ascienden esperanzados El Joven y La Mecanógrafa, para quedar ésta sola arriba presenciando el subsecuente y definitivo descenso del protagonista.

Pero volviendo a nuestra ligera divergencia con la tesis de Huélamo, tomamos como punto de partida de nuestra opinión una de las fuentes inmediatas de la *Leyenda del Tiempo,* la *Suite* «En el jardín de las toronjas de luna», junto con la ya citada carta de Lorca a sus amigos Fernández Almagro y José Ciria, en que explica su «jardín interior» como «extático y sonámbulo». Ambos términos, que el poeta da como descriptivos del estado de enajenación poética en que se encuentra, quedan mencionados como complementarios, no como sinónimos, y señalarían literalmente la diferencia entre ensoñación y sueño. Las dos situaciones están, pues, igualmente presentes como intercambiables en la materia poética con que se construye el drama. Mantendremos así el doble sentido de sueño o duermevela respetando una ambigüedad que consideramos deseada por el autor. Pero después de todo, el hecho de que el personaje esté profundamente dormido o semidespierto no altera el devenir de la obra, y sí solamente la interpretación de la crítica. Estamos ante una mente-escena y meditada o soñada la acción fluye de manera semejante.

Existe también cierta imprecisión o ambigüedad intencional en las doce campanadas finales del reloj que marcan la muerte del protagonista. El tiempo inmovilizado ha quedado reducido en la obra a una única hora: las seis. Reiteradamente se señala esta hora, ya sea en forma directa en el primer acto, o a base de referencias esporádicas al Niño o al Gato. Incluso al comienzo del cuadro último son las seis (acaban de enterrar al Niño). Entendemos, pues, que las doce campanadas en tan breve espacio no son más que las seis, y el Eco que viene repitiendo una a una las palabras del agonizante. Mas no recibimos apoyo alguno del autor, sólo podemos interpretar recordando «el Tiempo dormido» o «el engaño de los relojes» que encontramos en las *Suites*. Aceptamos, así, que El Joven vive y muere su «hora única» y que las doce campanadas suenan realmente cuando, ya muerto el protagonista, el reloj del Tiempo nos indica la duración de la muerte:

> La Eternidad
> está fija en las doce[229].

Y sin embargo, el drama igual podría transcurrir en una hora o en seis o en una instantánea rememoración, ya que no debemos olvidar que, exceptuando el principio del último cuadro, estamos en tiempo mental.

Ahora bien, lo que ocurre en la obra no es verdaderamente un sueño, fantasía o quimera sin base alguna. Lorca no nos permite tal escape, al dejarnos en el cuadro final la evidencia de un traje de novia traído por El Joven de su viaje, puesto de cualquier manera en un maniquí ocasional y condenado ya al olvido en el desván. Parece claro, pues, que en el pasado ha existido un viaje verdadero que se rememora en el viaje interior en que está sumido el personaje. La presencia material de este vestido indica además una novia hipotética, un rechazo amoroso y una dura frustración que debe explicar el estado de «desesperanza y desfallecimiento físico» que muestra El Joven. Este último maniquí hace obvio el fracaso del intento de encuentro en algún tiempo y el definitivo desencuentro del protagonista con la mujer.

En realidad, desde el comienzo del drama le hemos visto revivir en su contemplación interior la historia de su fracaso vital. Pero en este cuadro último no estamos ya ante una mente-escena. Por el momento El Joven es un ser bien des-

---

[229] «Meditación primera y última», «La selva de los relojes», *Suites,* Belamich, pág. 160.

pierto que aguarda temeroso la llegada de la Muerte. Y ésta aparece, en efecto, mas su presencia en forma de tres Jugadores, o Parcas míticas, no debe engañarnos creyendo que se trata nuevamente de sueño o alucinación. La escena de la muerte pertenece a la simbología propia de Lorca, que poéticamente obliga a su personaje a entregar un corazón que no ha sabido amar.

No deja de ser curioso que sean los ángeles de la muerte, antes de su salida precipitada, los encargados de dictar la lección de vida que ha errado El Joven: «Hay que vivir», «No hay que esperar». Aviso al que se añade la reiteración que refuerza su importancia: «No hay que esperar nunca.» «Hay que vivir»[230]. Ante este mensaje patente el drama cobra un matiz alegórico, a modo de vieja enseñanza moral, de «eixemplo» o de misterio medieval. Plenamente justificada queda la consideración de obra de tesis que debemos adjudicar a la *Leyenda* o Misterio del Tiempo. Presente incluso está el eco del *carpe diem,* porque se nos hace evidente que posponer el amor es evitarlo; que «amor no espera», «esperar no es vivir», «vivir es amar». Comprendemos así también la última palabra: «Amor...» enunciada por El Joven y con la que Lorca pone fin a la obra, suprimiendo de su manuscrito las trece palabras restantes. Porque el amor es para el poeta el sentimiento básico de la vida del hombre. El protagonista ha esperado el amor, ha esperado vivir, pero no ha amado, ni ha vivido. La busca tardía de la mujer no es amor, es el deseo de perpetuarse en el hijo, única y relativa inmortalidad que puede oponer al tiempo y a la muerte, cuyo acoso comienza a presentir.

En su viaje interior El Joven ha equivocado su camino en la vida. Ya el poeta nos advirtió:

> Equivocar el camino
> es llegar a la nieve

---

[230] Corregido en lápiz de puño y letra del autor e intercalado en el texto de Anfistora durante el ensayo.

y llegar a la nieve
es pacer durante veinte siglos las hierbas de los cemente-
[rios[231].

De las tres posibilidades que representaban sus *alter-egos*, escogió como compañero de viaje al Viejo. Así creyó alejar la muerte no viviendo la vida, idealizando el futuro y refugiándose en un sueño, ignorando que la calidad estéril e imaginaria de éste sería destruida por el tiempo. Pero igualmente falsa es la posición del Amigo 2.º, que intenta mantenerse inmovilizado en el recuerdo inerte del pasado. No hay, pues, más opción que vivir el instante presente, con toda intensidad y plenitud, aceptando la muerte cuándo llegue, mas no sin haber intentado conocer antes cuanto la vida puede ofrecer.

Pero fijémonos que, al parecer, los ángeles de la muerte han dado la lección de vida inútilmente a un agonizante que ya no la podrá emplear, cuya última duda: «¿No hay ningún hombre aquí?» nos revela apenas una sombra de hombre asesinado por el Tiempo, que en su soledad y fracaso va lentamente disolviéndose en la nada. Mas si, a nuestro modo de ver, Lorca ha plasmado en su personaje los conflictos internos de su propia juventud, la pregunta con que originalmente terminaba el drama, puede tener una evidente respuesta, porque en pie, presente a sus espaldas, está el hombre en que muere El Joven, igual que en éste murió el niño que anteriormente fue.

Es El Joven, por tanto, una representación de los veinte años del poeta, ya pasados, en los que quizás, en algún momento consideró o soñó su encuentro con un hipotético amor y sobre todo una posible paternidad. Es su juventud gastada la que muere en *Así que pasen cinco años,* la que se nos presenta apenas protegida por la lírica irrealidad que permite el poema dramático. Nos encontramos así ante una autobiografía de fondo de espejo, autobiografía muy peculiar por cierto, puesto que no es su vida propiamente lo que el autor nos cuenta. Lo que se presenta ante nosotros es la

---

[231] «Pequeño poema infinito», *O. C.,* I, pág. 547.

contemplación de lo no vivido, plastificado en sensaciones, personajes o mera acción dramática, enmarcado defensivamente en la fórmula de «lo que no fue, pero pudo haber sido» y quizá «debió ser»[232]. Confesión meláncolica, en que vemos al poeta, a través de su personaje, resignado al fracaso vital que representa la aceptación de la esterilidad no deseada y el amor imposible por la mujer. Lorca tenía treinta y tres años cuando termina la obra. Después de su estancia en el Hades neoyorquino, es ahora un hombre maduro, que está bien seguro de sí mismo y del camino a seguir.

Así que pasen cinco años no debe, pues, ser considerado como resultado ocasional de una crisis depresiva o intento surrealista abandonado. El estudio de la obra total del poeta demuestra que es producto de una larga y consciente meditación artística que puede seguirse desde sus primeros escritos. Se trata, pues, de obra ampliamente elaborada y vivida. Su propia hermana, Isabel, identifica toda una serie de recuerdos de infancia, insertados en el desarrollo del drama: los chiquillos del barrio muy capaces de apedrear a cualquier animal desafortunado que se pusiese a su alcance, la triste costumbre de la gente del pueblo de arrojar los gatos muertos al río Darro o al tejadillo más próximo, sus hermanos disfrazados de arlequín y payaso en las fiestas de Carnaval, las representaciones en el hueco de la escalera a modo de teatrillo, los trajes de máscara más tarde olvidados durante años en las viejas arcas, las campanadas del reloj de repetición de la casa alteradas habitualmente por Federico, que creaba así su propia confusión del tiempo para desesperación de la criada... Son trozos de vida familiar, pura anécdota que humaniza aspectos de la obra. Datos que comunican un inesperado calor humano a la *Leyenda del Tiempo* que se nos puede aparecer lejana y prohibitiva en su difícil multi-

---

[232] «Oh jardín / de lo que no soy pero / pude y debí haber sido!» «Los puentes colgantes», *Suites,* A. Belamich (ed), *op. cit.* pág. 195. La misma idea aparece en carta de julio, 1923 a J. de Ciria y M. Fernández Almagro: «Mi *jardín* es el jardín de las posibilidades, el jardín de lo que no es, pero pudo (y a veces) debió haber sido, el jardín de las teorías que pasaron sin ser vistas y de los niños que no han nacido», *Epistolario*, I, pág. 70.

plicidad de planos entrecruzados que indefectiblemente reflejan el patetismo interior del personaje. Temas y subtemas interpuestos que infiriendo unos en otros sin sucesión temporal, desembocarán irremisiblemente en muerte, conducidos siempre de la mano del tiempo, verdadero protagonista de la obra.

*

A partir de su vuelta de Nueva York, Lorca dedicará gran parte de su tiempo al teatro. En los pocos años que le quedan de vida multiplica sus esfuerzos: en seis años estrena seis obras[233], *La casa de Bernarda Alba* queda también acabada. Su trabajo al frente de La Barraca y las importantes puestas en escena de sus propios dramas habían hecho ya de él un gran director teatral. En Buenos Aires conoció el éxito apoteósico, su fama de poeta, dramaturgo y director de teatro había alcanzado a toda España.

Terminado *Así que pasen cinco años,* su interés quedó dirigido hacia otro tipo de obra dramática, ya fuesen los dramas rurales: *Bodas de sangre* y *Yerma,* o *Doña Rosita,* «comedia burguesa». Obras todas que le aseguraron renombre y triunfo completo en el teatro profesional. Y sin embargo, tal éxito no parece haber satisfecho plenamente al poeta, que en abril de 1936 —tres meses antes de su muerte— indica que «su verdadero propósito»[234] está en aquellas «comedias imposibles» cuya línea no ha pensado nunca abandonar. Y en efecto, en julio del 36 tiene ya escrito un estupendo primer acto de una obra nueva, todavía sin nombre, que identifica como «un drama social mezclado de religio-

---

[233] Estrenó *La zapatera prodigiosa,* 24/12/1930; *Bodas de sangre,* 9/3/1933; *Amor de don Perlimplín con Belisa en su jardín,* 5/4/1933; *Yerma,* 29/12/1934; *Doña Rosita la soltera o el lenguaje de las flores,* 12/12/1935. *El retablillo de don Cristóbal,* muy posiblemente estrenado en Buenos Aires, 25/3/1934, repuesto o estrenado en mayo del mismo año en Madrid en el Hotel Florida. Hay que añadir las múltiples representaciones de clásicos españoles dirigidas por Lorca para La Barraca. *La casa de Bernarda Alba* ya terminada, no llegó a estrenarse durante su vida.

[234] *O. C.,* II, pág. 1016.

so, en que irrumpe mi angustia constante del más allá»[235]. Los títulos de sus proyectos: *La bola negra, La bestia hermosa, La destrucción de Sodoma,* aseguraban la futura continuación del, por entonces «imposible», Teatro del porvenir.

A su muerte, de esta originalísima línea teatral no nos queda, desgraciadamente, más que un acto de la *Comedia sin título,* un importantísimo, pero incompleto, autógrafo de *El Público* y un único manuscrito completo, el de *Así que pasen cinco años.*

En una temprana entrevista de prensa, el poeta había afirmado, con cierta confianza: «Si sigo trabajando, yo espero influir en el teatro europeo»[236], y en efecto, hoy día en que el nombre de Federico García Lorca es mundialmente conocido, precisamente «las comedias imposibles» marcan uno de los aciertos más renovadores del teatro universal del siglo XX.

---

[235] Luengo, *op. cit.*, I. Gibson, II, págs. 418-20 y 435 cita a *El Heraldo de Madrid* de 12 de febrero y 29 de mayo de 1936 donde se afirma que al parecer el título de la *Obra sin nombre* hubiese sido *El sueño de la vida.* Andrew Anderson acepta tal probabilidad en su artículo «*El público, Así que pasen cinco años* y el *Sueño de la vida,* tres dramas expresionistas de García Lorca», *op. cit.*, págs 215-222.

[236] *O. C.*, II, pág. 918.

Textos

IDENTIFICACIÓN Y ORIGEN

Los textos de *Así que pasen cinco años* son básicamente dos: el manuscrito autógrafo conservado por Rafael Martínez Nadal y la copia de tal manuscrito mecanografiada por Pura Ucelay, utilizada durante los ensayos de Anfistora y corregida por Lorca.

Existe además en manos de Félix Navarro (véase pág. 154 de esta edición) otro texto al que debemos considerar como tal por ser hoy fuente de una publicación, y se encuentra también en la Fundación García Lorca una copia de la copia de Anfistora hecha años más tarde.

El manuscrito está fechado al pie de su última página como: 19 de agosto de 1931 —Huerta de San Vicente—. La copia de Anfistora fue hecha durante la primavera y verano de 1933. Las correcciones de Lorca datan de un primer intento de ensayo de mayo de 1934, y sobre todo de los últimos ensayos de mayo-junio de 1936, cuando se creyó que la obra se llevaría a estreno antes del fin de junio de aquel año. Los últimos retoques están hechos, pues, apenas dos meses antes de la muerte del poeta.

El tercer texto es de febrero de 1947. La copia de la copia, en cambio, es muy posterior. Podemos fecharla con exactitud como de 1953.

EL AUTÓGRAFO

Consiste en cien hojas en octavo. Escritas por una sola cara en tinta o lápiz, están numeradas independientemente

146

en cada acto. Consta así el primero, de treinta y nueve páginas, de las cuales queda sin numerar la última, la que haría treinta y nueve, al igual que una página extra situada entre las que llevan número tres y cuatro. Tampoco lleva número la hoja que encabeza la obra donde se consigna título y subtítulo: *Así que pasen cinco años, Leyenda del Tiempo*[237], seguidos por el aparte «Personas», bajo el que se da una lista de personajes. El segundo acto está formado por veintinueve páginas, todas ellas numeradas. El tercer acto, dividido en dos cuadros, no lleva más indicación en la primera página, aparte del nombre de la obra, que «Acto tercero». El primer cuadro consiste en veinte páginas. El segundo cuadro titulado: «Acto tercero, Cuadro último», consta de doce páginas de las cuales la primera queda sin numerar.

Aunque la lectura parece más fácil a primera vista que la de otros autógrafos del poeta, la dificultan las tachaduras y enmiendas dudosas, la transposición de líneas de un lugar a otro, las adiciones en letra diminuta. Contiene, sin embargo, el manuscrito un número de páginas sencillas de leer, como habiendo sido puestas en limpio ya por el mismo autor. Es el primer acto el que parece contener mayor número de alteraciones, valga como ejemplo el hecho de que las veintinueve páginas que lo componen presenten aproximadamente un mínimo de ochenta y cinco líneas tachadas. Predominan desde luego las supresiones a las adiciones.

La magnífica edición facsímil de este autógrafo, publicada en 1979 por The Dolphin Book Co. Ltd. de Oxford, y que debemos agradecer a Rafael Martínez Nadal, lo ha hecho accesible a todo estudioso o lector interesado.

El autógrafo en cuestión había sido originalmente entregado a Pura Ucelay por Federico la misma noche del estreno de *Amor de Don Perlimplín con Belisa en su jardín*, el 5 de

---

[237] La prolongación del subtítulo como «Leyenda del tiempo en tres actos y cinco cuadros» no aparece en el autógrafo. Tampoco en la copia de Anfistora. Es un añadido de la edición Losada que todas las sucesivas ediciones reproducen ciegamente (incluso Martínez Nadal lo utiliza en el «Estudio» que acompaña su edición del autógrafo (pág. 229)). El insólito número «cinco» de los presuntos cuadros posiblemente provenga de la suma errónea de actos y cuadros —3 y 2 respectivamente.

abril de 1933, cuando acabada la función y reunidos los participantes y amigos, Lorca declaró su intención de continuar trabajando con aquel grupo —todavía no lo había bautizado como Anfistora— del que se consideraba desde aquel momento co-director, con el que iban a crear, aseguraba, un «teatro de arte». A punto ya de retirarse todos, el poeta, de un bolsillo de su abrigo sacó un sobre blanco atestado de papeles y con un saludo se lo entregó a Pura. «Este será nuestro nuevo estreno», anunció solemnemente. Aquel sobre contenía el manuscrito autógrafo de *Así que pasen cinco años*.

Pura tardó meses en terminar la copia mecanografiada que había de usarse en los ensayos. La letra de Federico era desde luego difícil. Lo que le resultó de todo punto ilegible lo dejó en blanco para que el poeta se encargase de rellenarlo de su puño y letra entre ensayo y ensayo. El autógrafo estuvo así presente en todo momento como punto de referencia para su autor. Llegó, pues, el momento en que la copia de trabajo, suficientemente autentificada, pudo independizarse del cotejo diario con el manuscrito y funcionar con independencia de aquél.

Pero la verdad es que Federico, como tantas veces le había ocurrido, no tenía una copia limpia de la obra. Así, cuando su amigo Rafael Martínez Nadal apareció por Madrid —el 5 de julio de 1936 para ser exactos[238]— vio el poeta en él la posibilidad de un nuevo copista. Su malísima letra requería la dedicación de un amigo más que un profesional. Solicitó entonces de Pura Ucelay el manuscrito que ya en realidad no era necesario para los ensayos de Anfistora, y se lo entregó a Nadal.

EL TEXTO DE ANFISTORA

Consiste en una copia mecanografiada compuesta por setenta y siete cuartillas de 16,5 cm. por 24,5 cm., numeradas independientemente según cada acto. Consta, pues, el pri-

---

[238] Fecha consignada por Rafael Martínez Nadal en carta de 6 de junio de 1979.

mer acto de veintiséis páginas, el segundo de veintitrés, el cuadro primero del tercer acto de diecinueve, y el cuadro último del mismo acto de nueve. Cada página contiene unas veintidós líneas a doble espacio.

La copia fue hecha personalmente por Pura Ucelay en una máquina en la que no funcionaban los puntos de exclamación, ni el de abrir interrogación. Todos estos signos debían ser añadidos a mano.

Cada acto se encuadernó en cartulina rosada cosida con un cordón blanco. En la cara anterior de la tapa del acto primero, escrita a mano por Pura, está la lista de los actores participantes en lo que fue el primer intento de ensayo de 1933-34; en la cara última del tercer acto, también en manuscrito, están los nombres de pila, sin apellidos, de los actores que formaron el grupo definitivo de los ensayos de mayo-junio de 1936 que esperaban llevar la obra al frustrado estreno. No se llegó a copiar, o está perdida, la página que contiene el reparto de la obra. Comienza, pues, el texto en la página uno.

Todas las correcciones son manuscritas por Lorca o dictadas por éste a Pura. No hay intervención de nadie más. Federico solía usar una estilográfica de punto fino, cargada con tinta negra; Pura Ucelay, lápiz rojo, o lápiz gris, incluso lápiz-tinta morado. Hay, sin embargo, alguna rara ocasión en que Lorca utiliza el lápiz y Pura la tinta. Las supresiones quedan tachadas de manera muy obvia, encuadradas y cruzadas en tinta y sobre ésta el lápiz rojo.

Para tener una idea más concreta, recurriremos a los números: tomando solamente el primer acto como ejemplo, en las veintiséis páginas que lo componen hay un total de ciento sesenta y nueve correcciones. Estamos contando palabras, porque la variante puede consistir en un párrafo entero, una línea completa o una palabra nada más. Del número total, ciento once palabras quedan suprimidas frente a treinta y cuatro añadidas. Tachadas y sustituidas por otra contamos veinticuatro que pueden ser, o no, errores de copia corregidos. No contamos los cambios de ordenación de palabras en las líneas de los poemas finales, ni la consistente sustitución de las interrogaciones por exclamaciones, que no son en realidad más que instrucciones de entonación al actor. Tampoco estamos tomando en cuenta aquí aquellos errores de copia que pasan desapercibidos, quedando sin corregir y que consignamos debidamente en las notas a la edición. Predominan, como previamente indicamos, las supresiones a las adiciones, porque la voluntad del autor era evidentemente un esfuerzo de concisión, de limpieza de todo lo que creyese innecesario.

El texto de Anfistora ofrece en su conjunto el indudable aspecto de una copia de trabajo, maltratada por los añadidos y tachones multicolores hechos sobre la marcha. Y por cierto, que aparte del cotejo habitual con su manuscrito, Federico más de una vez corrigió la duda o error de copia, sustituyendo la palabra previamente utilizada en el autógrafo por otra nueva. La copia fue así llenándose de enmiendas y tachaduras. Pero tengamos bien en cuenta que, pequeñas o grandes, las múltiples variantes que presenta no alteran en punto alguno el sentido del texto, esencialmente lo que hacen —y no deja de ser importante— es aclarar aspectos confusos.

Valga como ejemplo la supresión en el tercer acto de la leyenda de Virgilio y la mosca de oro[239]. La curiosa narración en boca del Arlequín contiene una oscura amenaza y una alusión velada y tangencial al circo que cierra el paso. La sustitución de todo el párrafo por solo dos palabras: «definitivamente quietos» referidas a los espectadores que lo ocupan, aclara de inmediato la naturaleza de tal circo, y hace superflua la intrusión de un tema italianizante, semimitológico, bonito, pero que nos desvía, enmascarando aún más la ya difícil comprensión.

Igualmente a base de un corte se soluciona el problema que presenta la página sin numerar del primer acto, colocada en el autógrafo —como ya indicamos— entre la tercera y la cuarta. Tachadas quedan once líneas de aquél (las cinco últimas de la página sin número y las seis primeras de la número cuatro).

---

[239] Leyenda que proviene del libro de Domingo Comparetti, *Virgilio nel medio evo* (Livorna, 1872). Véase Rafael Martínez Nadal, *F. G. L. Autógrafos III, Así que pasen cinco años,* Oxford, The Dolphin Book, 1979, pág. 225.

Joven. (agonizante) Lo he perdido todo.

Eco. - Lo he perdido todo.

Joven. - Mi amor....

Eco. Amor

Joven.(en el sofá) Juan

Eco Juan

Joven. - ?No hay

Eco. No hay

Segundo eco más lejano) No hay

Joven. - Ningun hombre aqui

Eco. - Aqui.....

Segundo eco. - Aqui......

(el joven muere)

(aparece el criado con un candelabro encendido)

El reloj dá las doce.

TELON

Página 9, Acto Tercero, del texto de Anfistora. Es la última página de la obra que incluye el corte final. Las líneas trazadas por Lorca sobre una rodilla determinan confusamente que la última palabra debe ser «Amor». La línea que debía cruzar la palabra «Juan» queda borrosa.

Pero la corrección más importante de todo el texto es la que elimina las últimas trece líneas del final de la obra. Salta a la vista que se trata de un cambio debido al director teatral, no al poeta, y señalemos que no altera el significado del drama en absoluto. La agonía lenta del protagonista, cuya última frase va enunciándose de dos en dos palabras repetidas por un eco, hasta acabar en una, a cuya repetición se añade incluso un segundo eco, es de efecto poéticamente bello, pero el Lorca director comprobó enseguida que la escena se prolongaba en exceso y caía dramáticamente, y con su acostumbrada seguridad en sí mismo, apoyando el texto en una rodilla eliminó con una serie de líneas cruzadas en desorden, hechas como con rabia, precipitadamente, las últimas trece palabras del manuscrito. *Así que pasen cinco años* termina, pues, con la palabra «Amor» dicha por El Joven y repetida por El Eco. La acotación última, se respeta: (El Joven muere. Aparece El Criado con un candelabro encendido. El reloj da las doce. Telón.)

El corte elimina, pues, la pregunta final de El Joven: «¿No hay ningún hombre aquí?» con que terminaban hasta hoy todas las ediciones (con la excepción que señalaremos a continuación). Línea importante que expresa con claridad el vacío último del personaje. Pero tal muerte poética estaba en obvia contradicción con el ritmo escénico y bien demostrado queda en este punto la básica consideración que tal elemento dramático tenía para el Lorca director.

Las adiciones, en contraste, suelen ser muy escuetas. Para compensar el corte final, por ejemplo, sólo añade en boca del Jugador 3.º dos frases intercaladas a lápiz: «No hay que esperar nunca. Hay que vivir.» Repetición, por más que se inviertan los términos, de las que acaban de decir los otros dos Jugadores.

Ninguna de las ediciones existentes ha reproducido nunca el fin de *Así que pasen cinco años* que su autor deseó y que fue el ensayado en Anfistora como definitivo. Hoy está todavía inédito, prácticamente ignorado. La única constancia impresa de su existencia es una nota perdida en la edición Aguilar[240].

---

[240] *O.C.*, II, 19.ª ed., 1974, pág. 1419.

Pero la verdad es que el importante cambio final quedó pobremente señalado por las siete u ocho rayas en lápiz que lo cruzan en todas direcciones marcando incluso el contorno de la rodilla sobre la que el poeta buscó apoyo. Aunque hechas personalmente por su propio autor, las simples líneas no identifican su naturaleza autógrafa.

Que Lorca necesitaba una nueva copia queda fuera de duda. Pero tal copia, de haberse llegado a hacer, hubiese requerido los cambios efectuados por su autor en los últimos ensayos. El manuscrito estaba sobrepasado por el texto corregido de Anfistora. Martínez Nadal, ausente de Madrid desde octubre de 1935[241], no había presenciado ensayo alguno de la obra. No alcanzamos a entender, pues, la rotunda afirmación con que enjuicia un texto que no llegó a conocer:

> nada podrá modificar el testimonio concluyente del propio Lorca: copia mecanografiada que necesitaba una revisión a fondo[242].

Porque dicha copia —como ya sabemos— había sido revisada y cotejada con el manuscrito original repetidamente por su propio autor. De programar el poeta, realmente, una «revisión a fondo» sería de la obra, no exclusivamente de la copia. Y ésta por cierto, queramos o no, constituye la versión terminante que nos ha quedado.

Menciona también Nadal que Lorca «no consideraba definitivo el texto» del manuscrito porque le faltaba «una última revisión»[243]. Y efectivamente tal revisión falta porque no se trata de un texto preparado para editarse. A veces se hace obvia una cierta precipitación, sobre todo en los fines de los actos segundo y tercero, pero la naturaleza de los fallos es tan mínima (entradas y salidas de personajes mal señaladas, errores de acotación, etc.) que un simple ensayo general, una puesta en escena, hubiesen bastado para enmendarlos.

Existe otro punto en que quizás podamos refrendar una afirmación más de Martínez Nadal, aunque debamos ha-

---

[241] Carta de R. M. Nadal de 7 de junio de 1979.
[242] *Op. cit.*, pág. 10.
[243] *Ibíd*, pág. 9.

cerlo en forma parcial y muy atenuada, al igual que en los casos anteriores. Nos referimos a «la reestructuración de todo el acto segundo» que Lorca «en dos ocasiones» le había confiado que «tendría que hacer»[244].

Me refiero al problema de la numeración alterada que presenta la copia de Anfistora, de ciertas páginas del acto segundo. Falta allí la página veintiuna, y las seis páginas anteriores que debían ir marcadas de dieciséis a veinte, se numeran de una a seis, para volver en la veintidós a la numeración correlativa del resto del acto. Las seis páginas mencionadas son además copia carbón, a diferencia de todas las restantes que forman el texto y que son primera copia. Y notemos que contienen exactamente la escena del Maniquí.

Lo curioso sobre todo es que, muy recientemente, las seis páginas en cuestión han sido localizadas en el archivo de la Fundación García Lorca por su director, Manuel Fernández-Montesinos, entre los papeles del poeta. Son primera copia limpia y están —tal como corresponde al texto de Anfistora— numeradas en forma correlativa de dieciséis a veinte, más la perdida veintiuna. Parece como si la escena entera hubiese sido separada del resto y retenida por su autor. Nos aventuraríamos a suponer que esto debió ocurrir hacia fines de junio o principios de julio de 1936, en que se decidió posponer hasta octubre el estreno, porque las páginas encontradas son posteriores a los ensayos, ya que presentan las correcciones de éstos, en manuscrito hechas por el propio Lorca y por Pura.

¿Se reduciría la proyectada «reestructuración de todo el acto segundo» que catastróficamente anuncia Nadal, a estas seis páginas? ¿Las retendría el poeta para reajustar algo en ellas durante el verano del 36? Sabemos que el ensayo presentó problemas en este punto, pero nos es muy difícil aceptar que precisamente la extraordinaria escena del Maniquí pudiera ser considerada por su autor como digna de mejoramiento. Y sin embargo, la existencia de esas únicas páginas como entresacadas del resto, no deja de crear una extraña situación.

---

[244] *Ibíd.*

Durante años yo guardé el texto de Anfistora que me fue entregado por mi madre después de que fuese utilizado por Arturo del Hoyo para la preparación de las *Obras Completas* de Aguilar. La falta de interés que ella creyó ver en esta edición por la copia original de Anfistora en contraste con el apego a la edición Losada, de cuya desgraciada fuente —como estudiaremos en el capítulo de «Ediciones»— se sentía Pura indirectamente responsable, le crearon un sentimiento de desilusión que la llevó a enviarme el texto a América. Yo a mi vez, antes de mi vuelta a España con motivo de mi jubilación, lo deposité en la Hispanic Society of America en Nueva York, de la que soy miembro, y en cuya magnífica biblioteca se conserva. Desgraciadamente no existía todavía la Fundación Federico García Lorca.

Texto de Félix Navarro

El actor Félix Navarro conserva un ejemplar de la cuarta edición de Losada (1944) corregido de puño y letra de Pura Ucelay, según la copia de Anfistora. La calidad de texto que le concedemos aquí, se debe al hecho de ser fuente directa de una publicación, que contiene traducción al inglés y edición en castellano, de *Así que pasen cinco años*[245].

Félix Navarro, antiguo miembro del Club Teatral, desempeñaba el papel de El Amigo 2.º en los ensayos de *Así que pasen cinco años*. Era a la sazón un muchacho muy joven que pasó enseguida al teatro profesional. De vuelta de una gira en Buenos Aires en 1947, trajo consigo a España el volumen de las *Obras Completas* del poeta que contenía la *Leyenda del Tiempo*. Se trataba de una rara adquisición, dado que Lorca era lectura prohibida. Aquella era la primera vez que podía verse impresa la obra en cuestión, y Félix, hacia primeros de 1948, llevó el libro a una reunión en casa de Pura. Esta, afectada al reconocer las muchas faltas de la edición, se ofreció a enmen-

---

[245] William Bryant Logan y Ángel Gil Orrios, *Federico García Lorca `Once Five Years Pass' and other dramatic works,* Barrytown, Nueva York, Station Hill Press, 1989.

dar a Losada sobre la marcha, marcando en el mismo volumen las divergencias del texto de Anfistora y firmando como recuerdo, pero con toda formalidad, sus correcciones.

En efecto, éstas basicamente siguen la copia utilizada en los ensayos. Presenta, sin embargo, el ejemplar firmado de Félix Navarro alguna que otra equivocación u omisión, debidas posiblemente a un cierto apresuramiento, —difiere, por ejemplo, en el uso de los signos de exclamación—, pero contiene un grave error fundamental. Me refiero al corte final que se prolonga aquí dos líneas más y que hace terminar la obra con el eco de la llamada a Juan, El Criado, por parte de El Joven.

Se trata obviamente de un serio fallo de Pura. Sólo podemos achacar el cambio a mera equivocación o inexactitud de copista apresurado que no lee bien una confusa corrección. Porque el corte, que indica nada menos que el final de la obra, se había ensayado repetidamente. El nuevo fin que presenta el texto de Félix Navarro sólo puede atribuirse a una falta momentánea de memoria por parte de Pura, porque en mis notas dictadas años más tarde por ella misma se repite con toda claridad la razón y el momento en que Lorca —apoyando incómodamente el papel sobre una rodilla— tachó las últimas trece palabras. Precisamente la directora guardaba siempre cierto rencor a la edición Aguilar, que no había aceptado una corrección hecha por el propio autor, relegándola a una escondida nota.

Nos encontramos, pues, en un punto en que debemos recurrir al estudio directo del corte mismo que aparece en la última página del texto de Anfistora, formado —como ya sabemos— por una serie de ocho líneas caprichosamente entrecruzadas y que desgraciadamente el lápiz olvidó rectificar marcando bien sus límites.

Para empezar, debemos tener bien presente que desde el comienzo de la agonía del protagonista El Eco repite automática e indefectiblemente sus palabras. La obra, insistimos, según Anfistora, termina con la palabra «Amor», repetición aminorada por El Eco de «Mi amor», la última línea de El Joven. Pero el problema es que la siguiente palabra que debía omitirse: «Juan», quedó fuera de las líneas cruzadas de la

156

tachadura. Sin embargo, el hecho de que su obligada repetición por El Eco esté claramente alcanzada, y no por una, sino por tres rayas, demuestra la intención de omitir también el primer «Juan». Encontramos en este punto que el texto que nos ocupa, no sólo incluye la llamada al Criado como la última palabra de El Joven antes de morir, sino que añade también su repetición, copiada de manera arbitraria, lo que sí está obviamente tachado. Es evidente, pues, que estamos ante una mala lectura del corte en cuestión.

Se trata, de todas formas, de un serio tropiezo por parte de Pura. Lo malo es que de este error nace nada menos que una tercera opción de final de *Así que pasen cinco años*. Y existe ya hoy una edición que acompaña a una importante traducción al inglés[246] que publica lo que cree ser el verdadero final de la obra, al seguir sus autores como copia fidedigna del texto de Anfistora el ejemplar firmado de Félix Navarro. La consideración de texto que damos a este último se basa en su calidad de fuente.

Y lo que es aún más triste es que este simple desacierto puede ser causa de la más torcida interpretación del drama entero. Las líneas seguidas de la agonía del protagonista son (omitiendo el eco): «Juan, Juan / Lo he perdido todo. / Mi amor / Juan. /». El corte en «Amor» no altera el espíritu de la obra, pero el corte en «Juan» puede dar pie a que alguien crea ver aquí una clave explicatoria del drama, en la peregrina interpretación de que Juan, el Criado, es nada menos que el perdido amor de El Joven.

COPIA DE LA FUNDACIÓN FEDERICO GARCÍA LORCA

Existe —como ya hemos señalado— en la Fundación García Lorca una copia de la copia original de Anfistora que incluye las correcciones de los ensayos. Data de 1953, fecha en que Pura Ucelay pasó nuevamente a máquina el material que conservaba para entregarlo a la familia García Lorca, que acababa de regresar de su exilio en Nueva York.

---

[246] *Ibíd.*

Se utilizó, también en este caso, la misma máquina con que trabajó siempre Pura, fácilmente identificable por tratarse de la vieja Remington sin signos de exclamación ni de abrir interrogación con que se mecanografió *Amor de Don Perlimplín* y *Así que pasen cinco años*. Al igual que en estos otros casos, los signos en cuestión están reproducidos a mano y no siempre coinciden con los textos anteriormente mencionados.

Consiste en cuarenta y nueve páginas tamaño holandesa, escritas a doble espacio hasta la página once del segundo acto, en que se pasa a un solo espacio hasta el final. Creemos que la copia, que lleva correcciones en tinta de Pura Ucelay, debió de ser comenzada por ella y continuada por otro copista[247] a partir del cambio mencionado. Lo apretado de las líneas a un espacio que forman un bloque muy compacto nos lleva a esta opinión. En 1953 Pura, resentida seriamente de la vista[248], no hubiese intentado una página tan difícil para ella de escribir y leer. Es importante este punto, porque puede explicar, al menos en parte, el error fundamental que contiene el texto que nos ocupa. Me refiero al mismo corte final en la palabra «Juan» que aparece en el ejemplar firmado por Pura Ucelay que conserva el actor Félix Navarro y que acabamos de estudiar. En el caso de la copia de la Fundación Federico García Lorca podemos considerar el error como debido a la simple lectura por parte de un copista ocasional del confuso corte que presenta la última página del texto de Anfistora. Contiene también esta copia de la Fundación algún que otro nuevo error ocasional, pero ninguno de la importancia del ya reseñado.

---

[247] Posiblemente Federico Mir, antiguo miembro de Anfistora, que generosamente actuó como secretario de Pura hasta su muerte.

[248] Aquel año perdió ya la visión de un ojo. Algunos años más tarde quedaría ciega.

Ediciones

Conocemos hasta el momento siete ediciones de *Así que pasen cinco años*, que comentaremos a continuación cronológicamente.

1) *Federico García Lorca, Obras completas,* edición a cargo de Guillermo de Torre, Buenos Aires, editorial Losada, 1938.

El volumen VI, fechado el 27 de julio, incluye *Así que pasen cinco años*, junto con dos escenas[249] de *El Público, Diván del Tamarit, Odas, Poemas póstumos* y las letras de algunas de las *Canciones populares.*

Se justifica lo abigarrado del conjunto que forma este tomo VI por la dificultad del momento histórico en que Guillermo de Torre emprende la hazaña editorial de publicar las obras completas de Federico García Lorca. En 1938, en plena guerra civil, la comunicación con la Península era virtualmente inexistente: impensable con el bando de los

---

[249] Ambas escenas, *Ruina romana* y cuadro quinto, habían sido publicadas por Lorca en 1933 en la revista *Los cuatro vientos,* núm 3, Madrid, junio, págs. 61-78, bajo el título *El Público (De un drama en cinco actos)*. La errata persistente que da la primera escena como *Reina romana* no se corrige en las subsiguientes ediciones de Losada, pasando a Aguilar, donde aparece finalmente corregida en la 18.ª edición que data de 1973.

asesinos del poeta, inútil con la España republicana e izquierdista, donde reinaba el desconcierto y la ineficacia. En las doce páginas que sirven de Prólogo a la colección[250] justifica Guillermo de Torre la necesidad de tal proyecto para evitar la proliferación de ediciones piratas que, lanzadas por editores poco escrupulosos de Argentina, Uruguay y Chile, y llenas de los más gruesos errores, mutilaciones y falsedades, amenazaban con apoderarse del mercado, amparadas en la confusión dominante.

La agrupación de obras en cada volumen, aparentemente caprichosa, obedece según de Torre a la necesidad de ir publicando lo conseguido hasta el momento, es decir, fuera de España. Pero acabada la guerra y habiendo alcanzado la edición Losada con el tiempo a formar ocho volúmenes de obras de Lorca, el contenido del tomo VI sigue manteniendo siempre en primer lugar el drama que aquí nos interesa, aunque unido ya en la séptima edición a *El maleficio de la mariposa* y *Farsas breves*.

Los textos dramáticos provenían en su gran mayoría de Margarita Xirgu. La actriz había salido de España para México en febrero de 1936, llevando como director a Cipriano Rivas Cherif y proyectando una extensa gira por el continente, de donde, por cierto, ya no le sería permitido volver. De la mayor importancia para la edición Losada fue la existencia en América de la obra dramática de Lorca que la actriz había llevado consigo. Textos póstumos, porque el poeta, confiando en su juventud, había retrasado siempre su publicación[251], pero que tenían ahora la máxima garantía de haber sido representados por ella bajo la dirección del propio autor.

Dado que el interés de la Xirgu quedaba naturalmente dentro de la esfera comercial, no es de extrañar que no conservase ejemplar alguno de las que Federico había considerado «comedias imposibles» o «irrepresentables». Pero exis-

---

[250] Sólo se había hecho una edición de *Bodas de sangre,* Madrid, Cruz y Raya, 1936.

[251] Así se reconoce en el vol. I de la 1.ª edición, 30 de julio de 1938, Prólogo, pág. 17, nota 1.

tía casualmente en Buenos Aires una copia de *Así que pasen cinco años* en poder del periodista argentino Pablo Suero, que cedida por éste a Guillermo de Torre constituyó el texto de la primera edición[252].

Conocemos la procedencia de tal copia, fuente de futuros errores y confusión editorial. Proviene del Club Teatral Anfistora, que en la primavera de 1936 trabajaba intensamente —como ya sabemos— en los ensayos de *Así que pasen cinco años,* cuyo estreno se esperaba tener listo para junio de aquel año. Lorca, que con frecuencia dirigía los ensayos, telefoneó una tarde justificando su ausencia y explicando que necesitaba urgentemente —aquel mismo día, «a toda prisa»— una copia de la obra. Su amigo Pablo Suero estaba a punto de salir para Buenos Aires y el poeta tenía el mayor interés en que la llevase consigo.

Pura Ucelay, a cargo del trabajo diario, delegó en la persona más joven del grupo, alguien cuyos pocos años permitían, sin ofensa, enviarla «a un recado». Fue así que la más tarde conocida actriz Ana María Mariscal se presentó apenas media hora después en casa del poeta, Alcalá 100, llevando consigo una copia de actor de *Así que pasen cinco años.* Ana Mariscal recordaba divertida cómo Federico, que abrió personalmente la puerta, la recibió como si se tratase de una niña, jugando con ella a una especie de escondite por los largos pasillos de su casa.

Lorca conocía bien el texto mecanografiado utilizado en Anfistora, ya que él mismo se encargaba de corregirlo habitualmente en los ensayos. Sin embargo, no consideró necesaria la revisión del aquel ejemplar recibido, aunque había sido previamente advertido de su calidad virginal de toda corrección, pero no le importaba su condición —explicó— porque no se trataba de nada para ser publicado[253]. El hecho es que tal como recibió la copia en cuestión, la entregó a Sue-

---

[252] Pablo Suero, en «Crónica de un día de barco con Federico García Lorca», *O.C.,* 20.ª ed., II, págs. 974-988, Entrevista XIII, pág. 987, nota 1, asegura: «Federico me dio la única copia que tenía para que yo la estrenase aquí [Buenos Aires]. Ello no me fue posible.»

[253] *El País,* 15 de diciembre de 1986, «La Cultura», pág. 33, «Compilador y cuentista».

ro, que por cierto no estaba precisamente a punto de «zarpar» aquella misma tarde como había asegurado el poeta, sino que todavía permaneció en Madrid por algún tiempo.

Si hemos incurrido en un exceso de detalle, nuestra intención ha sido autentificar al máximo la fuente inmediata de la primera edición de la obra, justificando las causas de su condición de texto incompleto, falto de revisión. Así pues, repetimos, lo que la editorial Losada en 1938 publica es exactamente una copia extra de Anfistora, de *Así que pasen cinco años,* que por no haber sido adjudicada a ningún actor no presentaba corrección alguna.

No son, pues, de extrañar las «Advertencias del recopilador» que firma Guillermo de Torre en las páginas 12-13 del volumen VI de *Obras completas,* y que copiamos a continuación:

> Respecto al drama *Así que pasen cinco años,* creemos honrado hacer saber que Federico García Lorca no llegó a corregir personalmente la copia mecanografiada utilizada para la impresión. Por consiguiente, hemos subsanado sus errores materiales, supliendo o eliminando algunos finales de frases incompletas que nada agregaban a la inteligencia del contexto. De todas formas el lector podrá advertir fácilmente sin necesidad de largos subrayados por nuestra parte, que esta obra quizás se hallaba en estado embrionario; al menos sin los últimos retoques, sin los lentos y exigentes ajustes que Federico García Lorca solía aplicar a todas las suyas, suprimiendo, condensando, llevando todo al límite de la perfección técnica, a la densidad y precisión de diálogo que tienen *Yerma* o *Bodas de sangre.*

Reconoce así Guillermo de Torre las inconsistencias de la copia conservada por Pablo Suero. Pero en su alusión al posible «estado embrionario de la obra», parece estar confundiendo la complejidad argumental del drama con las irregularidades de un texto concreto, al que desde luego le faltan —qué duda cabe— los retoques y ajustes que menciona. Ausentes quedan, pues, en su edición, las omisiones y adiciones hechas en vivo durante los ensayos, que constituían la técnica característica de Lorca en su trabajo de director dramático. En cambio, están bien presentes los simples errores de copia, reproducidos insistentemente con la mayor fidelidad.

Algunos fallos del texto utilizado son tan obvios como la existencia de espacios en blanco, dejados en ocasiones por la copista cuando la lectura del manuscrito no le era posible, y que Lorca se encargaba de rellenar en los ensayos. Losada mantiene estos espacios como lagunas en el mejor de los casos, pero en otras ocasiones recurre a utilizar una palabra cualquiera cuyo número de sílabas equivale al requerido por la línea del verso en cuestión. Desgraciadamente no suele ser afortunada la intervención del editor, aunque en casos es peor su omisión.

Valga de ejemplo la tenacidad con que se reproduce en todas y cada una de las ediciones de Losada, uno de los tropiezos más notables del texto de Anfistora. Me refiero al cruce de teclas de la copista que convierte: «La baraja», en «¡Jalaraja!» (error, por otra parte, fácilmente identificable, puesto que va seguido de una acotación explicativa que dice *«Saca una baraja»)*. El problema es que la línea pertenece al Jugador 3.º en el Cuadro final, y la extraña exclamación en boca de un ángel de la muerte adquiere un raro carácter de encantamiento, imprecación o incluso palabrota. Ni que decir tiene que aquella equivocación había hecho la felicidad de Federico y durante muchos ensayos el actor, quisiera o no, tuvo que decir «¡Jalaraja!», y esperar pacientemente a que el poeta se dejase de reír. Lo que éste nunca hubiese imaginado es que en sus *Obras Completas* tal palabra le sería adjudicada a él y mantenida con todo respeto como buena muestra de «lorquismo jitanjafórico».

El interés de la edición Losada, a pesar de los buenos propósitos de Guillerno de Torre, deja mucho que desear, ya que carece totalmente de notas o bibliografía por más que tal descuido quede justificado por la importancia básica de un proyecto que intentaba asegurar la conservación de los materiales existentes con su pronta publicación. Mas pasados los días de la Guerra Civil no se pensó en revisar con mayor cuidado los textos. Por lo que respecta a *Así que pasen cinco años,* por ejemplo, se corrigen algunas erratas de la primera y segunda edición[254], pero a partir de la tercera las planchas se reeditan sin mayor cambio. Las reediciones se suceden unas a otras: 1938, 1940, 1943, 1944, 1949, 1952, 1956. Aunque es muy posible que existan más, no hemos tenido acceso más que a siete. Al parecer, los distintos volúmenes se reeditaban con independencia unos de otros, según resultase más o menos productiva su venta. Así pues, el volumen VI tiene menos número de ediciones y éstas quedan más distanciadas que el volumen I, pongamos por caso. Pero el éxito de la colección fue inmediato e indudable.

Éxito merecido, porque durante un buen número de años Guillermo de Torre y el editor Losada, no obstante sus muchas faltas, hicieron posible que la obra de Federico García Lorca, salvada de la dispersión, circulase ampliamente por toda América, e incluso, aunque a trasmano, llegase a España, donde estaba prohibida, sin otro motivo que sepamos que el haber sido su autor ejecutado como víctima inocente de la sublevación militar.

Los ejemplares de las *Obras Completas* de Losada de los primeros años pueden darse prácticamente por desaparecidos. La mala calidad del papel, que se desmenuza al menor contacto, ha obligado a las bibliotecas a eliminarlos, ya que su estado impide todo préstamo o circulación. Una copia de 1938 puede considerarse hoy extremadamente rara. Sólo en las últimas ediciones está todavía el papel en condiciones aceptables.

2) *Federico García Lorca. Cinco farsas breves seguidas de «Así que pasen cinco años»*, prólogo de Guillermo de Torre, Biblioteca Clásica y Contemporánea, Buenos Aires, Losada, 1953.

---

[254] En las «notas y variantes» de *Autógrafos III* de Martínez Nadal, páginas 219-227, aunque no se indica, suponemos que se utiliza la primera edición de Losada (Buenos Aires, 1938), porque encontramos señalada una serie de «variantes» que aparecen corregidas en la tercera edición (1942). Se trata evidentemente de simples erratas de imprenta, ya que Losada no tuvo acceso a ningún otro texto que no fuese la copia de Pablo Suero.

Unos pocos días antes de finalizar el año 1953 —el 23 de diciembre, para ser exactos— anteponiéndose a la amenaza de muerte que suponía para las *Obras completas* de Losada la inminente aparición en la edición de las *Obras completas* de Aguilar, sale a luz este pequeño volumen donde se incluye como mero «complemento ilustrativo», *Así que pasen cinco años*. Dado lo diferente del formato y sobre todo el hecho de que aparezca formando parte de una nueva colección, la llamada Biblioteca Contemporánea, debemos considerarlo como diferente edición por más que se utilicen exactamente las mismas planchas y contenga los mismos errores que ya conocemos.

El título del volumen: *Cinco farsas breves,* bajo el que se añade en letra más pequeña: *seguidas de «Así que pasen cinco años»,* indica claramente la calidad de elemento secundario que se concede aquí a la inclusión del drama.

Dos de las cinco farsas del título habían sido ya incluidas en las *Obras completas: El retablillo de Don Cristóbal* en el tomo I y desde la primera edición; *Los títeres de cachiporra* incorporadas más tarde, pero también al primer tomo. La novedad del volumen que nos ocupa es la publicación de *La doncella, el marinero y el estudiante, El paseo de Buster Keaton* y *Quimera*. Pero las siete páginas del prólogo de Guillermo de Torre que preceden tratan principalmente de la representación de títeres que hicieron Lorca y Falla en la famosa fiesta de Reyes de 1923[255] y apenas se ocupa de los tres nuevos «esbozos» que considera «versiones provisionales», aunque al menos sabe verlos como «anticipaciones de un teatro poético interior, donde los personajes dialogan... consigo mis-

---

[255] Está ampliamente estudiada. Véase entre otros: Francisco García Lorca, *op. cit.,* pág. 274; Andrés Soria, «Una fiesta íntima de arte moderno en la Granada de los años veinte», *Lecciones sobre Federico García Lorca,* Granada, Comisión Nacional del Cincuentenario, 1986, págs. 149-179; Ian Gibson, *op. cit.,* pág. 334-339; Mario Hernández, «Falla, Lorca y Lanz en una sesión granadina de títeres (1923)», *El teatro en España entre la tradición y la vanguardia 1918-1939,* edición Dru Dougherty y María Francisca de Frutos, Madrid, Consejo Superior de Investigaciones Científicas, Fundación Federico García Lorca, Tabacalera, S. A., 1992, págs 227-240.

mos, con las voces de su más caprichosa subconsciencia», y donde cree pueden encontrarse raíces comunes con *Así que pasen cinco años.*

La publicación de las *Cinco farsas breves* fue un acierto editorial, porque durante años constituyó la forma de conseguir la *Leyenda del Tiempo* sin tener que pagar el precio del volumen VI de las *Obras completas* de Losada o las carísimas —e indivisibles— *Obras completas* de Aguilar. Circuló ampliamente. Todavía hoy la cuarta edición, fechada en 1975, puede adquirirse en alguna librería de Madrid. Posiblemente de todas las ediciones de Losada de la obra de Lorca, es la que ha conseguido mayor supervivencia, porque la importancia de sus *Obras completas* decayó rápidamente ante la aparición de las de Aguilar que vinieron a sustituirlas en librerías y bibliotecas.

3) *Federico García Lorca, Obras Completas,* Madrid, Aguilar, 1.ª edición, 1954; 22.ª edición, 1986

La recopilación, bibliografía, notas y agrupación cronológica son debidas a Arturo del Hoyo, cuya total dedicación de una vida de trabajo a este ambicioso proyecto debemos agradecer todos los interesados en la obra de Federico García Lorca.

En los treinta y ocho años que han pasado desde la primera edición del año 1954 hasta el presente año de 1995, se han hecho veintidós reediciones de las *Obras Completas* de la editorial Aguilar, añadiendo en cada una de ellas algún material nuevo. Así, desde su aparición en un solo volumen de 1.700 páginas se llega a un total de 3.500 páginas distribuidas en tres volúmenes en la vigésimo segunda edición, la última hasta el momento. (Queda ésta como definitiva, reimprimiéndose un número de veces. La última, que sepamos, es la 5.ª reimpresión de septiembre de 1993.)

Comentando el éxito editorial alcanzado, Arturo del Hoyo recuerda cómo la publicación en España de la obra de Lorca requirió el permiso personal del general Franco. El primo de éste, Franco Salgado, en *Mis conversaciones priva-*

das con Franco[256], comenta que la elogiosa crítica de *ABC*, reconociendo la importancia del poeta y la recepción entusiasta del público, habían sorprendido al general que consideraba «exagerada» tan positiva acogida. El dictador, que en sus propias palabras había concedido la aprobación «para probar mi imparcialidad», ignorante del valor literario de la obra, esperaba seguramente que una edición erudita y cara hubiese pasado desapercibida.

Las *Obras Completas* de Lorca, de la casa Aguilar, como toda publicación en España en aquellas fechas, estuvo sometida a la censura que impuso cortes aquí y allá (en el Prólogo de Jorge Guillén, por ejemplo), pero que fueron repuestos ya en la vigésima edición de 1977.

No obstante la importancia de los materiales incorporados en cada nueva edición, Aguilar descuida la revisión de las planchas que mantienen errores a través de los años. Por lo que respecta a *Así que pasen cinco años,* obra que nos interesa aquí con exclusividad, encontramos repetidas en las veintidós ediciones las mismas planchas, apenas con algún ajuste en la puntuación, y alguna que otra rara variante, que al menos en dos casos, en la décimo octava edición, no son correcciones, sino errores, ya que alteran lo que originalmente estaba bien.

Como acabamos de señalar, Guillermo de Torre en la edición Losada no había tenido otra opción que la de editar una mala copia sin corregir del texto de Anfistora. Reconociéndola con razón como defectuosa, no siempre había logrado enmendarla con buena fortuna. Pero Arturo del Hoyo, en cambio, tuvo a su disposición en todo momento el texto original de Anfistora.

Lo normal en esta situación hubiese sido relegar al olvido el mal texto de Losada. Pero la advertencia de Guillermo de Torre sobre la dudosa calidad del que se vio obligado a editar, no parece haber hecho mella en del Hoyo. El nombre de De Torre, la letra impresa y la autoridad inherente a

[256] Teniente General Francisco Franco Araújo, *Mis conversaciones privadas con Franco*, Barcelona, Planeta, 1976, pág. 78, «5 de febrero de 1955». El artículo de *ABC* a que se refiere es de finales de enero de 1955.

una primera edición pesan sobre él, y la de Losada parece quedar como la fuente más autorizada a que recurrir en caso de duda.

Véase por ejemplo, la declaración siguiente:

> Pura Ucelay conserva la copia mecanografiada que sirvió para los ensayos en la que figuran correcciones hechas por F. G. L. con su propia letra. En nuestra edición hemos seguido ese texto, pues es el que podría considerarse definitivo [...] Hemos introducido, pues, respecto al texto de la edición Losada [...] todo aquello que significa un cambio de alguna importancia. No obstante, en lo que respecta al último cuadro [...] hemos conservado el texto de la edición Losada[257].

Aunque parezca que Aguilar afirma que el texto de Anfistora «podría considerarse como definitivo», sólo lo «sigue», no lo reproduce exactamente, porque su punto de referencia no es otro que la edición Losada a la que no sabe escapar. Lo que hace, pues, es «introducir», y siempre «respecto al texto de la edición Losada», variantes, y —cuidado— no todas, sino solamente «aquello que significa un cambio de alguna importancia». Qué cambios son, y cuáles no son, dignos de ser incluidos depende del criterio del editor. Lo triste es que esta oposición Anfistora-Losada creada por Aguilar se reduce, en pocas palabras, a la existencia de un texto original y una mala copia del mismo. Dar preferencia al texto defectuoso y corregir con él el verdadero es lamentable.

Sobre la conservación del texto de Losada en la escena final, ya nos ocupamos en otro lugar. Señalaremos aquí solamente el problema que supone la omisión sistemática de todo cuanto corte o tachadura hace el poeta en la copia de Anfistora. Es decir, que del Hoyo no acepta supresiones, sólo adiciones. De esta forma se prolonga la obra —justo lo contrario de la intención de Lorca— y se crea un texto nuevo, híbrido, propio de las *Obras Completas* de la casa Aguilar.

---

[257] *Op. cit.,* 19.ª ed., 1974, II, págs. 1416-1417.

4) *Federico García Lorca, Amor de Don Perlimplín con Belisa en su jardín, Así que pasen cinco años, El maleficio de la mariposa,* Madrid, Editorial Magisterio Español, 1975.

Edición de Ricardo Doménech. Presenta una introducción «Sobre las farsas y el teatro surrealista de F. G. L.» (págs. 9-17). Los textos no están anotados y el de *Así que pasen cinco años* sigue a Aguilar.

Coincidiendo con la muerte del dictador, comienza la publicación de obras sueltas de nuestro autor en ediciones de bolsillo, que facilitarán en adelante el acceso del lector medio, o el estudiante, a la obra de Lorca.

5) *Federico García Lorca, Así que pasen cinco años, Amor de Don Perlimplín con Belisa en su jardín,* Madrid, Taurus, 1976, 2.ª edición, 1988.

Edición a cargo de Eugenio Fernández Granell. Contiene un interesante estudio preliminar comparativo de ambas obras en las páginas 7 a 13. Después de estudiar *Amor de Don Perlimplín* se ocupa de *Así que pasen cinco años* en las páginas 22 a 31. El texto no está anotado, solamente la introducción. Sigue a Aguilar.

6) *Federico García Lorca, Autógrafos III, Así que pasen cinco años,* Oxford, The Dolphin Book Co. Ltd., 1979.

Es edición facsímil del manuscrito. La transcripción, notas y estudio, de Rafael Martínez Nadal.

Se trata de una importante publicación, que consta de mil ejemplares numerados, verdadero alarde de buen gusto y rigor editorial. Hecha al cuidado de J. L. Gili, e impresa por Artes Gráficas Soler, de Valencia, la reproducción de los facsímiles es inmejorable.

Las cien hojas en octavo que componen el autógrafo se

reproducen en tamaño natural. Frente al texto en facsímil ocupando la página opuesta está la transcripción literal, escrupulosamente llevada a cabo. Entre las páginas 229 a 248 se encuentra el estudio de *Así que pasen cinco años*, de Rafael Martínez Nadal, ya mencionado anteriormente.

7) *Federico García Lorca 'Once Five Years Pass' and other dramatic works*, Barrytown, Nueva York, Station Hill Press, 1989.

Edición bilingüe de William Bryant Logan y Ángel Gil Orrios. Lujosamente presentada, contiene además de *Así que pasen cinco años*, *El paseo de Buster Keaton, La doncella, el marinero y el estudiante, Quimera* y el guión de cine de *El viaje a la luna*. Se trata de un libro muy atractivo que va además acompañado de un breve prólogo del conocido lorquista Christopher Maurer, varios apéndices de primeras fuentes, notas y numerosas reproducciones de dibujos del poeta.

Su importancia indudable reside en una buena traducción que consigue hacer que Lorca se exprese en un inglés plausible, lejos de las versiones semi-literales de intentos anteriores[258].

En contraste con la excelente traducción inglesa, la edición española contiene una básica inexactitud que contrasta duramente con la seriedad esperada en todo aparato crítico: los autores consignan como fuente —además de las consabidas: Losada, Aguilar y Martínez Nadal— la copia del Club Teatral Anfistora a la cual no tuvieron acceso[259].

Las correcciones o errores que se atribuyen a la copia en cuestión (marcada en sus notas con las siglas CA) no proviene de ésta, que no conocieron, sino del ejemplar de la

---

[258] Contrariamente a la afirmación de la cubierta, que asegura ser ésta la primera traducción de la obra (« *Once five years pass* has not been available in English before the present autorized translation»), existe una traducción muy anterior de Richard O'Conell y James Graham Lujan, *When Five Years Pass* incluida en *From Lorca's Theatre, Five Plays,* Nueva York, Scribners, 1941.

[259] Pág. 255, «Textual Sources».

4.ª edición de las *Obras Completas* de Losada (1944) que, corregido por Pura Ucelay, conserva el actor Félix Navarro. Correcciones estas últimas que desgraciadamente no siempre coinciden con la auténtica copia. El resultado es una serie de nuevos errores que pretenden enmendar otros anteriores. El texto de esta edición que se anuncia como *nuevo*, viene efectivamente a serlo por la incorporación de una nueva cosecha de equivocaciones, entre ellas la fundamental que crea un fin equívoco a la obra.

Para ser justos, debemos tener en cuenta la desventaja en que se encontraron las ediciones anteriores a la tardía publicación del autógrafo por Martínez Nadal. Sus únicas fuentes —repetimos— fueron, de un lado, la mala copia de Anfistora que de Pablo Suero pasa a Guillermo de Torre y Losada; del otro, la copia original de Anfistora de la que Aguilar dispone, pero acepta sólo parcialmente.

Yo misma no hubiese podido intentar la edición crítica sin tener la posibilidad de cotejar el texto de Anfistora con el manuscrito, no por lo que respecta a las adiciones o tachaduras hechas por mano de Lorca con posterioridad a éste, que son indudables, sino por la necesaria identificación de todo posible error de copia.

Próximamente aparecerá una nueva edición de *Así que pasen cinco años* a cargo de Miguel García Posada, formando parte de su colección de *F. G. L., Obras Completas*. Nos consta que el crítico conoce bien el texto de Anfistora, y de la seriedad de su trabajo atestiguan sus excelentes estudios sobre nuestro poeta.

La importante edición de las obras de Federico García Lorca de Alianza Editorial proyectada en veinte volúmenes, a cargo del prestigioso lorquista Mario Hernández no ha alcanzado todavía la publicación de *Así que pasen cinco años*.

Esta edición

Editamos el texto del Club Teatral Anfistora —esto es, la copia mecanografiada por Pura Ucelay en 1933 corregida en manuscrito durante los ensayos previos al estreno frustrado— pero sometida aquí al más estricto cotejo con el autógrafo. Corregimos pues, de acuerdo con este último, los errores de copia, siguiéndolo como fuente más autorizada en cualquier caso de duda, pero cuidadosamente conservando toda variante que presente la garantía de la intervención del autor. Naturalmente se respetan tanto adiciones como cortes, y el texto suprimido por esta razón, se dará en nota. Irán tambien en nota las palabras borradas y sustituidas por otras, aclarando cuándo se trata de un error de copia corregido, o una verdadera variante.

Incluimos igualmente en nota, por su posible relación con las variantes de nuestro texto y su interés para el estudioso, las correcciones, sustituciones u omisiones, dentro del propio autógrafo, que revelan las dudas del autor en el proceso creativo y que aparecen tachadas o añadidas en aquél. Se marcan en estos casos con corchetes además de la cursiva.

Las notas a pie de página serán de dos tipos. En primer lugar recogerán las variantes consignando la forma en que pasan a las diferentes ediciones; en segundo lugar explicarán aspectos del texto identificando aquellos cambios que obedezcan al entrenamiento del actor en los ensayos. Valga de ejemplo la consistente conversión de las frases interrogativas en exclamativas, huyendo sin duda, del sonsonete que una mala actuación puede dar a las primeras.

Aparte del caso anterior, la falta de puntos de exclamación y de abrir interrogación en la máquina de escribir utilizada obligaba a la copista a incluir a mano tales signos, hecho que se olvida con frecuencia y quedan sin marcar en el texto de Anfistora. Reproducimos pues, signos de interrogación y de admiración tal como aparecen en el autógrafo —y que por cierto son extraordinariamente frecuentes en esta obra— anotando su presencia o ausencia en la copia. Corregimos errores ortográficos, se moderniza la ortografía y se completan los acentos, cuyo uso descuidó siempre Lorca. Pero se respeta su caprichosa utilización de los puntos suspensivos dado el valor que les concede como medio expresivo. Seguimos pues fielmente su número que puede variar en cada caso, ya que para el poeta y músico representan la exacta medida del tiempo de la pausa en cuestión.

Respaldada la edición en todo momento por el autógrafo, creemos dejar identificados y subsanados los defectos de copia de Anfistora, al mismo tiempo que se conservan los últimos cambios hechos por el autor, en un texto que repetidamente utilizado por él mismo y corregido hasta apenas dos meses antes de su muerte debemos considerar como definitivo.

Siglas

Textos

MS   Manuscrito autógrafo
TA   Texto de Anfistora
TN   Texto F. Navarro
CF   Copia Fundación

Ediciones

L   Losada, *Obras Completas*
L   Losada, *Cinco farsas breves seguidas de «Así que pasen cinco años»*
Ag   Aguilar, *Obras Completas*
E   Emesa
T   Taurus
Sh   Station Hill

Consignaremos en las notas en primer lugar el manuscrito autógrafo, seguido por el texto de Anfistora. A continuación las ediciones por orden cronológico (es decir L, Ag, E, T, Sh). Cotejamos en Losada de la primera a la séptima en *Obras Completas*, y las cuatro existentes en la edición de la Biblioteca Clásica y Contemporánea. Si la variante es persistente, la sigla no llevará número, en otro caso el número tras la sigla identificará la edición. En Aguilar, cotejamos las 22 existentes hasta la fecha. Cuando la variante se pre-

174

sente en varias ediciones, señalaremos junto a la sigla el número de la primera y la última edición en que aparece. Si la variante se conserva de la primera edición hasta la vigésimo segunda (la última, por el momento), la sigla no llevará número.

Bibliografía

ESTUDIOS

Libros

ALLEN, Rupert, C., *Symbolic World of Federico García Lorca*, Alburquerque Un. of New Mexico Press, 1972.

ANDERSON, Reed, *Federico García Lorca*, Nueva York, Grove Press, 1984.

ANDURA, Fernanda y EIZAGUIRRE, Ana, «Federico García Lorca y su teatro», Ayuntamiento de Madrid, Teatro Español, Colección de Cuadernos de Exposiciones, I, 1984-85.

ARANDA, Francisco, *El surrealismo español*, Barcelona, Lumen, 1981.

AUB, Max, *Conversaciones con Buñuel*, Madrid, Aguilar, 1985.

AUCLAIR, Marcelle, *Vida y muerte de García Lorca*, México, Era, 1972.

BALBOA ECHEVARRÍA, Miriam, *Lorca: el espacio de la representación*, Barcelona, Ediciones del Mall, 1986.

BELAMICH, André, *Federico García Lorca «Suites»*, Barcelona, Ariel, 1983.

BERENGUER CARÍSOMO, Arturo, *Las máscaras de Federico García Lorca*, Buenos Aires, Editorial Universitaria, 1969.

BINDING, Paul, *The Gay Imagination*, Londres, G. M. P. Publishers, 1985.

BOREL, Jean Paul, *El teatro de lo imposible, Una «Leyenda del Tiempo»*, Madrid, Guadarrama, 1966.

BUÑUEL, Luis, *Mi último suspiro*, Barcelona, Plaza y Janés, 1982.

BUSETTE, Cedric, *Obra dramática de García Lorca. Estudio de su configuración*, Nueva York, Las Américas, 1971.

CANO, José Luis, *García Lorca*, Barcelona, Destino, 1962.

CORREA, Gustavo, *La poesía mítica de Federico García Lorca*, Eugene, Oregon, University of Oregon Publications, 1957.

CROW, John, *Federico García Lorca*, Los Ángeles University of California Press, 1945.

DÍAZ PLAJA, Guillermo, *Federico García Lorca, su obra y su influencia en la poesía española*, Buenos Aires, Espasa-Calpe, Colección Austral, 1954.

EDWARDS, Gwynne, *El teatro de Federico García Lorca*, Madrid, Gredos, 1983.

EICH, Christopher, *Federico García Lorca, poeta de la intensidad*, Madrid, Gredos, 1958.

FEAL DEIBE, Carlos, *Eros y Lorca*, Barcelona, Edhasa, 1973.

FERNÁNDEZ CIFUENTES, Luis, *García Lorca en el teatro: la norma y la diferencia*, Zaragoza, Prensas Universitarias, 1986.

FLYS, Jaroslaw M., *El lenguaje poético de Federico García Lorca*, Madrid, Gredos, 1955.

FRANCO ARAUJO, Francisco, *Mis conversaciones privadas con Franco*, Barcelona, Planeta, 1976.

GARCÍA LORCA, Francisco, *Federico y su mundo*, edición y prólogo de Mario Hernández, Madrid, Alianza Editorial, 1980.

GARCÍA POSADA, Miguel, *García Lorca*, Madrid, Edaf, 1979.

— *Lorca: interpretación de «Poeta en Nueva York»*, Madrid, Akal, 1981.

— *Federico García Lorca, Obras, III*, Teatro, I, Madrid, Akal, 1980.

GIBSON, Ian, *Federico García Lorca*, Barcelona, Grijalbo, 1985, 2 vols.

GUERRERO ZAMORA, Juan, *Historia del teatro contemporáneo*, I, Barcelona, Flors, 1967, 4 vols., *Así que pasen cinco años*, I, 85.

HONING, Edwin, *García Lorca*, Norfolk, Connecticut, New Directions, 1944 y 1963. Traducción de Ignacio Arvizia Despujol, Barcelona, Laia, 1974.

HUÉLAMO KOSMA, Julio, *Claves interpretativas de «Así que pasen cinco años»*, Memoria de Licenciatura, septiembre 1981.

— *Federico García Lorca, Santa Lucía y San Lázaro*, Málaga, Centro Cultural de la Generación del 27, 1989.

JOSEPHS, Frederick Allen, *An Analysis of Dramatic Technique in García Lorca Early Theater*, Diss. Rutgers, 1973.

LAFFRANQUE, Marie, *Federico García Lorca*, París, Seghers, 1966.

— *Federico García Lorca, Teatro inconcluso: fragmentos y proyectos inacabados*, Granada, Universidad de Granada, 1987.

— *Federico García Lorca, Viaje a la luna. Guión cinematográfico*, Braad Editions, Loubressac, 1980.

LA GUARDIA, Alfredo, *Federico García Lorca, Persona y creación*, Buenos Aires, Shapire, 1952.

LIMA, Robert, *The theatre of García Lorca,* Nueva York, Las Américas, 1963.

MARTÍN, Eutimio, *Federico García Lorca, heterodoxo y mártir,* Madrid, Siglo XXI editores, 1986.

— *Federico García Lorca, Juvenilia,* Thèse pour le Doctorat d'État, University of Montpellier Paul-Valery.

MARTÍNEZ NADAL, Rafael y LAFFRANQUE, Marie, *El público y Comedia sin título,* Barcelona, Seix Barral, 1978.

MARTÍNEZ NADAL, Rafael, *El público, amor y muerte en la obra de Federico García Lorca,* México, Motriz, 1970.

MAURER, Christopher, *Federico García Lorca, Conferencias,* Madrid, Alianza Editorial, 1984, 2 vols.

— *Federico García Lorca, Epistolario,* Madrid, Alianza Editorial, 1983, 2 vols.

— *Federico García Lorca escribe a su familia desde Nueva York y La Habana, Poesía,* núms. 23-24, 28 de diciembre 1982.

— (ed.) *Federico García Lorca, Prosa inédita de juventud,* Madrid, Cátedra, 1994.

MENARINI, Piero, *Canciones y Primeras Canciones,* Madrid, Espasa Calpe, 1986.

MILLÁN, María Clementa, *Federico García Lorca, El público,* Madrid, Cátedra, 1987.

MORA GUARNIDO, José, *Federico García Lorca y su mundo,* Buenos Aires, Losada, 1958.

MORLA LYNCH, Carlos, *En España con Federico García Lorca,* Madrid, Aguilar, 1958.

MORRIS, C. B., *Surrealism and Spain,* Cambridge University Press, 1972.

— *This Loving Darkness. The Cinema and Spanish Writers, 1920-1936,* Published for University of Hull by Oxford University Press, 1980.

PAEPE, Christian de (ed.), *Federico García Lorca, poesía inédita de juventud,* Madrid, Cátedra, 1994.

POLLIN, Alice M., WEINBERGER, Daniel C. y SMITH, Philip H., *A Concordance to the Plays and Poems of Federico García Lorca,* Ithaca, Londres, Cornell University Press, 1975.

RÍO, Ángel del, *Federico García Lorca, Vida y obra,* Nueva York, Hispanic Institute in the United States, 1941.

RODRIGO, Antonina, *García Lorca, el amigo de Cataluña,* Barcelona, Edhasa, 1984.

— *Lorca, Dalí. Una amistad traicionada,* Barcelona, Planeta, 1981.

ROUX, L. E., *«Así que pasen cinco años» de Federico García Lorca, ou le désir d'éternité,* Perpiñán, 1966.

179

Ruiz Ramón, Francisco, *Historia del teatro español, Siglo XX,* Madrid, Cátedra, 1986.

Sánchez, Roberto, *García Lorca: estudio sobre su teatro,* Madrid, Jura, 1950.

Santos Torroella, Rafael, *La miel es más dulce que la sangre. Las épocas lorquiana y freudiana de Salvador Dalí,* Barcelona, Seix Barral, 1984.

Soria Olmedo, Andrés (ed.), *Federico García Lorca, teatro inédito de juventud,* Madrid, Cátedra, 1994.

Utrera, Rafael, *García Lorca y el cinema,* Sevilla, Edisur, 1982.

Wellington, Beth, *Lorca's Private Mythology, Once Five Years Pass and The Rural Plays,* Nueva York, Peter Lang, 1993.

Artículos

Anderson, Andrew A., «Los dramaturgos españoles y el surrealismo francés, 1924-1936», *Ínsula,* 515, nov. 1989, págs. 23-24.

— *«El Público, Así que pasen cinco años* y *El sueño de la vida:* tres dramas expresionistas de García Lorca», *El teatro en España entre la tradición y la vanguardia,* Madrid, Consejo Superior de Investigaciones Científicas, Fundación F. G. L., Tabacalera S.A., 1992, págs. 215-226.

— «On Broadway, Off Broadway: García Lorca and The New York Theatre, 1929-1930», GESTOS (Irvine, CAL), VIII, número 16, nov. 1993.

Anderson, Farris, «The Theatrical Design of Lorca's *Así que pasen cinco años», Journal of Spanish Studies: Twentieth Century,* 7, 3 (1979), págs. 243-279.

Alonso de Santos, José Luis, *«Así que pasen cinco años* de Federico García Lorca por el T. E. C.», *Primer Acto,* núm. 182, 2.ª época, dic. de 1979, págs. 44-56.

Aranda, José Francisco, traducción de «*Viaje a la luna* de Federico García Lorca (guión cinematográfico)», *Papeles Invertidos,* número IV, V, Santa Cruz de Tenerife.

Arce, Margot, *«Así que pasen cinco años* de Federico García Lorca», *La Torre,* año III, núm. 9, enero-marzo, 1955.

Aub, Max, «Algunos apuntes del teatro español de 1920 a 1930», *Revista Hispánica Moderna,* I a IV, enero-octubre, 1965, páginas 17-28.

— *«Así que pasen cinco años», Hora de España,* Madrid, 1937, número 11, págs. 67-74.

BELAMICH, André, «Sobre un libro casi inédito de Lorca: Las *Suites* (una entrevista imaginaria)», *Trece de Nieve,* 1-2, 2.ª época, dic. de 1976, págs. 113-116.

CASTILLA, Carlos, «El cine a través de la *Gaceta Literaria* y del Cine-Club de Ernesto Giménez Caballero», *Poesía,* núm. 22, enero de 1985.

DÁVILA, Carlos, «García Lorca en Nueva York: *Así que pasen cinco años*», *Revista de América,* Bogotá, 1945, II, págs. 158-159.

DOMÉNECH, Ricardo, «Aproximación a *Así que pasen cinco años*», *Estudios en honor a Ricardo Gullón,* Nebraska, Society of Spanish and Spanish-American Studies, 1984, págs. 101-113.

— «Realidad y misterio (notas sobre el espacio escénico)», *Cuadernos Hispanoamericanos,* 433-434, julio-agosto, 1986.

EDWARDS, Gwynne, «Lorca and Buñuel. *Así que pasen cinco años* and *Un chien andalou*», *García Lorca Review,* núm. 9, otoño de 1981, págs. 128-141.

FEAL DEIBE, Carlos, «Un caballo de batalla: el surrealismo español», *Bulletin Hispanique,* vol. 81, núms. 3-4, 1979, págs. 265-279.

FERNÁNDEZ CIFUENTES, Luis, «García Lorca y el teatro convencional», *Iberomanía,* núm. 17, 1983, págs. 66-99.

FERNÁNDEZ TORRES, Alberto, «*Así que pasen cinco años* de Federico García Lorca», *Ínsula,* núm. 384, pág. 16, nov. 1978.

GARCÍA LORCA, Francisco, «Córdoba lejana y sola», *Federico García Lorca,* ed. Ildefonso Manuel Gil, Madrid, Taurus, 1975, páginas 275-286.

— «Introduction», *From Lorca's Theatre, Five Plays of Federico García Lorca,* Nueva York, New Directions, 1963.

GARCÍA POSADA, Miguel, «Lorca y el surrealismo: una relación conflictiva», *El surrealismo español, Ínsula,* 515, nov. 1989, págs. 7-9.

— «La vida de los muertos: un tema común a Baudelaire y Lorca», *Anuario de la Sociedad Española de la Literatura general y Comparada,* I, 1978, págs. 109-118.

— «Lorca, cartas inéditas 1916-1925», *ABC Literario,* 3 de febrero, 1990.

GASCH, Sebastián, «Del cubismo al realismo», *La Gaceta Literaria,* Madrid, 15 de octubre, 1927.

GRANELL, Eugenio F., «*Así que pasen cinco años* ¿qué?», *Federico García Lorca,* ed. I. M. Gil, Madrid, Taurus, 1973, págs. 211-224.

— «Giroscopio de presagios», *Lecciones sobre Federico García Lorca,* Granada, Edición del cincuentenario, 1986, págs. 101-112.

GUILLÉN, Claudio, «El misterio evidente en torno a *Así que pasen cinco años*», *F. G. L.,* núms. 7-8, págs. 215-232.

GULLÓN, Ricardo, «Perspectiva y punto de vista en el teatro de García Lorca», *Homenaje a García Lorca,* ed. Ricardo Doménech, Madrid, Cátedra, 1982.

— «Lorca en Nueva York», *La Torre,* vol. V, 1957.

HARRETCHE, Estela, «Una cuestión debatida: el surrealismo de Lorca», *Surrealismo, El ojo soluble,* núm. extra, *Litoral,* núms. 174-175-176, 1987.

HERNÁNDEZ, Mario, «Falla, Lorca y Lanz en una sesión granadina de títeres», *El teatro en España entre la tradición y la vanguardia, 1918-1939,* ed. Dru Dougherty y M.ª Francisca de Frutos, Madrid, Consejo Superior de Investigaciones Científicas, Fundación F. G. L., Tabacalera S. A., 1992, págs. 227-240.

— «Ocho cartas inéditas», *Trece de Nieve,* 2.ª época, núms. 1-2, diciembre de 1976.

HIGGINBOTHAM, Virginia, «Una versión literaria de *Un chien andalou*», *Cuadernos Hispanoamericanos,* julio-agosto de 1986, páginas 433-434.

— «Lorca y el cine», *García Lorca Review,* núm. 6, 1978.

HOYO, Arturo del, «Compilador y cuentista», *El País,* 15 de diciembre, 1986, «La Cultura», pág. 33.

HUÉLAMO KOSMA, Julio, «Lorca y los límites del teatro surrealista español», *El teatro en España entre la tradición y la vanguardia, 1918-1939,* Madrid, Consejo Superior de Investigaciones Científicas, Fundación F. G. L., Tabacalera S. A., 1992, páginas 207-214.

— «La influencia de Freud en el teatro de García Lorca», *Boletín de la Fundación F. G. L.,* núm. 6, diciembre de 1989, págs. 59-86.

JEREZ-FARRÁN, Carlos, «La estética expresionista en *El público* de García Lorca», *Anales de la literatura española contemporánea,* XI, núms. 1-2, 1986, págs. 111-127.

JOSEPHS, Allen y CABALLERO, Juan, «Introducción» a *La casa de Bernarda Alba,* Madrid, Cátedra, 1976, págs. 11-102.

KNIGHT, R. G., «Federico García Lorca's *Así que pasen cinco años*», *Bulletin of Hispanic Studies,* 1966, vol. 43, núm. 1, págs. 32-46.

KOVACCI, Ofelia y SALVADOR, Nélida, «García Lorca y su *Leyenda del Tiempo*», *Filología,* Buenos Aires, 1961, págs. 77-105.

LAFFRANQUE, Marie, «Federico García Lorca: Teatro abierto, Teatro inconcluso», *La casa de Bernarda Alba y el teatro de García Lorca,* ed. Ricardo Doménech, Madrid, Cátedra, 1985, págs. 211-230.

— «Una obra actual... de 1931», *Primer Acto, Cuadernos de Investigación teatral,* núm. 182, 2.ª época, diciembre de 1979, págs. 29-30.

— «Lorca. Théâtre Impossible», *Organon,* número especial, 1978, Lyon, Université de Lyon, 1979, Publication del Centre d'Études et de recherches théâtrales et cinématographiques.

— «Bases cronológicas para el estudio de Federico García Lorca», *Federico García Lorca,* ed. I. M. Gil, Madrid, Taurus, 1973.

Lázaro Carreter, Fernando, «Apuntes sobre el teatro de García Lorca», *Federico García Lorca,* ed. I. M. Gil, Madrid, Taurus, 1973, págs. 271-286.

Luengo, Ricardo G., «Conversación de Federico García Lorca», *El Mercantil Valenciano,* 11 de noviembre de 1935.

Martín, Eutimio, «Federico García Lorca ¿un precursor de la teología de la liberación? (Su primera obra dramática inédita)», *Lecciones sobre García Lorca,* Granada, Comisión Nacional del Cincuentenario, 1986, págs. 25-33.

Maurer, Christopher, «Nueva York. El teatro, 1930», *Poesía,* números 23 y 24, Madrid, Ministerio de Cultura, 1976, páginas 135-142.

— «De la correspondencia de García Lorca: datos inéditos sobre la transmisión de su obra», *Boletín de la Fundación F. G. L.,* núm. 1, enero de 1987, págs. 58-86.

— «Introduction», *Once Five Years Pass,* William Bryant Logan and Ángel Gil Orrios, Nueva York, Station Hill Press, 1989.

— «Sobre la prosa temprana de García Lorca, 1916-1918», *Cuadernos Hispanoamericanos,* julio-agosto de 1986, núms. 433-34, páginas 13-32.

— «Lorca y las formas de la música», Andrés Soria Olmedo (ed.), *Lecciones sobre Federico García Lorca,* Granada, Comisión Nacional del Cincuentenario, 1986, págs. 235-250.

Nieva, Francisco, «Vanguardia y epigonismo de *Así que pasen cinco años*», *Primer Acto,* núm. 182, 2.ª época, diciembre de 1979, págs. 36-39.

Oliva, César, «Lectura semiológica de *Así que pasen cinco años*», *Primer Acto,* núm. 82, 2.ª época, diciembre de 1979, páginas 40-44.

Onís, Federico, «García Lorca folklorista», *España en América,* Madrid, Librería Villegas, 1955, págs. 765-769.

Ortega, José, «Surrealismo y erotismo; *Así que pasen cinco años* de García Lorca», *García Lorca Review,* vol. X, núm. 1, 1982, páginas 75-93.

Paredes, Pedro Pablo, «Un poema sinfónico: "Llanto por la muerte de Ignacio Sánchez Mejías"», *Revista Nacional de Cultura,* Caracas, 1949, X, núm. 74, págs. 53-69.

Parrot, Louis, «Un poète fou de couleur», *Federico García Lorca,* París, Seghers, 1957, págs. 43-61.

Pedro, Valentín de, «El destino mágico de Margarita Xirgu», *¡Aquí está!,* Buenos Aires, 12 de mayo, 1949.

POWER, Kevin, «Una luna encontrada en Nueva York», *Trece de Nieve*, núms. 1-2, 2.ª época, Madrid, 1976, págs. 141-152.

PRUNER, Michel, «Espace et temps dans Lorsque cinq ans seront passés», *Lorca, Théâtre Impossible, Organon,* núm. especial, 1978, Université de Lyon, págs. 69-93.

RÍO, Ángel del, «Federico García Lorca, vida, carácter, ambiente», *Revista Hispánica Moderna,* año VI, julio-octubre, 1940, números 3 y 4, págs. 193-260.

— «Lorca's Theater», *Lorca,* ed. M. Durán, Englewood Cliffs, New Jersey, Prentice Hall, 1962, págs. 140-154.

— «Introducción», *Poeta en Nueva York,* Nueva York, Grove Press, 1955, págs. 1-31.

RIVAS CHERIF, Cipriano, «Literatura dramática y teatro puro», *Heraldo de Madrid,* 22 de enero, 1927.

SAILLARD, Simone, *«Así que pasen cinco años», Introduction à l'étude critique, Textes espagnols,* París, Colin, 1972, págs. 47-74.

— «Du Théâtre de farce au théâtre impossible», *Organon,* número especial, 1978, págs. 36-68.

SANTOS TORROELLA, Rafael, «Salvador Dalí escribe a Federico García Lorca», *Poesía,* núms. 27-28, 1987.

SAPOJNIKOFF, Víctor, «La estructura temática de *Así que pasen cinco años»*, *Romance Notes,* vol. XII, núm. 1, 1970, págs. 11-20.

SHEKLIN DAVIS, Bárbara, «El teatro surrealista español», *Revista Hispánica Moderna,* 1967, vol. 33, págs. 309-329.

SORIA, Andrés, «Una fiesta íntima de arte moderno en la Granada de los años veinte», *Lecciones sobre García Lorca,* Granada, Comisión Nacional del Cincuentenario, 1986, págs. 149-179.

VELA, Fernando, «El surrealismo», *Revista de Occidente,* TVI, número 18, Madrid, diciembre, 1924, págs. 428-434.

WELLES, Marcia A., «Lorca's *Así que pasen cinco años:* a *Leyenda del Tiempo»*, *Romance Notes,* 17, 1967, pág. 142.

XIRAU, Ramón, *«Así que pasen cinco años», Prometeus,* México, 2.ª época, núm. 2, marzo de 1952.

Así que pasen cinco años
Leyenda del Tiempo

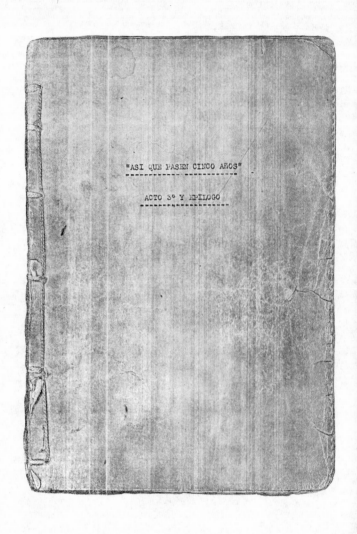

"ASI QUE PASEN CINCO AÑOS"

ACTO 3º Y EPILOGO

Portada del texto de Anfistora.

Así que pasen cinco años[1]
Leyenda del Tiempo[2]

PERSONAS[3]

JOVEN
VIEJO
UN NIÑO MUERTO
UN GATO MUERTO
CRIADO
AMIGO 1.°
AMIGO 2.°
LA MECANOGRAFA
LA NOVIA
EL MANIQUÍ DEL TRAJE DE NOVIA
EL JUGADOR DE RUGBY[4]
LA CRIADA
EL PADRE DE LA NOVIA. PAYASO. ARLEQUÍN. MUCHACHA.
[SOÑADORES?]. MÁSCARAS Y *[MÉDICOS]*-JUGADORES.

---

[1] MS: copiamos la página del manuscrito que falta en TA y en CF. Se justifica su ausencia en TA por el carácter provisional de la lista de «Personas». No se trata, evidentemente, de una lista definitiva, sino de algo escrito de antemano y pendiente de revisión, donde están ausentes personajes que parecen haber ido apareciendo según la redacción de la obra requería su presencia como es el caso de La Criada del Cuadro Final y El Eco. Los caracteres de los dos primeros actos quedan bien ajustados, pero los del tercer acto se presentan en desorden, amontonados cuatro de ellos en una

sola línea casi a pie de página, o no especificados en la línea final donde «Máscaras» y «Jugadores» se dan junto a otras dos categorías tachadas, que quizás podrían leerse como «Soñadores» y «Médicos» pero que no responderían como tales a ningún momento de la obra. A continuación, y para facilitar la comprensión, damos la lista de personajes según su orden de aparición en el texto de MS y TA, señalando incluso la presencia de los que no hablan.

El Joven	1.ª Figura vestida de negro
El Viejo	2.ª Figura vestida de negro
La Mecanógrafa	El Arlequín
El Amigo 1.º	La Muchacha
El Niño	El Payaso
El Gato	La Máscara
El Criado	El Criado 1.º de librea azul
El Amigo 2.º	El Criado 2.º de librea azul
La Novia	La Máscara 2.ª
El Jugador de Rugby	La Máscara 3.ª
La Criada	La Criada 2.ª
El Padre	El Jugador 1.º
El Maniquí	El Jugador 2.º
	El Jugador 3.º
	El Eco.

[2] La prolongación del subtítulo «en tres actos y cinco cuadros» es —como ya indicamos anteriormente— un inexplicable añadido de la edición Losada. Ag, E, y T lo aceptan, incluso Martínez Nadal lo utiliza en su edición del autógrafo (pág. 229).

[3] L: forma la lista de personajes, siguiendo el estricto orden de su aparición en escena. Añade los artículos determinados, con excepción del Amigo 2.º, Arlequín y los Jugadores. Incorpora otra Criada y El Eco. Sustituye «Máscaras» por «La Máscara», y «el amigo 1.º», «el niño muerto», «el gato muerto», «el padre de la novia» y «el maniquí del traje de novia», por El Amigo, El Niño, El Gato, El Padre, El Maniquí. Se corrige Ruby por Rugby, pero quedan sin anotar los seis personajes del acto tercero que no hablan, cuatro de los cuales —exceptuando los dos criados con libreas azules— podían considerarse incluidos en el manuscrito en «Máscaras»: las dos figuras vestidas de negro del comienzo del acto y las «dos máscaras más» que aparecen más adelante. Debemos tener en cuenta que Losada no conoció el autógrafo y que la falta en la copia de Anfistora de esta lista le obliga a reconstruirla siguiendo el texto. Es natural pues, que no coincida con el manuscrito. — Ag, E y T aceptan la lista de L. — TA, siguiendo a MS, repone el numeral 1 a El Amigo. Sh sigue a MS sin comentario alguno. — En TA, a falta de la página en cuestión se escriben a mano, en lápiz, y en la contraportada izquierda los nombres, personaje y actor del primer reparto intentado en 1934; en la contraportada derecha está el reparto que trabajó en los ensayos de 1935-36 y que hubiese estrenado la obra.

En Madrid, coincidiendo con los días que Lorca vivió en la Residencia y hasta la Guerra Civil, el juego inglés, rugby, tenía gran popularidad entre la elite universitaria. Los equipos que se constituían ocasionalmente estaban formados por los muchachos más fuertes y ágiles de la generación. No pasó nunca, sin embargo, de tener un carácter amateur y un público entusiasta, pero casi exclusivamente de estudiantes. El rugby americano (aún hoy día puede identificarse así al football americano), aparte de las diferencias en el reglamento del juego, y en contraste con la sencillez del equipo del jugador inglés (no digamos del madrileño), vestía ya entonces a sus jugadores con una pintoresca parafernalia protectiva que los agigantaba dándoles una apariencia de seres superiores en fuerza y tamaño. El Jugador de Rugby de *Así que pasen cinco años* está, pues, concebido en la línea y atuendo del jugador americano. Precisamente durante su estancia en Columbia University, Lorca, en las cartas a sus padres (editadas por Christopher Maurer, *F. G. L. escribe a su familia desde Nueva York y La Habana, 1929-1930, Poesía*, núm. 23-24, Madrid, Ministerio de Cultura, 1985), describe con entusiasmo y exagerada admiración los partidos de rugby americano que presencia.

·

Acto primero

(Biblioteca. El JOVEN *está sentado. Viste un pijama azul.* El VIE-
JO *de chaqué gris con barba blanca y enormes lentes de oro, también
sentado.)*

JOVEN

No me sorprende[8].

VIEJO

Perdone.....

JOVEN

Siempre me ha pasado igual.

VIEJO

(Inquisitivo y amable.) ¿Verdad?

---

[8] MS: «No me sorprende». — TA: *«No me responde».* Escrito en tinta letra de P. Ucelay, tachando lo anterior y a su vez tachado: «Es extraño». Al
lado: «No me sorprende». — L1, L2, L4, CF, TN, Sh: «no me sorprende».
L3: «no se sorprende». — Ag. 1 a Ag. 19, E, y T: «No se sorprende». Ag. 22
corrige ya a: «No me sorprende».

Sí.

VIEJO

Es que.....

JOVEN

Recuerdo que....

VIEJO

(Ríe.) Siempre recuerdo.

JOVEN

Yo.....

VIEJO

(Anhelante.) Siga....

JOVEN

Yo[9] guardaba los dulces para comerlos después.

VIEJO

Después ¿verdad? Saben mejor. Yo también.

---

[9] TA: «Yo», añadido en letra P. Ucelay. No lo recoge CF, TN, ni ninguna edición.

JOVEN

Y recuerdo que un día....

VIEJO

(Interrumpiendo con vehemencia.) Me gusta tanto la palabra recuerdo. Es una palabra verde, jugosa. Mana sin cesar hilitos de agua fría[10].

JOVEN

(Alegre y tratando de convencerse.) Sí , sí , claro. Tiene usted razón[11]. Es preciso luchar con toda idea de ruina[12]; con esos terribles desconchados de las paredes. Muchas veces me he levantado a media noche para arrancar las hierbas del jardín. No quiero hierbas en mi casa ni muebles rotos.

VIEJO

Eso. Ni muebles rotos porque hay que recordar, pero....

JOVEN

Pero las cosas vivas, ardiendo en su sangre, con todos sus perfiles intactos.

---

[10] MS: «Y es curioso: ¿No la ve usted destacarse sobre un cielo duro de alba?». Subrayado pero no tachado. — TA: «*Y es curioso: ¿No la ve usted destacarse sobre un cielo claro de alba?*», tachado en tinta negra. — L: incluye las catorce palabras, lo que prueba su calidad de copia que no recoge las correcciones de los ensayos. — Ag, E, y T siguen a TA, omitiendo lo allí tachado.

[11] MS: «Tiene usted razón *[Las cosas permanecen intactas] [Todo permanece intacto]*». — Por sistema, TA no copia lo tachado en MS, no pasará, pues, en ningún caso a CF, TN ni a las ediciones L, Ag, E, T. — Sh lo consigna generalmente.

[12] MS: «ruina»; la transcripción lee mal: «ruinas». — TA: «ruina». — CF, TN, L, Ag, E, T, siguen a MS y TA. — Sh sigue la transcripción.

VIEJO

¡Muy bien!¹³. Es decir *(bajando la voz)* hay que recordar, pero recordar antes¹⁴.

JOVEN

¿Antes?

VIEJO

(Con sigilo.) Sí hay que recordar hacia mañana.

JOVEN

(Absorto.) ¡Hacia mañana!¹⁵.

> *(Un reloj da las seis. LA MECANÓGRAFA cruza la escena llorando en silencio.)*

VIEJO

Las seis.

---

¹³ MS: «¡Muy bien!», los puntos de exclamación que marca MS no aparecen en TA, CF, L, Ag, E, T. — TN los añade, Sh sigue a TN. — Debemos tener en cuenta que todos los puntos de abrir y cerrar exclamación en TA estarán añadidos a mano. La máquina de escribir utilizada era defectuosa y no funcionaban estos signos. Lorca corregía con una pluma estilográfica de punto muy fino cargada con tinta negra, Pura Ucelay con lápiz rojo. — Cuando en casos como éste, TA omite los signos que aparecen en el MS lo achacaremos a olvido o error de copia y seguiremos la puntuación de MS. Suponemos que de ser debida su falta en TA a la corrección de la entonación o dicción del actor hubiesen aparecido previamente añadidos en la copia y tachados posteriormente durante los ensayos. — De todas formas, la puntuación de las exclamaciones varía en los textos: TA, CF, TN. En las ediciones, L y Ag puntúan a su gusto, E y T siguen a Aguilar y Sh a TN y MS.
¹⁴ MS: «*[Llamas de rocío]* Es decir... *[hay]* (bajando la voz) hay que recordar, pero recordar *[mañana ¿antes?]* antes.
¹⁵ MS, TN, Sh marcan signos de exclamación. — TA, CF, L, Ag, E, T los omiten.

194

JOVEN

Sí, las seis y con demasiado calor. *(Se levanta.)* Hay un cielo de tormenta. Hermoso[16]. Lleno de nubes grises...

VIEJO

¿De manera que usted?...... Yo fui gran amigo de esa familia. Sobre todo del padre. Se ocupa de astronomía[17]. *(Irónico.)* Está bien. ¿Eh? de astronomía[18]. ¿Y ella?

JOVEN

La he conocido poco. Pero no importa. Yo creo que me quiere.

VIEJO

¡Seguro!

JOVEN

Se fueron a un largo viaje. Casi me alegré....[19].

VIEJO[20]

¿Vino el padre de ella?

---

[16] MS: «Hay un cielo de tormenta. Hermoso.». — TA: «Hay un cielo de tormenta hermoso». — CF, TN, L, Ag, E, T, Sh siguen a TA.

[17] TA: omite la acotación («*Irónico*»). — CF, TN, L, Ag, E, T siguen a TA. — Sh la añade.

[18] TA: «está bien ¿eh? de astronomía». La repetición de «astronomía» escrita en tinta, letra de G. Lorca. — No aparece en MS. — L: no lo recoge. — Presente en CF, TN, Ag, E, T, y Sh.

[19] L1: «Así me alegré», corregido ya en L4 a «Casi me alegré».

[20] MS: *«Las cosas requieren tiempo / VIE— (Alegre) ¡Claro! / JO— Sí pero... / VIE— Pero que... / JO— Nada (Abanicándose) Yo espero. / VIE— ¿Con valor? / JO— [Cuando se quiere de verdad, cuando el amor llega hasta la planta de los pies, se espera siempre] Usted me conoce ya.»* —TA: aparece tachado todo lo

195

¡Nunca![21]. Por ahora no puede ser...[22]. Por causas que no son de explicar. Yo no me casaré con ella...[23] hasta que pasen cinco años.

VIEJO

¡Muy bien! *(Con alegría.)*

---

anterior en tinta negra por Lorca y el lápiz rojo de P. Ucelay encima. — Este corte, de un total de dieciocho palabras, supone en TA la solución de mano del propio Lorca del problema que presenta la existencia de una p1ágina sin numerar en el manuscrito, que P. Ucelay copia a continuación de la tercera, coincidiendo con Martínez Nadal que la sitúa en su estudio entre las numeradas 3 y 4. El corte de TA representa casi la omisión de una página del manuscrito, ya que comprende en éste la mitad inferior de la página sin numerar y la mitad superior de la número 4. Aceptamos naturalmente la solución que proporciona el propio autor en el texto de TA. — L: no recoge el corte. — CF, Ag, E, T siguen a TA. En TN faltan seis palabras por error de imprenta (es, como ya sabemos, una copia de Losada corregida por Pura). — En Sh se reajusta el diálogo en las tres páginas interpolando líneas de unas en otras creyendo mejorarlo y hacerlo más comprensible. No alcanzamos a entender, sin embargo, por qué conociendo el texto de Anfistora (que se cita como fuente consultada, —pág. 255 «Textual sources»—), Sh no acepta el corte del mismo Lorca e incurre en una larga nota que justifica la decisión poco académica de reescribir el texto.

[21] «¡Nunca!»: TA añade puntos de exclamación que no constan en MS. — CF, TN, L, Ag, E, T siguen a TA. — Sh a MS. — Como ya indicamos, corregimos la omisión de estos signos cuando aparecen en MS y no en TA, pero si por el contrario es en TA donde se añaden, lo consideramos corrección a MS hecha durante los ensayos.

[22] MS: *«Ayer. VIE— ¿Y qué?»]*. Lo tachado en MS no pasa a TA, pero explica la omisión de «Nada» que en MS queda sin tachar, aunque contesta a la pregunta anterior suprimimda.

[23] TA: «Por causas que no son de explicar... Yo no me casaré con ella...» añadido de mano de G. Lorca en tinta negra una línea después del corte que señala la nota 20. Se trata de la alusión al argumento que indica el MS en el lugar que correspondería a este pasaje, donde una pequeña nota pide «aquí alusiones al argumento». — L: no lo recoge, es algo, pues, añadido en un ensayo. — Ag: inexplicablemente recoge sólo las siete primeras palabras omitiendo las seis últimas. — E y T siguen a Ag. — Sh: lo incluye en distinto lugar al final de las líneas alteradas que en su opinión mejoran el texto.

JOVEN

(Serio.) ¿Por qué dice muy bien?

VIEJO

Pues porque...... ¿Es bonito esto? *(Señalando[24] la habitación.)*

JOVEN

No.

VIEJO

¿No le angustia la hora de la partida, los acontecimientos, lo que ha de llegar ahora mismo?....

JOVEN

Sí , sí. No me hable de eso[25].

VIEJO

¿Qué pasa en la calle?

JOVEN

Ruido, ruido siempre, polvo, calor, malos olores. Me moles-

---

[24] MS: «señalando la habitación». — TA: «señalando a la habitación». — L, Ag, E, T, siguen a TA, Sh a MS.

[25] TA: «*VIEJO— ¡Es tan hermoso esperar! / JOVEN— Sí esperar pero tener (Con apasionamiento)*». Tachado con tinta negra y lápiz rojo. — L: lo incluye; es, pues, corrección de ensayo. — Ag, E, CF, T, TN y Sh aceptan el corte. — En MS a las dos líneas anteriores sigue un largo párrafo tachado que no pasa a TA ni a ninguna edición: [«*VIE— Y hay que vivir apartando los juncos de esta hora que nos rodea en espera del agua que está detrás pero que nos llama y es nuestra. / JO— ¡Y no importa la sed! / VI— (Con sorna) ¡Pero va usted a hablarme a mí de la sed! No hay nada más fácil que jugar con ella o sustituirla. Deme un cocktail. / JO— Sí (agarra una cocktelera y empieza a hacerlo»*].

ta que las cosas[26] de la calle entren en mi casa *(Un gemido largo se oye[27]. Pausa.)* Juan, cierra la ventana. *(Un criado sutil que anda sobre las puntas[28] de los pies cierra el ventanal.)*

VIEJO

Ella.... es jovencita.

JOVEN

Muy jovencita. ¡Quince años![29].

VIEJO[30]

No me gusta esa manera de expresar. Quince años que ha vivido ella, que son ella misma. ¿Pero por qué no decir[31] tiene quince nieves, quince aires, quince crepúsculos? ¿No se atreve usted a huir? ¿a volar? ¿a ensanchar su amor por todo el cielo?[32].

JOVEN

(Se sienta y[33] se cubre la cara con las manos.) ¡La quiero demasiado!

---

[26] TA: «aires», tachado y corregido por «cosas», letra de Lorca. Error de copia. — L no registra la corrección hecha en el ensayo.

[27] MS y TA: «un gemido largo se oye». — L, Ag, E, T, y TN: «se oye un gemido largo» — CF y Sh siguen a MS.

[28] MS y CF: «la punta de los pies». — TA: «las puntas de los pies», error de copia. Pasa a L, Ag, E, T, TN y Sh.

[29] MS: *[«otoños»]* corregido a «años». — TA, CF, TN, Sh añaden signos de exclamación.

[30] MS: «No me gusta esa manera de expresar». Línea omitida en TA, no pasa a los textos o ediciones.

[31] MS, TA, Sh: «decir tiene quince nieves». — L, Ag, E, T, «decir que tiene quince nieves».

[32] TA: Los signos de interrogación de las cuatro frases anteriores aparecen sustituidos por signos de exclamación exageradamente marcados con tinta y lápiz rojo. Son realmente instrucciones machaconas de dicción para los actores. Se encuentran con frecuencia en TA. — Exceptuando TN y Sh, las ediciones mantienen las interrogaciones.

[33] MS: «(Se sienta y)». — TA: omite estas tres primeras palabras de la acotación por error de copia. — CF, L, Ag, E, T siguen a TA.

198

(De pie y con energía.) O bien[34] decir tiene quince rosas, quince alas, quince granitos de arena. ¿No se atreve usted a concentrar, a hacer hiriente[35] y pequeñito su amor dentro del pecho?

JOVEN

Usted quiere apartarme de ella[36]. Pero yo conozco su procedimiento. Basta observar[37] un rato sobre la palma de la mano un insecto vivo, o mirar al mar una tarde poniendo atención en la forma[38] de cada ola, para que el rostro o[39] llaga que llevamos[40] en el pecho se deshaga en burbujas. Pero es que yo estoy enamorado como ella lo está de mí y por eso puedo aguardar[41] cinco años en espera de poder liarme de noche, con todo el mundo a oscuras[42], sus trenzas de luz alrededor de mi cuello.

VIEJO

Me permito recordarle que su novia... no tiene trenzas.

---

[34] MS, TA, Sh: «o bien, decir». — L, Ag, E, T: «o bien a decir».

[35] TA: «hiriente», en letra de Lorca corrige otra palabra que queda ilegible.

[36] MS: *[¡Ya lo sé!]* tachado, no pasa a TA.

[37] MS: «un rato». — TA: omitido por error. — L, Ag, E, T, siguen a TA.

[38] TA: «forma», escrito por Lorca en tinta negra, sustituyendo a «fuerza». Error de copia. — L, Ag, E, T, CF, Sh: «forma».

[39] MS: «la llaga». — TA: omite «la». — CF, L, Ag, E, T, siguen a TA.

[40] TA: Lorca corrige «llevábamos» por «llevamos». La duda proviene de MS.

[41] MS: [«esperar»] tachado, sustituido por «aguardar». — TA: «esperar», es error de copia. — L, Ag, E, T siguen a TA. Sh a MS.

[42] TA: Lorca de su mano, en tinta negra, cambia «mundo apagado», que aparece en MS, por «mundo a oscuras». — CF, TN, Sh siguen la sustitución hecha en el ensayo. — L: mantiene «apagado». — Inexplicablemente ni Ag, ni E o T aceptan una corrección autógrafa.

JOVEN

(Irritado.) Ya lo sé. Se las cortó sin mi[43] permiso naturalmente y esto... *(con angustia)* me cambia su imagen. *(Enérgico.)* Ya sé que no tiene trenzas. *(Casi furioso.)* ¿Por qué me lo ha recordado usted? *(Con tristeza.)* Pero en estos cinco años las volverá a tener.

VIEJO

(Entusiasmado.) Y más hermosas que nunca[44]. Serán unas trenzas.......

JOVEN

Son, son *(Con alegría.)*

VIEJO[45]

Son unas trenzas con cuyo perfume se puede vivir sin necesidad de pan ni de agua.

JOVEN

(Se levanta)[46]. ¡Pienso tanto![47].

VIEJO

¡Sueña tanto!

JOVEN

¿Cómo?

---

[43] MS, TA, CF, L, Sh: «sin mi permiso». — Ag. E, T: »sin permiso».

[44] MS: *[«Perdonadme»]*. Tachado, no pasa a TA.

[45] TN y Sh añaden la acotación *«condescendiente»*. No aparece en MS, TA, CF ni en otras ediciones.

[46] TA: omite la acotación: *(«Se levanta».)*. Error de copia. Pasa a L, Ag, E, T.

[47] L: «Piensa tanto».

Piensa tanto que...

Joven

Que estoy en carne viva. Todo hacia dentro una quemadura[48].

Viejo

Beba[49].

Joven

¡Gracias! Si me pongo a pensar en la muchachita. En mi niña.

Viejo

Diga usted mi novia. ¡Atrévase!

Joven

Novia... ya lo sabe usted, si digo novia la veo sin querer amortajada en un cielo sujeto por enormes trenzas de nieve[50]. No, no es mi novia *(hace un gesto como si apartara*

---

[48] MS: «Todo hacia dentro. Una quemadura». — TA: omite el punto y cambia la u mayúscula en minúscula formando una sola frase. La corrección está hecha en lápiz rojo. CF, TN y Sh la aceptan. — L no recoge la corrección hecha durante un ensayo. — Ag sigue en este caso a L. — E y T siguen a Ag.

[49] L, Ag, E, T, Sh añaden la acotación: «*Alargándole un vaso»).* No aparece en TA a pesar de que Sh lo hace constar así. Tampoco en MS ni CF.

[50] MS: «que de pronto se convierten en siemprevivas o en unas cadenas largas amarradas sobre el agua del mar» — añadido entre líneas. — TA: no lo recoge, pero deja dos líneas en blanco en su lugar en la copia, posiblemente con la intención de consultar con el poeta su inclusión; Lorca no sólo las suprime (el espacio en blanco se tacha con lápiz rojo), sino que omite en TA las tres líneas siguientes: «*Es muy fácil que se le afile la nariz y que la mano que lleva sobre el pecho se le ponga como cinco tallos verdes de sauco por donde van los caracoles».* — L: lo incluye, pero omitiendo las dos líneas que no copia TA, y «de sauco». — Ag, E, T y Sh: aceptan el corte de TA.

201

a la imagen que quiere captarlo)[51] es mi niña, mi muchachi-ta[52].

VIEJO

Siga, siga.

JOVEN

¡Pues si me pongo a pensar en ella! La dibujo, la hago moverse blanca y viva, pero de repente ¿quién le cambia la nariz o le rompe los dientes o la convierte en otra llena de andrajos que va por mi pensamiento monstruosa[53] como si estuviera mirándose en un espejo de feria?[54].

VIEJO

¿Quién? ¡Parece mentira que usted diga quién! Todavía cambian más las cosas que tenemos delante de los ojos, que las que viven sin distancia debajo de la frente[55]. El agua que viene por el río es completamente distinta de la que se va[56]. Y ¿quién recuerda un mapa exacto de la arena del desierto..... o del rostro de un amigo cualquiera?[57].

---

[51] MS: «(apartara a la imagen que quiere captarlo)». TA: «(apartara a la imagen que quiere captarle)». — L, Ag, E, T: «apartara la imagen que quiere captarle». — CF: «alejara la imagen que quiere captarle». Sh: «alejara la imagen que quiere captarlo».

[52] MS: *[«Ha visto usted?»]*. Tachado, no pasa a TA.

[53] MS: «monstruosa». — TA: omitido por error de copia. — CF, L, Ag, E, T, siguen a TA. — Sh lo repone.

[54] TA: la primera frase aparece marcada con signos de exclamación, pero en la interrogación prolongada que sigue se sustituyen los signos cambiándola en exclamación. Igual en el párrafo siguiente. Son indicaciones de intensidad para el actor que no reproducimos en el texto.

[55] L: «sin resistencia bajo la frente».

[56] MS: *[«Una hoja amarilla, una sección de peces, una rama que alarga el cuello para beber... JO—Exactamente, verdaderamente»]*. Tachado no pasa a TA.

[57] MS, Sh: «la arena del desierto... o del rostro». — TA: «las arenas del desierto... o el rostro». — L, Ag, E, T siguen a TA.

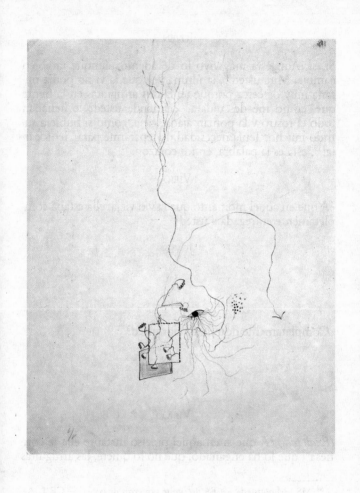

«La vista y el tacto», Federico García Lorca.

JOVEN

Sí, sí. Aun está más vivo lo de adentro aunque también cambie. Mire usted[58], la última vez que la vi no podía mirarla muy de cerca porque tenía dos arruguitas en la frente que, como me descuidara.. ¿entiende usted? le llenaban todo el rostro y la ponían ajada, vieja, como si hubiera sufrido mucho. Tenía necesidad de separarme para.. ¡enfocarla![59], ésta es la palabra, en mi corazón.

VIEJO

¿A que en aquel momento que la vio vieja, ella estaba completamente entregada a usted?

JOVEN

Sí[60].

VIEJO

¿Completamente dominada por usted?

JOVEN

Sí.

VIEJO

(Exaltado.) ¿A que si en aquel preciso instante ella le confiesa[61] que lo ha engañado, que no lo quiere, las arruguitas

---

58 MS: «Mire usted». — TA: lo omite por error de copia. — CF, L, Ag, E, T siguen a TA.

59 «separarme *[de ella]* para... ¡enfocarla!». — TA: «separarse para enfocarla». — CF, L, Ag, E, T siguen a TA.

60 TA: omite por error las dos líneas siguientes. — CF, L, Ag, E, T siguen a TA.

61 MS: «le confirma». — TA: «le confiesa», corregido en letra de Lorca y tinta negra, reescrito en lápiz rojo por P. Ucelay. — L: «le confirma». — Ag, E, T: «ella confiesa». — Sh: «le confiesa».

se le hubieran convertido[62] en la rosa más delicada del mundo?

JOVEN

(Exaltado.) Sí.

VIEJO

¿Y la hubiera amado más precisamente por eso?

JOVEN

Sí, sí[63].

VIEJO

¿Entonces? ja, ja, ja[64].

JOVEN

Entonces....... Es muy difícil vivir.

VIEJO

Por eso hay que volar de una cosa a otra hasta perderse. Si ella tiene quince[65] años puede tener quince crepúsculos o quince cielos ¡y vamos arriba! ¡a ensanchar![66]. Están las cosas más vivas dentro, que ahí fuera expuestas al aire o la

---

[62] MS: «convertido». — TA: «cambiado». — L, Ag, E, T siguen a TA. — Sh a MS.

[63] MS «¡Sí, sí *[con toda la cara llena de florecitas!»]* — Tachado no pasa a TA ni a las ediciones.

[64] MS: «ja». — TA: «ja, ja, ja». El tercer ja añadido en rojo. — L: «ja ja». — Ag, E, y T: «¡ja, ja!». — Sh: ¡Ja, Ja, Ja!

[65] MS: *[«otoños»]* corregido a «años».

[66] MS: «¡a ensanchar!». — TA: *«a volar»),* error de copia, tachado en rojo. — CF, TN y Sh siguen a TA. — L, Ag, E, T: omiten las cinco palabras que forman las dos exclamaciones.

muerte. Por eso vamos a... a no... ir...... o a esperar. Porque lo otro es morirse ahora mismo[67] y es más hermoso pensar que todavía mañana, veremos los cien[68] cuernos de oro con que levanta a las nubes el sol.

JOVEN

(Tendiéndole[69] *la mano.)* ¡Gracias! ¡gracias! ¡por todo![70].

VIEJO

¡Volveré por aquí![71]. *(Aparece* LA MECANÓGRAFA.)

JOVEN

¿Terminó usted de escribir las cartas?[72].

MECANÓGRAFA

(Llorosa.) Sí señor.

VIEJO

(Al JOVEN.) ¿Qué le ocurre?

---

[67] MS: «ahora mismo» aparece subrayado como indicación de énfasis al actor o lector. — No pasa a TA.

[68] TA: «cien», escrito en lápiz, letra de P. Ucelay, sobre una palabra anterior que queda ilegible.

[69] MS: lectura dudosa, «¿Dandóle?» —TA: «Tendiéndole». — CF, L, Ag, E, T, siguen a TA.

[70] MS: «¡gracias! ¡por todo!». — TA: reducido a una sola frase. — L: sin exclamaciones. — Ag, E, T: «¡gracias! Por todo». — Sh sigue a MS.

[71] TA: suprime los puntos de exclamación que aparecen en MS. — CF, L, Ag, TN siguen a TA. — Sh sigue a MS.

[72] MS, TA, CF, TN, Sh: «Terminó usted». — L, Ag, E, T: cambian a la forma familiar, «terminaste». — TA sustituye aquí también los signos de interrogación por exclamación. — A partir de este punto todas las acotaciones o direcciones escénicas ya indiquen movimiento o tono del actor quedan encasilladas en lápiz rojo en TA.

Deseo marchar de esta casa[73].

VIEJO

Pues es bien fácil ¿no?

JOVEN

(*Turbado.*) ¡Verá usted!....

MECANÓGRAFA

Quiero irme y no puedo.

JOVEN

(*Dulce.*) No soy yo quien te retiene. Ya sabes que no puedo hacer nada. Te he dicho algunas veces que te esperaras pero tú......

MECANÓGRAFA

Pero yo no espero ¿qué es eso de esperar?

VIEJO

(*Serio*)[74]. ¿Y por qué no? Esperar es creer y vivir.

MECANÓGRAFA

No espero porque no me da la gana, porque no quiero y sin embargo no me puedo mover de aquí.

---

[73] MS, TA, CF, Sh: «marchar». — L, Ag, E, T: «marcharme».
[74] MS, Sh: *(«Serio»)* no pasa a TA por error de copia. — CF, TN, L, Ag, E, T siguen a TA

JOVEN

¡Siempre acabas no dando razones!

MECANÓGRAFA

¿Qué razones voy a dar? No hay más que una razón y ésa es... ¡que te quiero![75]. Desde siempre[76]. ¡No se asuste usted señor![77]. Cuando pequeñito yo lo veía jugar desde mi balcón. Un día se cayó y sangraba por la rodilla ¿te acuerdas? Todavía tengo aquella sangre viva como una sierpe roja temblando[78] entre mis pechos.

VIEJO

Eso no está bien. La sangre se seca y lo pasado pasado.

MECANÓGRAFA

¡Qué culpa tengo yo señor! *(al* JOVEN*)*. Yo te ruego me des la cuenta[79]. Quiero irme de esta casa.

JOVEN

(Irritado)[80]. Muy bien. Tampoco tengo yo culpa ninguna[81].

---

[75] MS, Sh: «Desde siempre». — TA: «la de siempre», error de copia que pasa a CF, L, Ag., E y T.

[76] TA, CF: omiten por error la acotación «*(Al Viejo)*». Sh la añade después de «Desde siempre». — L, Ag, E, T: después de «pequeñito», además añaden otra acotación: «(Al JOVEN)» después de «¿te acuerdas?».

[77] MS: «no se asombre usted». — TA: «¡No se asuste usted señor!» añadido por Lorca en manuscrito, tinta negra. — L no lo recoge. — Ag, E y T siguen a TA. Sh sigue a MS, pero omite «señor».

[78] MS: *[latiendo]* temblando». — TA y todas las ediciones: «temblando».

[79] MS, TA, CF, Sh: «Yo te ruego me des la cuenta». — L, Ag, E, T: «ruego que me des».

[80] MS: «*(Irritado)*»: no pasa a TA por error de copia. No aparece, pues, en CF, L, Ag, E, T. — Sh lo recoge.

[81] MS, TA: «culpa ninguna». — L: «Culpa alguna»,— CF, Ag, E, T, siguen a TA.

Además sabes perfectamente que no me pertenezco. Puedes irte.

MECANÓGRAFA

¿Lo ha oído usted? Me arroja de su casa. No quiere tenerme aquí. *(Llora, se va.)*

VIEJO

(Con sigilo al JOVEN.*)* Es peligrosa esta mujer.

JOVEN

Yo quisiera quererla como quisiera tener sed delante de las fuentes. Quisiera....[82].

VIEJO

De ninguna manera. ¿Qué haría usted mañana? ¿eh? Piense. ¡Mañana!

AMIGO

(Entrando con escándalo.) ¡Cuánto silencio en esta casa![83] ¿y para qué? Dame agua. ¡Con anís y con hielo![84]. *(El* VIEJO *se va.)* Un cocktail[85].

JOVEN

Supongo que no me romperás los muebles.

---

[82] TA: Lorca añade cuatro puntos suspensivos en tinta. — Ag, E y T: tres puntos suspensivos.

[83] TA: omite puntos de exclamación en la primera y penúltima frase. Error de copia que siguen CF, L, Ag, E, T.

[84] MS: «Dame agua. ¡Con anís y con hielo!». — TA, CF, L, Ag, E y T: «Dame agua con anís y con hielo». Sh sigue a MS.

[85] L, Ag, E, T: «O un coctail».

Hombre solo, hombre serio, ¡y con este calor!

JOVEN

¿No puedes sentarte?

AMIGO

(Lo[86] coge en brazos y le da vueltas.)

Tin tin tan
La llamita de San Juan

JOVEN

¡Déjame![87]. No tengo ganas de bromas.

AMIGO

¡Huui![88]. ¿Quién era ese viejo? ¿Un amigo tuyo? ¿Y dónde están en esta casa los retratos de las muchachas con las que tú te acuestas? Mira *(se acerca):* te voy a coger por la solapa te voy a pintar de colorete esas mejillas de cera... o así restregadas.

JOVEN

(Irritado.) ¡Déjame!

---

[86] TA, CF, L, Sh: «le coge en brazos y le da vueltas». — Ag, E, T: «le coge en brazos y da vueltas.»

[87] MS: *[«Ami— (lo suelta y recita dándole golpecitos en el hombro) La llamita de San Juan / Por las hojas por las ramas / corriendo, volando va / ¿Te disgustas?»].* — Tachado en MS no pasa a TA.

[88] MS, Sh: «¡Mum!» — TA y L: «¡uui!». — CF: ¡Huiii! — Ag, E, T: «¡Huuy!».

AMIGO[89]

Y con un bastón te voy a echar a la calle.

JOVEN

¿Y qué voy a hacer en ella? el gusto tuyo ¿verdad? Demasiado trabajo tengo con oírla llena de coches y gentes desorientadas.

AMIGO

(Sentándose y estirándose en el sofá.) ¡Ay! ¡mmm! Yo en cambio....... Ayer hice tres conquistas y como anteayer hice dos y hoy una pues resulta.... que me quedo sin ninguna porque no tengo tiempo. Estuve con una muchacha... Ernestina ¿la quieres conocer?

JOVEN

No.

AMIGO

(Levantándose.) Nooo y rúbrica. Pero si vieras ¡¡tiene un talle!!....[90]. No.. aunque el talle lo tiene mucho mejor Matilde. *(Con ímpetu.)* ¡Ay Dios mío! *(Da un salto y cae tendido en el sofá.)* Mira es un talle para la medida de todos los brazos y tan frágil que se desea tener en la mano un hacha de plata muy pequeña para[91] seccionarlo.

---

[89] MS: [«Pobre. ¿Te hice daño!..... ¡pero no! ¡no señor!»]. Tachado en MS no pasa a TA.

[90] TA: el doble signo de exclamación añadido por Lorca en el ensayo, tinta negra.

[91] TN añade «zas». — Sh lo incluye y anota que lo toma de TA, donde no consta.

(Distraído y aparte de la conversación.) Entonces yo subiré la escalera[92].

AMIGO

(Tendiéndose boca abajo en el sofá.) No tengo tiempo, no tengo tiempo de nada todo se me atropella. Porque ¡figúrate! Me cito con Ernestina *(se levanta)* las trenzas aquí, apretadas, negrísimas y luego......[93]. (EL JOVEN *golpea con impaciencia los dedos sobre la mesa.)*

JOVEN

¡No me dejas pensar!

AMIGO

¡Pero si no hay que pensar![94]. Y me voy. Por más... que...... *(Mira el reloj.)* Ya se ha pasado la hora. Es horrible siempre ocurre igual. No tengo tiempo y lo siento. Iba con una mujer feísima[95] ¿lo oyes? ja ja ja ja, feísima pero adorable[96]. Una morena de ésas que se echan de menos al mediodía de verano[97]. Y me gusta *(tira un cojín por alto)*[98] porque parece un domador.

---

[92] MS: *[«¿Qué decías? / JO— Nada»]*. Tachado, no pasa a TA.

[93] TA: *«los labios vueltos»*, tachado. — *«Ernesti ti ti ti ti ti tina, tantas cosas dulces le digo con su nombre, que se le llenan los pechos de tes y como le hacen daño se las tengo que ir quitando con los labios con los dedos con los ojos.....»* Cinco líneas cortadas durante el ensayo, tachadas en lápiz rojo sobre la tinta negra. — L y Sh: reproducen el párrafo. — CF, TN, Ag, E, T no lo incluyen.

[94] MS: *[«Por estar con Ernestina dejo a otras cuatro. Yo quisiera ser cuatro pero me resigno...... o es que tú quizás sabes..... / Jo— Bebe.»]*. — Tachado en MS no pasa a TA.

[95] MS: *«¿lo oyes? ja ja ja ja, feísima»*. — TA: Omitido por error de copia. — No pasa a CF, L, Ag, E, T. — Sh lo incluye.

[96] MS: *«adorable»*. — TA: *«admirable»*, error de copia, pasa a CF, L, Ag, E, T.

[97] MS: *[«sabe hacer un refresco de naranja como nadie en el mundo»]*. — Tachado en MS no pasa a TA.

[98] MS: *«por alto»*. — TA: *«por el aire»*. — CF, L, Ag, E, T siguen a TA. — Sh a MS.

¡Basta![99].

Sí hombre no te indignes, pero una mujer puede ser feísima y un domador de caballos puede ser hermoso[100] y al revés y... ¿qué sabemos? *(Llena una copa de copa de cocktail.)*

Nada......[101].

¿Pero me quieres decir qué te pasa?

Nada. ¿No me conoces? Es mi temperamento[102].

Yo no entiendo[104], no entiendo pero tampoco puedo estar

---

[99] MS:[*[«Am— Los hombros son estupendos; típicos de domador de caballos / Jo— ¡No te querrás callar! (irritado) (con dulzura)»]*. — Tachado no pasa a TA.

[100] MS: *[«¿Qué sabes tú?»]*. — Tachado no pasa a TA.

[101] MS: *[«(abstraído) A la derecha de la puerta habrá un mueble alto con libros y luego al fondo el jarrón.... pero si el tono amarillo de la pared...... ¡No quiero que sea verde! sino amarillo claro.... ¡verde no! ¿Quién pinta de verde mi casa sin permiso mío? y ella bajará la escalera...... / Am— (Que ha estado bebiendo habla al mismo tiempo. Y va recordando los componentes del cocktail chascando la lengua y cantando la escala) Gin-coñac-cointreau-cherry-sol-la si do- jerez (Dirigiéndose al JO)»]*. — Tachado en MS no pasa a TA.

[102] MS: *[«Yo soy feliz]* ¿No me conoces! Es mi temperamento». — TA: «¿No conoces mi temperamento?». — L, Ag, E, T siguen a TA.

[103] MS:[*«Am— ¡Ay pobre! ¿Por qué te alejas tanto de tu niñez? ¿dónde vas (corriendo) con esa cabecita? / Jo— Hacia adelante. Si las puertas están cerradas yo las golpeo desde aquí para que cuando llegue estén abiertas»]*. — Tachado no pasa a TA.

[104] MS: «No entiendo, no entiendo pero tampoco». — TA: «no entiendo pero tampoco». — L: «Yo no lo entiendo. Pero tampoco». — Ag, E, T siguen a L.

serio *(ríe)*. Te saludaré como los chinos. *(Frota su nariz con la del* JOVEN.*)*

JOVEN

(Sonriendo.) ¡Quita!

AMIGO

¡Ríete! *(Le hace cosquillas.)*

JOVEN

(Riendo.) Bárbaro. *(Luchan.)*

AMIGO

Una plancha.

JOVEN

Puedo contigo.

AMIGO

Te cogí. *(Le coge[105] con la cabeza entre las piernas y le[106] da golpes)[107].*

VIEJO

(Entrando gravemente.) Con permiso...... *(los jóvenes quedan de pie)* perdonen... *(Enérgicamente y mirando al* JOVEN.*)* Se me olvidará el sombrero.

---

[105] TA: «le coge con la cabeza entre las piernas» . — Ag, E, T: «le coge la cabeza entre las piernas».

[106] MS: «le da golpes». — TA: «le golpea». — Ag, E, T siguen a TA.

[107] MS: *[«Recotín recotán / La llamita de San Suan / Por las hojas por las ramas / corriendo, volando va / Recotín. Recotán»].* — Tachado en MS no pasa a TA.

(Asombrado)[108]. ¿Cómo?

(Furioso) ¡Sí señor! Se me olvidará el sombrero.... *(Entre dientes)* es decir, se me ha olvidado el sombrero.

¡Ahhhhhh![109] *(Se oye un estrépito de cristales.)*

(En alta voz.) Juan. Cierra las ventanas.

Un poco de tormenta. ¡Ojalá sea fuerte!

¡Pues no quiero enterarme! *(En alta voz.)* Todo bien cerrado.

Los truenos[110] tendrás que oírlos.

¡O no!

---

[108] MS: «*(asombrado)*». — Th: acotación omitida, error de copia. No pasa a las ediciones.

[109] MS: «¡Ahhh!». — TA «¡Ahhhhhh!». — CF «¡Ahhhhhhh!» — L, Ag5, L, Ag1 a Ag5: «Ahhhhhh...»; Ag6 a Ag22, E, y T: «¡Ahhhhh!...» — Sh sigue a MS.

[110] MS: «Los truenos». — TA: «Son truenos». — CF, L, Ag, E, T siguen a TA. — Sh sigue a MS, pero añade puntos de exclamación que en MS quedan dudosos, ya que está marcado sólo el de abrir.

AMIGO

O sí.

JOVEN

No me importa lo que pase fuera. Esta casa es mía y aquí no entra nadie.

VIEJO

(Indignado al AMIGO.) ¡Es una verdad sin refutación posible! *(Se oye un trueno lejano.)*

AMIGO[111]

(Apasionado.) Entrará todo el mundo que quiera, no aquí, sino debajo de tu cama[112]. *(Trueno más cercano.)*

JOVEN

(Gritando.) Pero ahora ¡ahora! no.

VIEJO

¡Bravo!

AMIGO

¡Abre la ventana! Tengo calor.

VIEJO

¡Ya se abrirá!

---

[111] MS: «*([irritado] apasionado)*». — TA: omite la acotación que no pasa a CF, L, Ag, E, T. — Sh la recoge.

[112] «*[Una cosa te digo, hay dos hormigas en tu jardín que serán las dueñas de tu lengua no; que son, las dueñas de tu lengua, que se dormirán sob / Jo— (Furioso) Calla / Ami— ..Que se dormirán sobre las niñas de tus ojos»].* — Tachado en MS no pasa a TA ni a CF o las ediciones.

216

¡Luego!

AMIGO

Pero vamos a ver.... Me quieren ustedes decir[113].

(Se oye otro trueno. La luz desciende y una luminosidad azulada de tormenta invade la escena[114]. Los tres personajes se ocultan detrás de un biombo negro bordado con estrellas[115].

Por la puerta de la izquierda aparece EL NIÑO MUERTO *con* EL GATO. EL NIÑO *viene vestido de blanco, primera comunión, con una corona de rosas blancas en la cabeza. Sobre su rostro pintado de cera, resaltan sus ojos y sus labios de lirio seco. Trae un cirio rizado en la mano y el gran lazo con flecos[116] de oro.*
EL GATO *es azul con dos enormes manchas rojas de sangre en el pechito[117] blanco/gris y en la cabeza.*
Avanzan hacia el público. EL NIÑO *trae al* GATO *cogido de una pata.)*

GATO

Miau.

---

[113] TA: «Me quieren ustedes decir», añadido al texto en letra de Lorca, tinta negra. — L: omitido. — Ag, E y T: lo aceptan, terminando con tres puntos suspensivos. — Sh no lo incluye.
[114] MS: *[«Los tres personsjes se sitúan a la izquierda y siguen una discusión apasionada y muda. A veces se sentarán y otras leerán los tres en un libro»].* —Tachado en MS no pasa a TA.
[115] MS: [«según el ritmo y juego de las escenas»]. — Tachado en MS no pasa a TA.
[116] MS: «flecos». — TA: «flores». Error de copia, pasa a CF, L, Ag, E y T.
[117] MS: «[blanco] gris». — TA: «blanco gris». — CF, L, Ag, E, T: igual que TA.

NIÑO

Chissssss.

GATO

Miauuu[118].

NIÑO

Toma mi pañuelo blanco.
Toma mi corona blanca.
No llores más.

GATO

Me duelen las heridas
que los niños me hicieron en la espalda[119].

NIÑO

También a mí me duele el corazón.

GATO

¿Por qué te duele, niño, di?

NIÑO

Porque no anda.
Ayer se me paró muy despacito
ruiseñor de mi cama.
Mucho ruido. ¡Si vieras!.... Me pusieron
con estas rosas frente a la ventana[120].

---

[118] MS: «Miauuu». — TA, L, Ag, E, T: «Miau». — En MS falta consignar aquí el cambio de personaje de GATO a NIÑO.
[119] MS: *[«en mi alma»]* corregido a: *«en la espalda»*.
[120] MS: *[«y la tarde sentada en el tejado / con ramas de coral me iluminaba»]*. — Tachado, no pasa a TA, ni a Sh.

218

¿Y qué sentías tú?

Pues yo sentía
surtidores y abejas por la sala.
Me ataron las dos manos. ¡Muy mal hecho!
Los niños por los vidrios me miraban
y un hombre con martillo iba clavando
estrellas de papel sobre mi caja. *(Cruzando las manos)*[121].
No vinieron los ángeles. No. Gato.

No me digas más gato[122].

¿No?

Soy gata

¿Eres gata?

---

[121] MS: *[«Ay girasol / Ay girasol de fuego / Ay girasol / Ay clavellina del sol / Apagado va por el cielo / sólo mares y montes de carbón / y una paloma muerta por la arena / con las alas tronchadas y en el pico una flor Canta Y en la flor una oliva / y en la oliva un limón .... ¿Cómo sigue?... ¡No lo sé! ¿Cómo sigue? / GATO— ¡Ay girasol de la mañanita! / Ay girasol. No hay luz ¿dónde estás NIÑO?»]* — Tachado, no pasa a TA, ni a Sh.
[122] MS: la frase presenta puntos de interrogación que no parecen indicados. — TA, L, Ag, E, T no los recogen — Sh los cambia a exclamación.

GATO

(Mimosa.)[123]. Debiste conocerlo.

NIÑO

¿Por qué?

GATO

Por mi voz de plata[124].

NIÑO[125]

(Galante.) ¿No te quieres sentar?

GATO

Sí. Tengo hambre.

NIÑO

Voy a ver si te encuentro alguna rata.

(Se pone a mirar debajo de las sillas. EL GATO *sentado en un taburete tiembla.)*

No la comas[126] entera. Una patita
porque estás muy enferma.

GATO

Diez pedradas
me tiraron los niños.

---

[123] L, Ag, E, T: «mimoso.
[124] MS: «de plata». — T, «plateada».
[125] MS: *[«Perdóname si estuve algo incorrecto / GATO — Estuviste muy guapo, niño, ¡Gracias!»].* — Tachado, no pasa a TA ni a ninguna edición.
[126] MS: «No la comas». — Ag, E, T: «no te la comas». Al añadir la sílaba «te» descompensan el verso.

220

NIÑO

Pesan como las rosas
que oprimieron[127] anoche mi garganta.
¿Quieres una? *(Se arranca una rosa de la cabeza.)*

GATO

(Alegre.)   Sí quiero.

NIÑO

Con tus manchas de cera, rosa blanca,
ojo de luna rota me pareces
gacela entre los vidrios desmayada[128].
(Se la pone.)

GATO

¿Tú qué hacías?

NIÑO

Jugar ¿y tú?

GATO

¡Jugar!
iba por el tejado, gata chata,
naricillas de hojadelata.

---

[127] MS: «oprimieron». — TA: «aprisionaron». — L: «hirieron». — Ag, E,
T, siguen a TA. — Sh a MS.

[128] MS: «ojo de luna rota me pareces / o gacela entre vidrios desmayada». — TA: «ojo de luna rota me pareces / gacela entre los vidrios desmayada». — Lorca corrige la puntuación de TA en la primera línea y añade
«los» por su mano en tinta negra en lugar de reponer la «o» olvidada por la
copista. — L: omite la «o» y recoge la corrección. — Ag, E, T siguen a TA.
— Sh a MS.

En[129] la mañana
iba a coger[130] los peces por el agua.
Y al mediodía
bajo el rosal del muro me dormía.

NIÑO

¿Y a la noche?

GATA

(Enfática)[131]. Me iba sola.

NIÑO[132]

¿Sin nadie?

GATA

Por el bosque.

NIÑO

(Con alegría.) Yo también iba ¡ay gata chata, barata
naricillas de hojadelata!
a comer zarzamoras y manzanas.
Y después a la Iglesia con los niños
a jugar a la cabra.

---

[129] MS: *[«Por»)* sustituido por «En».

[130] Ag: «recoger», con que añade una sílaba extra al verso. — E, T, siguen
a Ag.

[131] MS: «Enfático», mantiene la forma masculina en las acotaciones,
aunque en los parlamentos se utiliza el femenino desde que el personaje se
declara GATA. Este se identifica así por primera vez, anteriormente marca
GATO. Contribuye a la confusión el hecho de que el manuscrito corrien-
temente lo identifique sólo como GAT o GA. — TA: «enfática». — L: «Enfático». — Ag, E, T siguen a TA. — Sh mantiene el personaje como GATO
y las acotaciones en forma masculina todo a lo largo de la escena.

[132] MS: *[]«¡Qué miedo!»]*, tachado no pasa a TA ni a ninguna edición.

Gata. -   Por el bosque.

Niño. -   [con alegria]

Yo tambien iba ¡ay! gata chata, garata
Narizillas de hojadelata
A comer zarzamoras y manzanas.

[trueno lejano]

¡Ay! ¡espera! ?No vienan? tengo miedo,
?Sabes? Me escapé de casa.

[llora]

Yo no quiero que me entirren.
agremanes y vidrios adornan mi caja;
Pero es mejor que me duerma
entre los juncos del agua.
Yo no quiero que me entierren ¡Vamos pronto!

[le toma de la pata]

Gata. -   ?Y nos van á enterrar? ?Cuando?

Niño. -   Mañana.

En unos hoyos oscuros,
Todos lloran. Todos callan.
Pero se van. Yo lo vi
Y luego ?Sabes?

Gata. -   ?Que pasa?

Niño. -   Vienen á comernos.

Gata.-   ?Quien?

Niño. -   El lagarto y la lagarta
con sus hijitos pequeños que son muchos.

Página 16 del texto de Anfistora. Adición de un fragmento a mano de Lorca.

GATA

¿Qué es la cabra?

NIÑO

Era mamar los clavos de la puerta.

GATA

¿Y eran buenos?

NIÑO

No gata
como chupar monedas[133] *(Trueno lejano)*[134].
¡Ay! ¡espera! ¿No vienen? tengo miedo.
¿Sabes? Me escapé de casa. *(Lloroso)*[135].
Yo no quiero que me entierren[136].
Agremanes[137] y vidrios adornan mi caja;
Pero es mejor que me duerma
entre los juncos del agua.
Yo no quiero que me entierren ¡vamos pronto!
(Le tira[138] de la pata.)

---

[133] MS: Las últimas siete líneas añadidas en letra pequeña . — TA: reescritas y añadidas al texto de mano de Lorca. — L no recoge esta adición. — CF, Ag, E, T y Sh, sí.

[134] MS: *[«Una niña muy grande con zapatos de hebilla / me besaba así, mira (besa al Gato) me estrujaba / cuando todos los niños estaban escondidos / debajo de los juncos por donde llora el agua»].* — Tachado no pasa a TA, CF ni a ninguna de las ediciones.

[135] MS: «Lloroso». — TA: «llora». — CF, Ag, E, T siguen a TA — Sh, a MS. — L lo omite.

[136] MS: *[«Es de raso y (jazmín) clavos? / seda y nardo mi caja»].* Tachado. — No pasa a CF ni a ninguna edición.

[137] MS parece dar «agramanes». — TA: «agremanes», en tinta, letra de P. Ucelay, escrito sobre otra palabra que queda ilegible. —L: «siempre lirios». — CF, Ag, E, T y Sh: «agremanes».

[138] MS: «le tira». — TA: «le toma». — CF, L, Ag, E, y T igual que TA. — Sh sigue a MS.

GATA

¿Y nos van a enterrar? ¿Cuándo?

NIÑO

Mañana

En unos hoyos oscuros[139].
Todos lloran, todos callan.
Pero se van. Yo lo vi.
Y luego ¿sabes?...

GATA

¿Que pasa?

NIÑO

Vienen a comernos.

GATA

¿Quién?

NIÑO

El lagarto y la lagarta
con sus hijos[140] pequeños que son muchos.

GATA

¿Y qué nos comen?

---

[139] MS: [«*Muy grandes*»]. Tachado, corregido por «oscuros». — Pasa de
esta forma a textos y ediciones.
[140] MS: «sus hijos». — TA: «sus hijitos». — CF, TN, Ag, E, T siguen a
TA. — Sh a MS.

225

La cara
con los dedos *(bajando la voz)* y la cuca.

GATA

(Ofendida)[141]. Yo no tengo cuca.

NIÑO

(Enérgico.)   ¡Gata!
te comerán las patitas y el bigote.
(Trueno lejanísimo)[142].
Vámonos; de casa en casa,
llegaremos donde pacen
los caballitos del agua.
No es el cielo. Es tierra dura,
con muchos grillos que cantan,
con hierbas que se menean,
con nubes que se levantan,
con hondas que lanzan piedras
y el viento como una espada.
¡Yo quiero ser niño! ¡un niño!
(Se dirige a la puerta de la derecha.)

GATA

Está la puerta cerrada.
Vámonos por la escalera.

NIÑO

Por la escalera nos verán.

---

[141] MS: «GATA *(Ofendida)*». — TA, CF, Ag, E, T siguen a MS. — Sh «GATO *(Ofendida)*».

[142] MS: «trueno lejanísimo». — TA: «trueno lejísimos», error de copia. — L, Ag, E, T: «truenos lejísimos». — Sh sigue a MS.

Aguarda.

NIÑO

¡Ya vienen para enterrarnos!

GATA

Vámonos por la ventana.

NIÑO

Nunca veremos la luz,
ni las nubes que se levantan,
ni los grillos en la hierba,
ni el viento como una espada.
(*Cruzando las manos.*)
¡Ay girasol!
¡Ay girasol de fuego!
Ay girasol

GATA

¡Ay clavellina[143] del sol![144].

---

[143] MS, TA, CF, Sh: «clavellina». — L, Ag, E, T: «clavelina».
[144] MS: «¡Ay girasol! / ¡Ay girasol de fuego! / Ay girasol —¡Ay clavellina del sol!».— Notemos que la tercera invocación al girasol no lleva exclamaciones. Igual ocho líneas más abajo, en que la Gata apunta la continuación al Niño, que la ha olvidado, irán las dos líneas también sin signos de exclamación: GATA— «Ay girasol, / Ay girasol de la mañanita» — NIÑO ¡Ay clavellina del sol! Si leemos en voz alta podremos notar el juego de intensidad de mayor a menor que la combinación de exclamaciones nos indica. — TA sigue a MS. — CF copia mal y marca exclamaciones en las siete líneas. — L las omite todas. TN las repone en tinta. — Ag, E, T: marcan exclamaciones en todas la líneas, Sh también, al parecer considerando su alternancia un error del manuscrito.

Apagado va por el cielo[145].
Sólo mares y montes de carbón,
y una paloma muerta por[146] la arena
con las alas tronchadas y en el pico una flor.
(Canta.) Y en la flor una oliva.
Y en la oliva un limón......
¿cómo sigue?... no lo sé ¿cómo sigue?

GATA

Ay girasol
Ay girasol de la mañanita

NIÑO

¡Ay clavellina del sol!

(La luz es tenue. EL NIÑO *y* EL GATO *separados*[147] *andan a tientas.)*

GATA

No hay luz ¿dónde estás?

NIÑO

¡Calla!

---

[145] «Apagado va el cielo». — TA: «Apagado va por el cielo»; «por», añadido en tinta, letra P. Ucelay. Parece error del manuscrito, pues el sujeto es el sol con que termina la línea anterior. En la página 22 de MS se registra el mismo fragmento, tachado en aquel lugar, donde se lee claramente la línea en cuestión tal como aparece corregida en TA. — L y Sh no recogen la corrección — CF, Ag, E, T siguen a TA.

[146] MS: «por la arena». — TA: «por», en tinta, letra P. Ucelay corrigiendo «en». — L lo recoge. — CF, TN, Ag, E, T, siguen a TA.

[147] MS: «separados». — TA: «agarrados», error de copia que pasa a CF, L, Ag, E, y T. — Sh sigue a MS.

GATA

¿Vendrán ya los lagartos niño?

NIÑO

No.

GATA

¿Encontraste salida?

(*La Gata*[148] *se acerca a la puerta de la derecha y sale una mano*[149] *que la empuja hacia dentro.*)

(*Dentro.*) ¡Niño! ¡niño! ¡niño![150] (*Con angustia.*) ¡niño! ¡niño!

(*El Niño avanza con terror deteniéndose a cada paso.*)

NIÑO

(*En voz baja*)[151]. Se hundió.
Lo[152] ha cogido una mano.
Debe ser la de Dios.
¡No me entierres! Espera unos minutos....

---

[148] El cambio de masculino a femenino en el tratamiento del gato-gata es confuso. — MS: mantiene el masculino en casi todas las acotaciones, aunque en el dialogo se utiliza el femenino desde que se identifica como gata. — TA: desde ese punto el personaje queda como «GATA», pero se duda también en las acotaciones. — L: el personaje se mantiene masculino, aunque en el diálogo se utilice la forma femenina. — Ag, E, T siguen a TA.

[149] TA: «mano», palabra tachada en tinta negra, sustituida por otra palabra de lectura dudosa: «figura?» escrita debajo, en letra de Lorca . — CF ni ninguna edición lo recoge.

[150] MS: repite «niño» sólo cuatro veces. — TA: cinco. — CF, L, Ag, E, T, cinco. — Sh, cuatro. — TA, por error, cambia el orden de las dos acotaciones que contiene la línea. — CF, Ag, E, T siguen a TA.

[151] MS: [*«Lo ha cogido una»*] [*«Se ha»*]. Tachado, sustituido por «Se hundió».

[152] MS: «Lo». — TA, CF, L, Ag, E, T: «Le». — Sh: «Lo».

¡Mientras deshojo esta flor!
(Se arranca una flor[153] de la cabeza y la desboja.)
Yo iré solo, muy despacio,
después me dejarás mirar al[154] sol...
Muy poco, con un rayo me contento.
(Deshojando.) Sí, no, sí, no, sí.

VOZ

No. NO[155].

NIÑO

¡Siempre dije que no![156].

(Una mano[157] asoma y entra[158] al NIÑO que se desmaya. La luz al desaparecer EL NIÑO vuelve a su tono primero. Por detrás del biombo vuelven a salir rápidamente los tres personajes. Dan muestras de calor y de agitación viva. EL JOVEN lleva un abanico azul, EL VIEJO un abanico negro y EL AMIGO un abanico rojo agresivo. Se abanican.)

VIEJO

Pues todavía será[159] más.

---

[153] MS, TA, CF, L, Sh: «una flor». Ag, E,T, «la Flor».

[154] MS, TA, CF, Sh: «al sol». — L, Ag, E, T: «el sol».

[155] MS: NO. — TA: No. NO. — Segundo NO añadido en manuscrito por Lorca, en grandes mayúsculas, tinta negra. — L: no lo recoge. — CF, Ag, E, T: «No, no.» — Sh sigue a MS.

[156] TA: «Ni- Siempre dije que no!», añadido por Lorca manuscrito en tinta negra. — No está en MS. — L, Sh no lo recogen. — CF, Ag, E, T siguen a TA.

[157] MS: «la mano». — TA: «una mano». — CF, L, Ag, E, T, igual que TA. — Sh a MS. — Recordemos que en nota 149 la primera vez que aparece «mano», en letra de Lorca, está tachada la palabra y sustituida por «figura».

[158] MS, TA: «entra al NIÑO». — L: «saca al NIÑO». — CF, Ag, E, T siguen a TA — Sh a MS.

[159] MS: subraya «será». — No pasa más que a Sh.

Sí, después.

AMIGO

Ya ha sido bastante. Creo que no te puedes[160] escapar de la tormenta[161].

VOZ

(Fuera.) ¡Mi hijo! ¡Mi hijo!

JOVEN

¡Señor qué tarde! Juan: ¿quién grita así?

CRIADO

(Entrando siempre[162] *en tono suave y andando sobre las puntas de los pies.)* El niño[163] de la portera murió y ahora lo llevan a enterrar. Su madre llora.

AMIGO

¡Como es natural!

VIEJO

Sí, sí pero lo pasado, pasado.

---

[160] MS: *[«safar»]* (andalucismo por: zafar) tachado y sustituido por «escapar».
[161] *[«Me repugna el hombre que echa monedas de oro en la alcantarilla. / Jo. Y a mí me repugna el que las tiene»].* — Tachado en MS no pasa a TA ni a ninguna edición.
[162] MS: «Entrando [y] siempre». — TA: «Entrando y siempre». — L, Ag, E, T, siguen a TA. — CF y Sh a MS.
[163] MS: *[«hijo»]* corregido a «niño». — TA, L, Ag, E, T, Sh: «niño».

AMIGO

Pero si está pasando. *(Discuten.)*

(EL CRIADO *cruza la escena y va a salir por la puerta de la izquierda.)*

CRIADO

Señor: ¿Tendría la bondad de dejarme la llave[164] de su dormitorio?

JOVEN

¿Para qué?

CRIADO

Los niños[165] arrojaron un gato que habían matado sobre el tejadillo del jardín y hay necesidad de quitarlo[166].

JOVEN

(Con fastidio.) Toma. *(Al* VIEJO.*)* No podrá[167] usted con él.

VIEJO

Ni me interesa.

AMIGO

No es verdad. Sí le interesa. Al que no le interesa es a mí que sé positivamente que la nieve es fría y que el fuego quema.

---

[164] MS: «Tendría la bondad... la llave...». — TA: «Tendrá la bondad...la llave». CF, L: siguen a TA. — Ag, E, T: «Tendría la bondad... las llaves». — Sh sigue a MS.

[165] *[«muchachos»]* «niños». — TA, CF, L, Ag, E, T, Sh: «niños».

[166] MS: *[«de allí»]*. — Tachado no pasa a TA, ni a ninguna edición.

[167] TA: «No podía usted». — Error de copia que pasa a L, Ag, E, y T.

VIEJO

(*Irónico.*) Según.

AMIGO

(*Al* JOVEN.) Te está engañando.

(EL VIEJO *mira enérgicamente al* AMIGO *estrujando su sombrero.*)

JOVEN

(*Con fuerza.*) No influye lo más mínimo en mi carácter[168]. Soy yo. Pero tú no puedes comprender que se espere a una mujer cinco años colmado y quemado por el amor que crece cada día.

AMIGO

¡No hay necesidad de esperar![169].

JOVEN

¿Crees tú que yo puedo vencer las cosas materiales, los obstáculos que surgen y se aumentarán en el camino sin causar dolor a los demás?[170].

AMIGO

¡Primero eres tú que los demás!

---

[168] MS: *[«Vi — (severamente) Ya lo oye usted».].* —Tachado no pasa a TA.

[169] TA: omite exclamaciones aquí y en la siguiente línea del AMIGO. Error de copia que siguen CF, L, Ag, E, T.

[170] MS: *[«¿No es mucho más hermoso que retorcer el cuello a la paloma llenarse la mano de trigo y cogerla cuando ella se acerque a comer?»].* —Tachado, no pasa a TA ni a ninguna edición.

JOVEN

Esperando, el nudo se deshace y la fruta madura.

AMIGO

Yo prefiero comerla verde, o mejor todavía, me gusta cortar su flor para ponerla en mi solapa[171].

VIEJO

¡No es verdad!

AMIGO

¡Usted es demasiado viejo para saberlo!

VIEJO

(Severamente.) Yo he luchado toda mi vida por encender una luz en los sitios más oscuros. Y cuando la gente ha ido a retorcer el cuello de la paloma, yo he sujetado la mano y la he ayudado a volar.

AMIGO

¡Y naturalmente el cazador[172] se ha muerto de hambre!

JOVEN

¡Bendita sea el hambre!

---

171 MS: *[«Jo— Esperando, el nudo se deshace y la fruta madura. / Am— Yo prefiero comerla verde, o mejor todavía me gusta cortar su flor para ponerla en mi solapa»]*. Tachado en MS. — TA: lo incorpora al texto, al parecer por error, ya que no hay indicación alguna al respecto. Justificamos, sin embargo, la inclusión, dado que Lorca parece haberla aceptado al no suprimir las líneas en cuestión durante los frecuentes ensayos de esta escena en Anfistora. — CF, L, Ag, E, T, Sh siguen a TA.

172 MS: *[«a gente»]* tachado, sustituido por «el cazador». — Pasa así a textos y ediciones.

(Aparece por la puerta de la izquierda El Amigo segundo. *Viene vestido de blanco, con un[173] impecable traje de lana y lleva guantes y zapatos del mismo color. De no ser posible que este papel lo haga un actor muy joven lo hará una muchacha. El traje ha de ser de un corte exageradísimo, llevará enormes botones azules y el chaleco y la corbata serán de rizados encajes.)*

Amigo 2.º

Bendita sea cuando hay pan tostado, aceite y sueño después. Mucho sueño. Que no se acabe nunca. Te he oído.

Joven

(Con asombro.) ¿Por dónde has entrado?

Amigo 2.º

Por cualquier sitio. Por la ventana. Me ayudaron dos niños[174] amigos míos. Los conocí cuando yo era muy pequeño y me han empujado por los pies. Va a caer un aguacero........ pero aguacero bonito el que cayó el año pasado. Había tan poca luz que se me pusieron las manos amarillas. *(Al* Viejo.*)* ¿Lo recuerda usted?[175].

Viejo

(Agrio.) No recuerdo nada.

Amigo 2.º

(Al Amigo 1.º.*)* ¿Y tú?

---

[173] MS, TA, CF, L, Sh: «con un impecable traje». — Ag, E, T,: «con impecable traje».
[174] MS: *[«muy»]* tachado, pero pasa a TA, CF, L, Ag, E y T.
[175] MS: «¿Lo recuerda usted?». — TA, CF: «¿se acuerda usted?». — L, Ag, E, y T: «¿Recuerda usted?» — Sh sigue a MS.

AMIGO 1.º

(Serio.) ¡Tampoco!

AMIGO 2.º

Yo era muy pequeño pero lo recuerdo con todo detalle[176].

AMIGO 1.º

... Mira...

AMIGO 2.º

.... Por eso no quiero ver éste[177]. La lluvia es hermosa. En el colegio entraba por los patios y estrellaba por las paredes a unas mujeres desnudas, muy pequeñas que lleva dentro. ¿No las habéis visto? Cuando yo tenía cinco años.... no cuando yo tenía dos.. ¡miento! uno, un año tan solo. Es hermoso ¿verdad? ¡un año! cogí una de esas mujercillas de la lluvia y la tuve dos días en una pecera.

AMIGO 1.º

(Con sorna.) ¿Y creció?

AMIGO 2.º

¡No! se hizo cada vez más pequeña, más niña, como debe ser, como es lo justo hasta que no quedó de ella más que una gota de agua. Y cantaba una canción......
　　Yo vuelvo por mis alas
　　dejadme volver.

---

[176] MS: «[perfectamente] con todo detalle». — TA: no copia lo tachado. — L, Ag, E, T siguen a TA.

[177] MS: «no quiero ver éste». — TA: «ver éste», escrito en letra de P. Ucelay sobre otra palabra que queda ilegible. — L: «no quiero creerte». — CF, Ag, E, T, Sh, siguen a MS y TA.

Quiero morirme siendo amanecer
quiero morirme siendo
ayer.
Yo vuelvo por mis alas
dejadme tornar
quiero morirme siendo manantial
quiero morirme fuera de la mar........[178]
que es exactamente[179] lo que yo canto a todas horas.

VIEJO

(Irritado al JOVEN.*)* Está completamente loco.

AMIGO 2.º

(Que lo ha oído.) Loco, porque no quiero estar lleno de arrugas y dolores como usted. Porque quiero vivir lo mío y me
lo quitan. Yo no lo conozco a usted. Yo no quiero ver gente como usted.

AMIGO 1.º

(Bebiendo.) Todo eso no es más que miedo a la muerte.

---

[178] TA: Lorca de su propia mano corrige la disposición de las líneas en
el poema. La última línea que aparece en MS separada en dos: «quiero morirme fuera / de la mar», pasa a formar una sola en TA: «quiero morirme
fuera de la mar». La séptima línea en MS: «dejadme retornar», se corrige
en TA como: «dejadme tornar». — L: «dejadme volver». Posiblemente esta
es la palabra tachada que queda ilegible en TA. — CF forma también una
sola línea uniendo la cuarta y quinta. — Ag, E, T no aceptan las correcciones manuscritas de Lorca y siguen a L. — Sh copia la disposición del poema de 1921 que, titulado «El regreso», forma parte de las *Suites,* donde todas las líneas (catorce en número en la edición Aguilar de *Obras Completas*)
con la excepción de la primera/segunda y octava/novena quedan marcadas
con signos de exclamación. — MS sólo marca un signo de abrir exclamación al comienzo de la segunda línea, que olvida cerrar. Tengamos en cuenta, para justificar esta diversidad de composición, que se trata en este caso
de obra dramática y que la lectura más seguida eliminando líneas rotas y exclamaciones repetidas, puede quizás indicar ritmos de recitación en tono
menor.
[179] MS: «exactamente». — TA: «precisamente», error de copia. — CF, L,
Ag, E, T siguen a TA. — Sh a MS.

No. Ahora, antes de entrar aquí, vi a un niño que llevaban a[180] enterrar con las primeras gotas de la lluvia. Así quiero que me entierren a mí. En una caja así de pequeña y ustedes se van a luchar en[181] la borrasca. Pero mi rostro es mío y me lo están robando[182]. Yo era tierno y cantaba y ahora hay un hombre, un señor *(al* Viejo*)* como usted que anda por dentro de mí con dos o tres caretas preparadas. *(Saca un espejo y se mira.)* Pero todavía no; todavía me veo subido en los cerezos... con aquel traje gris... Un traje gris que tenía unas anclas de plata... ¡Dios mío! *(Se cubre la cara con las manos)*[183].

Viejo

Los trajes se rompen, las anclas se oxidan y vamos adelante.

Amigo 2.º

¡Oh por favor no hable así![184].

Viejo

(Entusiasmado.) Se hunden las casas.

Amigo 1.º

(Enérgico y en actitud de defensa.) Las casas no se hunden.

---

[180] MS: «llevaban enterrar»; «a» omitido por error. —TA, textos y ediciones reponen la preposición.

[181] «en la borrasca». — TA: «con la borrasca». Error de copia. — CF, L, Ag, E, T siguen a TA.

[182] MS *[«Cada hora»]*. Tachado, no pasa a textos ni ediciones.

[183] MS: *[«Y llora»]*. Tachado, no pasa a textos ni ediciones.

[184] MS: «no halle». Error. TA y demás textos y ediciones corrigen: «no hable».

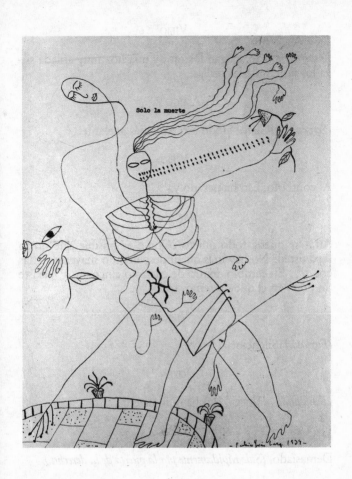

«Imagen de la muerte», Federico García Lorca.

VIEJO

(Impertérrito.) Se apagan los ojos y una hoz muy afilada siega los juncos de las orillas.

AMIGO 2.º

(Sereno)[185]. ¡Claro! ¡Todo eso pasa más adelante!

VIEJO

Al contrario. Eso ha pasado ya[186].

AMIGO 2.º

Atrás se queda todo quieto ¿Cómo es posible que no lo sepa usted? No hay más que ir despertando suavemente las cosas[187]. En cambio dentro de cuatro o cinco años[188] existe un pozo en el que caeremos todos.

VIEJO

(Furioso.) ¡Silencio!

JOVEN

(Temblando al VIEJO.) ¿Lo ha oído usted?

VIEJO

Demasiado. *(Sale rápidamente por la puerta de la derecha.)*

---

[185] MS: *[«Sereno»]*. — TA: omitido por error. — CF, L, Ag, E, T siguen a TA

[186] MS: «ha pasado» aparece subrayado. — Sh anota el hecho.

[187] MS: *[«Ese niño que he visto muerto lo despertaré luego y me despertaré a mí mismo dándome muchos golpes para jugar al (caballito) caballo»]*. — MS: tachado en MS no pasa a TA, textos o ediciones, pero explica el parlamento del AMIGO 2.º.

[188] MS: *[«hay»]* «existe». — TA, L, Ag, E, T: «existe».

240

(Detrás.) ¿Dónde va usted? ¿Por qué se marcha así? ¡Espere! *(Sale detrás.)*

AMIGO 2.º

(Encogiéndose de hombros.) Bueno. Viejo tenía que ser. Usted en cambio no ha protestado.

AMIGO 1.º

(Que ha estado bebiendo sin parar.) No.

AMIGO 2.º

Usted con beber tiene bastante.

AMIGO 1.º

(Serio y con cara borracha)[189]. Yo hago lo que me gusta, lo que me parece bien. No le he pedido su parecer.

AMIGO 2.º

(Con miedo.) Sí, sí....[190]. Y yo no le digo nada..... *(Se sienta en un sillón con las piernas encogidas.)*

(EL AMIGO 1.º se bebe rápidamente dos[191] copas apurando hasta lo último y dándose un golpe en la frente como si recordara algo sale rápidamente[192] por la puerta de la izquier-

[189] MS: *[«Serio y cara borracha»)*. — TA: *(«Serio y con honradez»)*. Error de copia. — Cf, L, Ag, E, T siguen a TA. — Sh a MS.

[190] MS: «Sí, sí... Y yo no le digo». — TA: «Sí, sí... Yo no le digo». — CF, L, Ag, E, T siguen a TA. — Sh lee los adverbios afirmativos como conjunciones: «Si, Si... Yo no le digo».

[191] MS: «dos copas». — TA: «las copas». — CF, L, Ag, E, T siguen a TA. — Sh a MS.

[192] MS: «En medio una alegrísima *[carcajada]* sonrisa». — TA: omitido. Omisión aceptada por Lorca. — CF, L, Ag, E, T igual que TA. — Sh lo recoge.

da[193]. El amigo 2.º *inclina la cabeza en el sillón. Aparece* El Criado *por la derecha siempre delicado*[194] *sobre las puntas de los pies. Empieza a llover.*)

AMIGO 2.º

El aguacero. *(Se mira las manos.)* Pero qué luz más fea. *(Queda dormido.)*

JOVEN

(Entrando.) Mañana volverá. Lo necesito. *(Se sienta.)*

(Aparece La Mecanógrafa. *Lleva una maleta. Cruza la escena y en medio de ella*[195] *vuelve rápidamente.)*

MECANÓGRAFA

¿Me habías llamado?

JOVEN

(Cerrando los ojos.) No. No te había llamado[196].

(La Mecanógrafa *sale mirando con ansia y esperando la llamada.)*

MECANÓGRAFA

(En la puerta.) ¿Me necesitas?[197].

---

[193] M5: «La puerta de la izquierda». — TA, CF, L y Sh siguen a MS. — Ag, E, T: «la puerta izquierda».

[194] MS: «delicado». — TA, Ag, E, T, CF, Sh siguen a MS. — L: «silencioso».

[195] Sh corrige la acotación añadiendo «*se*». — No aparece es MS, textos o ediciones y cambia el movimiento del personaje.

[196] MS: «No.» — TA: «No. No te había llamado». Añadido en letra de P. Ucelay, lápiz gris. — L y Sh no lo recogen. — CF, Ag, E, T siguen a TA.

[197] MS: «Me habías llamado / Me necesitas». — TA, CF, Ag, E, T, Sh siguen a MS — L cambia a formal el tratamiento del personaje.

JOVEN

(Cerrando los ojos.) No. No te necesito. *(Sale* LA MECANÓ-
GRAFA.*)*

AMIGO 2.º

(Entre sueños.)
    Yo vuelvo por mis alas,
    dejadme volver.
    Quiero morirme siendo
    ayer.
    Quiero morirme siendo
    amanecer.
(Empieza a llover.)

JOVEN

Es demasiado tarde. Juan enciende las luces. ¿Qué hora es?

JUAN

(Con intención.) Las seis en punto señor.

JOVEN

Está bien.

AMIGO 2.º

(Entre sueños.)
    Yo vuelvo por mis alas,
    dejadme tornar.

Quiero morirme siendo
manantial.
Quiero morirme fuera
de la mar[198].

(EL JOVEN *golpea suavemente la mesa con los dedos.*)

TELÓN LENTO

---

[198] MS: Las dos estrofas del poema quedan ya fijas, aunque sin puntuación. En la primera sólo hay un punto después de ayer. En la segunda, un punto final. TA: reproduce exactamente el manuscrito. — Nosotros seguimos la puntuación de L, Ag, E, T, que puntúan con una coma el fin de la primera línea, y terminan con un punto las líneas segunda, cuarta y sexta. — Sh marca exclamaciones excepto en la primera línea y no acepta la corrección de Lorca «dejadme tornar», manteniendo «¡dejadme retornar!».

Acto segundo

(Alcoba estilo 1900. Muebles extraños. Grandes cortinajes llenos de pliegues y borlas. Por[1] las paredes nubes y ángeles pintados. En el centro una cama llena de colgaduras y plumajes. A la izquierda un tocador sostenido por ángeles con ramos de luces eléctricas en las manos. Los balcones están abiertos y por ellos entra la luna. Se oye un claxon de automóvil que toca con furia. La novia salta de la cama con espléndida bata llena de encajes y enormes lazos color de rosa. Lleva[2] una larga cola y todo el cabello hecho bucles[3].)

NOVIA

(Asomándose al balcón.) Sube. *(Se oye el claxon.)* Es preciso. Llegará mi novio, el viejo, el lírico y necesito apoyarme en ti.

(EL JUGADOR DE RUGBY *entra por el balcón. Viene vestido con las rodilleras y el casco[4]. Lleva una bolsa llena de cigarros puros que enciende y aplasta sin cesar.)*

---

[1] MS: «Por las paredes». — L, Ag, E, T: «En las paredes». — TA, Sh siguen a MS.

[2] MS: «Lleva». — «Tiene». — TA, CF, Ag, E, T, Sh siguen a MS.

[3] MS: «el cabello hecho bucles» — TA: «el cabello lleno de bucles». — L: «el cabello de bucles». — Ag, E, T siguen a TA. — Sh a MS.

[4] MS: «vestido con las rodilleras, el casco y una bolsa llena de cigarros.» TA: «vestido con las rodilleras y el casco. Lleva una bolsa llena de cigarros». — L, E, T igual que TA. — Sh sigue a MS.

Entra. Hace dos días que no te veo. *(Se abrazan.)*

> (EL JUGADOR DE RUGBY *no habla, sólo fuma y aplasta con el pie*[5] *el cigarro. Da muestras de una gran vitalidad*[6] *y abraza con ímpetu a* LA NOVIA.)

Hoy me has besado de[7] manera distinta. Siempre cambias, amor mío. Ayer no te vi ¿sabes? Pero estuve viendo al caballo. Era hermoso, blanco y[8] los cascos dorados entre el heno de los pesebres. *(Se sientan en un sofá que hay al pie de la cama.)* Pero tú eres más hermoso. Porque eres como un dragón. *(La abraza)*[9]. Creo que me vas a quebrar entre tus brazos porque soy débil, porque soy pequeña, porque soy como la escarcha, porque soy como una diminuta guitarra quemada por el sol y no me quiebras[10]. *(*EL JUGADOR DE RUGBY *le echa el humo en la cara).*
(Pasándole las manos por el cuerpo.) Detrás de toda esta sombra hay como una trabazón de puentes de plata para estrecharme a mí que soy pequeñita como un botón, pequeñita como una abeja que entrara de pronto[11] en el salón del trono. ¿Verdad? ¿Verdad que sí?[12]. Me iré contigo. *(Apoya la cabeza en el pecho del* JUGADOR.) Dragón, dragón mío. ¿Cuántos corazones tienes? Hay en tu pecho como un torrente don-

---

[5] MS: «aplasta con el pie el cigarro». — TA: «aplasta en el piso el cigarro». Error de lectura del manuscrito. — CF, Ag, E, T siguen a TA. — Sh a MS.

[6] MS: «una gran vitalidad». — TA: «gran vitalidad». — Error de copia. — CF, L, Ag, E, T, Sh igual que TA.

[7] MS: «de manera distinta». — TA: «de una manera distinta». — L, Ag, E, T, Sh siguen a TA.

[8] L, Ag, E. T: añaden «con».

[9] MS: «(La abraza)» — TA, CF, Sh siguen a MS. — L, Ag, E, T: «Le abraza».

[10] MS: *[«Tus besos me caen en la boca como un puñado de oro caliente que sale de pronto de la tierra]».* — Tachado no pasa a TA ni a ningún texto o edición.

[11] TA: «de pronto», añadido en lápiz gris, letra de Lorca. — L, no lo recoge. — CF, Ag, E, T, Sh siguen a TA.

[12] MS: «[JU— *(Con un gruñido)* Sí]» — Tachado no pasa a ningún texto o edición.

de yo me voy a ahogar. Me voy a ahogar....... *(Lo mira)* y luego tú saldrás corriendo *(llora)* y me dejarás muerta por las orillas. (EL JUGADOR *se lleva otro puro a la boca y* LA NOVIA *se lo enciende)*[13]. ¡Oh! *(Lo besa.)* Qué ascua blanca, qué fuego de marfil derraman tus dientes. Mi otro novio[14] tenía los dientes helados; me besaba y sus labios se le cubrían de pequeñas hojas marchitas. Eran unos[15] labios secos. Yo me corté las trenzas porque le gustaban mucho, como ahora voy descalza porque te gusta a ti. ¿Verdad? ¿Verdad que sí? (EL JUGADOR *la besa)*[16]. Es preciso que nos vayamos. Mi novio vendrá.

VOZ

(En la puerta.) ¡Señorita!

NOVIA

¡Vete![17]. *(Lo besa.)*

VOZ

¡Señorita!

NOVIA

(Separándose del JUGADOR *y adoptando una actitud distraída.)* ¡Ya voy! *(En voz baja.)* ¡Adiós!

---

[13] MS, TA, CF, Sh: «se lleva otro puro a la boca». — L: «se lleva otro cigarro puro a la boca». — Ag, E, T: «se lleva un cigarro puro a la boca».

[14] MS, Sh: «mi otro novio». — TA: «mi novio». — CF, L, Ag, E, T, igual que TA.

[15] MS, Sh: «Eran unos labios». — TA: «Eran como labios». — CF, L, Ag, E y T siguen a TA.

[16] MS: «*[Ayer, Anoche vi un niño muy pequeño sobre el tocador. Tenía rodilleras como tú, y (cintas), arrugas de cuero por la cabeza, pero no eran de cuero eran de un tejido rosa y luego lo volví a ver en el espejo de mano]*». — Tachado en MS no pasa a ningún texto o edición.

[17] MS: «*[Hasta mañana]*». — Tachado no pasa a TA ni a ningún texto o edición.

(EL JUGADOR *vuelve desde el balcón y le da un beso levan-tándola* [18] *en los brazos.*)

VOZ

¡Abra! [19]

NOVIA

(Fingiendo la voz.) ¡Qué poca paciencia!

(EL JUGADOR *sale silbando por el balcón.*)

CRIADA

(Entrando.) ¡Ay señorita!

NOVIA

¿Qué señorita?

CRIADA

¡Señorita!

NOVIA

¿Qué? *(Enciende la luz del techo. Una luz más azulada que la que entra por los balcones.)*

CRIADA

¡Su novio ha llegado!

---

[18] MS: «levantándola». — TA: «alzándola». — CF, L, Ag, E, T: «alzán-dola». — Sh sigue a MS.

[19] MS: «¡Abre!» es error, puesto que la CRIADA está dirigiéndose a la SEÑORITA. — TA: «¡Abra!», corregido en lápiz rojo. — CF, TN, L, Ag, E, T y Sh mantienen la forma familiar: «¡Abre!».

Bueno. ¿Por qué te pones así?

CRIADA

(Llorosa.) Por nada.

NOVIA

¿Dónde está?

CRIADA

Abajo.

NOVIA

¿Con quién?

CRIADA

Con su padre.

NOVIA

¿Nadie más?

CRIADA

Y un señor con lentes de oro. Discutían[20] mucho.

NOVIA

Voy a vestirme. *(Se sienta delante del tocador y se arregla ayudada de*[21] *La Criada.)*

---

[20] MS: «Discutían». — TA: «discuten». Error de copia. — CF, L, Ag, E, T siguen a TA. — Sh a MS.
[21] MS, TA, CF, Sh: «ayudada de». — L, Ag, E, T: «ayudada por».

CRIADA

(Llorosa.) ¡Ay señorita!

NOVIA

(Irritada.) ¿Qué señorita?

CRIADA

¡Señorita!

NOVIA

(Agria.) ¡Qué![22].

CRIADA

Es muy guapo su novio.

NOVIA

Cásate con él.

CRIADA

Viene muy contento.

NOVIA

(Irónica)[23]. ¿Sí?

---

[22] CF, L, Ag, E, T: cambian la exclamación en interrogación
[23] TA: omite la acotación (*«Irónica»*) error de copia. — CF, L, Ag, E, T siguen a TA.

250

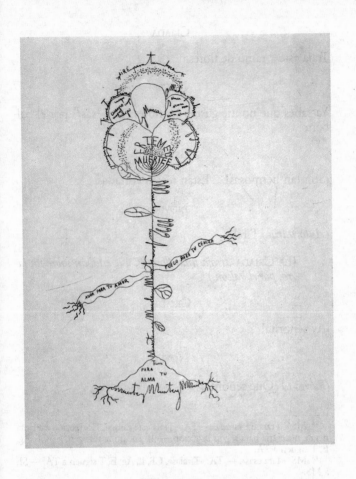

«Rosa de la muerte», Federico García Lorca.

CRIADA

Traía este[24] ramo de flores.

NOVIA

Ya sabes que no me gustan las flores. Tira ésas[25] por el balcón.

CRIADA

¡Son tan hermosas!.... Están recién cortadas.

NOVIA

(Autoritaria.) Tíralas.

> (LA CRIADA *arroja unas flores*[26]*, que estaban sobre un jarro, por el balcón.)*

CRIADA

¡Ay señorita!

NOVIA

(Furiosa.) ¿Qué señorita?

---

[24] MS « Traía un ramo». — TA: «Traía este ramo». Corrección en tinta negra, necesaria para seguir la acción. — L, Sh: no la recogen. — CF, Ag, E, T siguen a TA.

[25] MS: «Tira esas». — TA: «Tíralas». CF, L, Ag, E, T siguen a TA. — Sh a MS.

[26] MS: «arroja unas flores, que estaban sobre un jarro, por el balcón». — TA: «tira unas flores que estaban sobre un jarro por el balcón». «Tira», en lápiz rojo, letra de P. Ucelay, escrito sobre otra palabra que queda ilegible. Es error de copia. — L, Ag, E, T: «arroja por el balcón unas flores que estaban sobre un jarro». CF sigue a TA; Sh a MS. — Se sobreentiende que son las mismas flores que ha traído la CRIADA. Según MS, parece que el jarrón de flores estaba previamente colocado en el escenario. La acción se simplificó en los ensayos trayendo el ramo la Criada y prescindiendo del jarrón.

CRIADA

¡Señorita!

NOVIA

¡Quéeee!²⁷.

CRIADA

¡Piense bien en lo que hace!²⁸. Recapacite. El mundo es grande pero las personas somos pequeñas.

NOVIA

¿Qué sabes tú?

CRIADA

Sí, sí lo sé. Mi padre estuvo en El Brasil dos veces, y era tan chico que cabía en una maleta. Las cosas se olvidan y lo malo queda.

NOVIA

¡Te he dicho que te calles!

CRIADA

¡Ay señorita!

NOVIA

(Enérgica.) ¡Mi ropa!

---

²⁷ MS: «¡Queeee!». — TA: «¡Queeeeeee!». — CF: «¡Queeeeeeeeee!». — L: «Quéeee». — Ag, E, T, Sh «¡Quéeee...!»

²⁸ MS, TA, CF, Sh: «¡Piense bien en lo que hace!». — L, Ag, E, T: «¡Piense bien en lo que va a hacer!».

CRIADA

¡Qué va usted a hacer!

NOVIA

¡Lo que puedo!

CRIADA

¡Un hombre tan bueno! ¡Tanto tiempo esperándola! Con
tanta ilusión. ¡Cinco años![29]. (*Le da los trajes.*)

NOVIA

¿Te dio la mano?

CRIADA

(*Con alegría.*) Sí; me dio la mano.

NOVIA

¿Y cómo te dio la mano?

CRIADA

Muy delicadamente, casi sin apretar.

NOVIA

¿Lo ves? No te apretó.

---

[29] TA: «Cinco años», añadido en tinta y letra de P. Ucelay. Continúa la
adición manuscrita con un paréntesis en que se lee claramente la palabra
«tres» seguida por otra palabra ilegible, posiblemente «veces». — L: no lo
recoge. — CF, Ag, E, T siguen a TA. — TN repite «¡Cinco años!... ¡Cinco
años!... ¡Cinco años!...». Es corrección manuscrita de Pura Ucelay que Sh
recoge cautelosamente repitiendo la frase solo dos veces. En los ensayos de
Anfistora la CRIADA repetía «¡cinco años!» tres veces mientras iba dando
los trajes.

CRIADA

Tuve un novio soldado que me clavaba los anillos y me hacía sangre. ¡Por eso lo despedí![30]

NOVIA

(Con sorna)[31]. ¿Sí?

CRIADA[32]

¡Ay señorita!

NOVIA

(Irritada)[33]. ¿Qué traje me pongo?

CRIADA

Con el rojo está preciosa[34].

NOVIA

No quiero estar guapa.

CRIADA

El verde.

---

[30] MS, Sh: «¡Por eso lo despedí!». — TA, CF, L, Ag, E, T omiten los puntos de exclamación.

[31] MS: «(Con sorna)». — TA: por error no copia la acotación. — CF, L, Ag, E, T siguen a TA. — Sh a MS.

[32] MS: *[¡Los señores son más finos! / Nov— ¡O más de nieve!]*». — Tachado, no pasa a TA ni a ningún texto o edición.

[33] MS: «(Irritada)». — TA: omite la acotación. Error de copia. — CF, L, Ag, E, T siguen a TA. — Sh a MS.

[34] MS: «Con el rojo». — Sh: «en el rojo». — TA, CF, L, Ag, E, T siguen a MS.

NOVIA

(Suave)[35]. No.

CRIADA

¿El naranja?[36].

NOVIA

(Fuerte.) No.

CRIADA

El de tules[37].

NOVIA

(Más fuerte.) No.

CRIADA

El traje hojas de Otoño[38].

NOVIA

(Irritada y fuerte)[39]. ¡He dicho que no![40]. Quiero un hábito color tierra para ese hombre[41], un hábito de roca pelada

---

[35] MS: «(Suave)». — TA: omite la acotación. Error de copia. — CF, L, AG, E, T siguen a TA. — Sh a MS.

[36] TA: añade puntos de interrogación que no figuran en MS. — L, Ag, E, T, siguen a TA. — Sh a MS.

[37] TA: añade puntos de interrogación. — CF, L, Ag, E, T siguen a TA. — Sh a MS.

[38] TA: añade puntos de interrogación. — CF, L, Ag, E, T siguen a TA. — Sh a MS.

[39] L, Ag, E, T, Sh: MS: «(Irritada, fuerte)». — TA omite la acotación.

[40] L, Ag, E, T omiten signos de exclamación marcados por MS y TA.

[41] TA: «para ese hombre». Añadido en manuscrito, lápiz gris, letra de P. Ucelay. — L: no lo recoge — CF, Ag, E, T, Sh siguen a TA.

con un cordón de esparto a la cintura. *(Se oye el claxon.* La Novia *entorna los ojos y cambiando la expresión sigue hablando.)* Pero con una corona de jazmines en el cuello y toda mi carne apretada por un velo mojado por el mar. *(Se dirige al balcón.)*

CRIADA

¡Que no se entere su novio!

NOVIA

Se ha de enterar. *(Eligiendo*[42] *un traje de hábito sencillo.)* Éste. *(Se lo pone.)*

CRIADA

¡Está equivocada!

NOVIA

¿Por qué?

CRIADA

Su novio busca[43] otra cosa. En mi pueblo había un muchacho que subía a la torre de la iglesia para mirar más de cerca la luna, y su novia lo despidió.

NOVIA

¡Hizo bien!

CRIADA

Decía que veía en la luna el retrato de su novia.

---

[42] TA: «eligiéndose». — Error, que no pasa a CF, L, Ag, E, T, Sh.
[43] MS: «busca». — TA: «buscaba». — CF, L, Ag, E, T siguen a TA. — Sh a MS.

NOVIA

(Enérgica.) ¿Y a ti te parece bien? *(Se termina de arreglar en el tocador y enciende las luces de los ángeles.)*

CRIADA[44]

Sí. Cuando yo me disgusté con el botones...

NOVIA

¿Ya te has disgustado con el botones? ¡Tan guapo!... ¡tan guapo!... ¡tan guapo!...

CRIADA

Naturalmente. Le regalé un pañuelo bordado por mí, que decía: Amor, Amor, Amor, y se le perdió.

NOVIA[45]

Vete.

CRIADA

¿Cierro los balcones?

---

[44] MS: «(Sorprendida) ¡Ay señorita! / Nov— Dime / me parece bien. El muchacho la quería mucho». — En MS las últimas ocho palabras forman un renglón de letra más pequeña intercalado por error en el parlamento de la NOVIA, ya que debían pertenecer a la CRIADA. — Lorca en TA aclara la confusión cortando tres líneas que aparecen tachadas en la copia de Anfistora con tinta negra y encima lápiz rojo. — L copia la primera línea: «*(Sorprendida)* ¡Ay señorita!», y añade una línea suya propia: «NOVIA: ¿Qué?». — Ag, E, T aceptan el corte de TA, pero omiten el «—Sí» con que comienza la línea de la CRIADA y que cierra el corte al funcionar como respuesta a la última pregunta de la NOVIA. — Sh corrige el manuscrito adjudicando a la CRIADA la línea que debía pertenecerle.

[45] MS: «[Nov— ¿No sería que lo regalaría a otra? / Cria— ¿Cómo iba a hacer eso?]». — Tachado, no pasa a TA, textos o ediciones.

No.

CRIADA

El aire le va a quemar el cutis.

NOVIA

Eso me gusta. Quiero ponerme negra. Más negra que un muchacho. Y si me caigo no hacerme sangre y si agarro una zarzamora no herirme. Están todos andando por el alambre con los ojos cerrados. Yo[46] quiero tener plomo en los pies. Anoche soñaba que todos los niños crecen por casualidad... Que basta la fuerza que tiene un beso para poder matarlos a todos. Un puñal, unas tijeras duran siempre y este pecho mío dura sólo un momento.

CRIADA

(Escuchando.) Ahí llega[47] su padre.

NOVIA

Todos mis trajes de color los metes en una maleta.

CRIADA

(Temblando.) Sí.

NOVIA

Y tienes preparada la llave del garage.

---

[46] MS: «Y Quiero» es de lectura dudosa, parece Y superpuesta a Yo. —
TA: «Yo quiero». — CF, L, Ag, E, T siguen a TA. — Sh: «Y yo quiero».
[47] MS: *[«¡Su padre!»]* tachado, añadido encima: «Ahí llega su padre». —
TA, CF, Sh siguen a MS. — Ag, E, T: «Allí llega».

CRIADA

(Con miedo)[48]. ¡Está bien!

(Entra EL PADRE de LA NOVIA. *Es un viejo distraído. Lleva unos prismáticos*[49] *colgados al cuello. Peluca blanca. Cara rosa. Lleva guantes blancos y traje negro. Tiene detalles de una delicada miopía.)*

PADRE

¿Estás ya preparada?

NOVIA

(Irritada.) ¿Pero para qué tengo yo[50] que estar preparada?

PADRE

¡Que ha llegado![51].

NOVIA

¿Y qué?

PADRE

Pues que como estás comprometida y se trata de tu vida, de tu felicidad, es natural que estés contenta y decidida.

NOVIA

Pues no estoy.

---

[48] MS: *[«¡Ay señorita!»]*. — Tachado, no pasa a TA, textos ni ediciones.
[49] MS: «Lleva unos prismátlcos colgados al cuello». — TA, Ag, E, T, Sh siguen a MS. — CF: «del cuello». — L: «Tiene unos prismáticos».
[50] TA: «yo» añadido en la copia, pasa a CF, L, Ag, E y T.
[51] CF y L: omiten signos de admiración.

PADRE

¿Cómo?

NOVIA

Que no estoy contenta ¿y tú?

PADRE[52]

Pero hija... ¿Qué va a decir ese hombre?

NOVIA

¡Que diga lo que quiera!

PADRE

Viene a casarse contigo. Tú le has escrito durante los cinco años que ha durado nuestro viaje. Tú no has bailado con nadie en los transatlánticos... No te has interesado por nadie. ¿Qué cambio es éste?

NOVIA

No quiero verlo. Es preciso que yo viva. Habla demasiado.

PADRE

¡Ay! ¿Por qué no lo dijiste antes?

NOVIA

Antes no existía yo tampoco. Existían la tierra y el mar. Pero yo dormía dulcemente en los almohadones del tren.

---

[52] MS: *[«Yo.......»]*. Tachado, no pasa a textos ni ediciones.

PADRE

Ese hombre me insultará con toda la razón[53]. ¡Ay Dios mío! Ya estaba[54] todo arreglado. Te había regalado el hermoso[55] traje de novia. Ahí dentro está, en el maniquí[56].

NOVIA

No me hables de esto. No quiero.

PADRE

¿Y yo? ¿Y yo? ¿Es que[57] no tengo derecho a descansar? Esta noche hay un eclipse de luna. Ya no podré mirarlo desde la terraza. En cuanto paso una irritación se me sube la sangre a los ojos y no veo. ¿Qué hacemos con este hombre?

NOVIA

Lo que tú quieras. Yo no quiero verlo[58].

PADRE

(Enérgico y sacando[59] *fuerzas de voluntad.)* ¡Tienes que cumplir tu compromiso!

---

[53] MS: «con toda la razón». —TA: «con razón». — CF, L, Ag, E, T siguen a TA. —Sh a MS.

[54] MS: «Ya estaba todo». — TA: «Y estaba todo». — L, Ag, E, T, Sh siguen a MS. — CF a TA.

[55] TA: «hermoso» añadido en manuscrito, tinta negra, letra de P. Ucelay. — L, no lo recoge. — CF, Ag, E, T, Sh, sí.

[56] TA: «Ahí dentro está, en el maniquí». Añadido en manuscrito, letra de P. Ucelay, tinta negra. — L, como sabemos, no recoge las adiciones hechas durante los ensayos. — CF, Ag, E, T, Sh siguen a TA.

[57] Ag: añade «yo», que no figura en MS, TA, CF, L, ni Sh. — E y T siguen a Ag.

[58] MS: *[«devuélvele todos los»].* Tachado, no pasa a textos ni ediciones.

[59] MS, TA, CF, Sh: «Enérgico y sacando». — L, Ag, E, T: «Enérgico, sacando».

262

NOVIA

No lo cumplo.

PADRE

¡Es preciso![60].

NOVIA

No.

PADRE

¡Sí! *(Hace intención de pegarle)*[61].

NOVIA

(Fuerte.) No[62].

PADRE[63]

Todos contra mí. *(Mira al*[64] *cielo por el balcón abierto.)* Ahora empezará el eclipse. *(Se dirige al balcón.)* Ya han apagado las lámparas. *(Con angustia.)* ¡Será hermoso! Lo he estado esperando mucho tiempo. Y ahora ya[65] no lo veo. ¿Por qué lo[66] has engañado?

NOVIA[67]

Yo no lo he engañado.

---

[60] TA: omite los signos de exclamación. — CF, L, Ag, E, T siguen a TA.

[61] MS, TA: «pegarle». — CF, L, Ag, E, T y Sh: «pegarla». Laísmo que corrige mal a MS.

[62] T: se salta las últimas dos líneas.

[63] MS: *[«Llorando»]* tachado. No pasa a textos o ediciones.

[64] L, Ag, E, T: «Mira el».

[65] MS, TA, CF, Sh: «Ya no lo veo». — L, Ag, E, T: «Yo no lo veo».

[66] MS y TA: «lo». — L, Ag, E, T corrigen a «le».

[67] MS: *[«Pero si yo no lo he engañado»]* tachado y corregido a «Yo no lo he engañado».

Cinco años, día por día. ¡Ay Dios mío!

*(La Criada entra precipitadamente y corre hacia el balcón.
Fuera se oyen voces.)*

CRIADA

¡Están discutiendo![68].

PADRE

¿Quién?

CRIADA

Ya ha entrado. *(Sale rápidamente.)*

PADRE

¿Qué pasa?

NOVIA

¿Dónde vas? ¡Cierra la puerta![69]. *(Con angustia.)*

PADRE

¿Pero por qué?

NOVIA

¡Ah!

*(Aparece El Joven. Viene vestido de calle. Se arregla el ca-
bello. En el momento de entrar se encienden todas las luces*

---

[68] TA: Omite los signos de exclamación. — L, Ag, E, T siguen a TA.
[69] TA: Omite los signos de exclamación. — L, Ag, E, T siguen a TA.

de la escena y los ramos de bombillas que llevan los ángeles en la mano. Quedan los tres personajes mirándose quietos y en silencio.)

JOVEN

Perdonen... *(Pausa.)*

PADRE

(Con embarazo.) Siéntese.

(Entra LA CRIADA *muy nerviosa con las manos sobre el pecho.)*

JOVEN

(Dando la mano a LA NOVIA.*)* Ha sido un viaje muy largo.

NOVIA

(Mirándolo[70] muy fija y sin soltarle la mano.) Sí. Un viaje muy frío. Ha nevado[71] mucho estos últimos años. *(Le suelta la mano.)*

JOVEN

Ustedes me perdonarán[72] pero de correr, de subir las escaleras, estoy agitado. Y luego..... en la calle he golpeado a unos niños que estaban matando a un gato a pedradas. (EL PADRE *le ofrece una silla.)*

NOVIA

(A LA CRIADA.*)* Una mano fría. Una mano de cera cortada.

---

70 TA, L, Ag, E, T: «mirándole».
71 MS: *[«Había nevado»]* corregido a «Ha nevado».
72 TA: «ustedes me perdonen». — L, Ag, E, T siguen a TA.

¡La va a oír!⁷³.

NOVIA

Y una mirada antigua. Una mirada que se parte[74] como el ala de una mariposa seca[75].

JOVEN

No, no puedo estar sentado. Prefiero charlar..[76]. De pronto, mientras subía la escalera, vinieron a mi memoria todas las canciones que había olvidado y las quería cantar todas a la vez. *(Se acerca a* LA NOVIA.*)* ... Las trenzas......

NOVIA

Nunca tuve trenzas.

JOVEN

Sería la luz de la luna. Sería el aire cuajado de bocas para besar tu cabeza.

(LA CRIADA *se retira a un rincón.* EL PADRE *se asoma a los balcones y mira con los prismáticos.*)

NOVIA

¿Y tú no eras más alto?

---

[73] MS: «¡La va a oír!». — TA, CF, Sh siguen a MS. — L: «Le va a oír». — Ag, E, T: «¡Le va a oír!

[74] MS: *[«quiebra»]* corregido a «parte».

[75] MS: *[«disecada»]* corregido a «seca».

[76] MS: *[«Antes siempre estaba quieto»]* tachado, no pasa a TA.

JOVEN

No[77].

NOVIA

¿No tenías una sonrisa violenta que era como una garra[78] sobre tu rostro?

JOVEN

No.

NOVIA

¿Y no jugabas tú al rugby?

JOVEN

Nunca.

NOVIA

(Con pasión.) ¿Y no llevabas un caballo de las crines y matabas en un día tres mil faisanes?

JOVEN

Jamás.

NOVIA

¡Entonces! ¿A qué vienes a buscarme?[79]. Tenía las manos llenas de anillos. ¿Dónde hay una gota de sangre?[80].

---

[77] MS: «No». — TA: «No, no». — L (1.ª ed.): «No». — CF, L (4.ª ed.), Ag, E, T: «No, no».

[78] MS: «garra». — TA: «garra» escrito en lápiz rojo sobre «garza» que queda tachado. — CF, L, Ag, E, T: «garza». — Sh sigue a MS.

[79] MS: *[«¿Quién eres tú?»]*. Tachado, no pasa a textos o ediciones.

[80] MS: *[«¿Dónde están las lágrimas que he llarado por ti?»]* Tachado, no pasa a textos o ediciones.

JOVEN

Yo la derramaré si te gusta[81].

NOVIA

(Enérgica)[82]. ¡No es tu sangre! ¡Es la mía!

JOVEN

¡Ahora nadie podrá[83] separar mis brazos de tu cuello!

NOVIA

No son tus brazos, son los míos[84]. Soy yo la que se quiere quemar en otro fuego.

JOVEN

No hay más fuego que el mío. *(La abraza.)* Porque te he esperado y ahora gano mi sueño. Y no son sueño[85] tus trenzas porque las haré yo mismo de tu cabello[86], ni es sueño tu cintura donde canta la sangre mía, porque es mía esta sangre, ganada[87] lentamente a través de una lluvia, y mío este sueño.

---

[81] MS: [«si te distrae»] tachado y corregido a «gusta». A continuación: [«*árboles y cielos de sangre se agolpan en mi corazón*»]. Tachado, no pasa a textos o ediciones.

[82] MS: «enérgica». — TA: «con energía». — CF, L, Ag, E, T siguen a TA. — Sh a MS.

[83] MS: «podrá». — TA: «podría». — L (1.ª ed.): «podrá». — CF, L (4.ª ed.), Ag, E, T: «podría».

[84] MS: «No son tus brazos, son los míos». — TA: ¡No son tus brazos! ¡Son los míos! — CF, L, Sh siguen a MS. — Ag, E, T aceptan los puntos de exclamación, pero formando con las dos una sola frase.

[85] MS: [«*es sueño*»] tachado y corregido a «son sueño».

[86] MS: [«*Cabellera*»] tachado y corregido a «cabello».

[87] TA: «ganada». Palabra manuscrita por Lorca en un espacio dejado en blanco por P. Ucelay, posiblemente por ser de lectura dudosa para ella. — TN: corregido en manuscrito por P. Ucelay. — L: «corriendo». — Ag, E, T siguen a TA. — Sh a TN.

(Desasiéndose)[88]. ¡Déjame! Todo lo podías haber dicho menos la palabra sueño. Aquí no se sueña. Yo no quiero soñar... Yo estoy defendida por el tejado[89].

JOVEN

¡Pero se ama!

NOVIA

Tampoco se ama. ¡Vete![90]

JOVEN

¿Qué dices? *(Aterrado.)*

NOVIA

Que busques otra mujer a quien puedas hacerle trenzas.

JOVEN

(Como despertando.) ¡No![91]

---

[88] MS y TA: «deshaciéndose». — CF omite la acotación. — L, Ag, E, T y Sh corrigen a «desasiéndose». Es confusión del poeta debida a su pronunciación andaluza.

[89] MS: «yo estoy defendida por el tejado». — TA: omitido por error de copia. — No pasa a ninguna edición. — Sh lo omite también e invierte el orden de las dos últimas frases del párrafo.

[90] L: omite signos de admiración en las dos últimas líneas.

[91] MS: «NO», da la palabra entera en grandes mayúsculas. — TA: omite los signos de exclamación y la «O» mayúscula. — CF, L, Ag, E, T siguen a TA. — Sh a MS. Marca énfasis en la dicción del actor. Lorca marca así la negativa absoluta.

¿Cómo voy a dejar que entres en mi alcoba cuando ya ha entrado otro?[92].

JOVEN

¡Ay! *(Se cubre la cara con las manos.)*

NOVIA

Dos días tan sólo han bastado para sentirme cargada de cadenas. En los espejos y entre los encajes de la cama oigo ya el gemido de un niño que me persigue.

JOVEN

Pero mi casa está ya levantada. Con muros que yo mismo he tocado. ¿Voy a dejar que la viva el aire?

NOVIA

¿Y qué culpa tengo yo? ¿Quieres que me vaya contigo?

JOVEN

(Sentándose en una silla, abatido.) Sí, sí, vente[93].

NOVIA

Un espejo, una mesa estarían más cerca de ti que yo.

---

[92] MS: da la línea como interrogativa. — TA: copia bien, pero los signos de interrogación aparecen tachados con lápiz gris. Posiblemente corrige la entonación del actor. — CF, L, Ag, E, T y Sh no aceptan la corrección de TA y marcan puntos de interrogación.

[93] MS, TA: «vente». — L: «ven». — CF, Ag, E, T siguen a TA.

JOVEN[94]

¿Qué voy a hacer ahora?[95].

NOVIA

Amar.

JOVEN

¿A quién?

NOVIA

Busca[96]. Por las calles, por el campo.

JOVEN

(*Enérgico.*) No busco. Te tengo a ti. Estás aquí entre mis manos, en este mismo instante, y no me puedes cerrar la puerta porque vengo mojado por una lluvia de cinco años. Y porque después no hay nada, porque después no puedo amar, porque después se ha acabado todo.

NOVIA

¡Suelta!

JOVEN

No es tu engaño lo que me duele[97]. Tú no eres nada[98]. Tú

---

[94] MS: *[«La casa está pintada de amarillo para que brillen más tus ojos para ver tus manos y la sombra de tus manos.»]*. —Tachado, no pasa a ningún texto o edición.

[95] MS: *[«Porque me he roto la frente sobre un muro»]*. —Tachado, no pasa a textos o ediciones.

[96] MS: *[«Yo busqué»]*. Tachado, no pasa a textos o ediciones.

[97] MS: *[«siento»]* tachado, corregido a «me duele», que pasa a TA, CF, L, Ag, E, T y Sh.

[98] MS: «Tú no eres nada». — TA: «Tu no eres mala». Error de copia. Pasa a CF, L, Ag, E y T.

no significas nada. Es mi tesoro perdido. Es mi amor sin objeto. ¡Pero vendrás!

NOVIA

¡No iré!

JOVEN

Para que no tenga que volver a empezar. Siento que se me olvidan hasta las letras.

NOVIA[99]

NO iré.

JOVEN

Para que no muera. ¿Lo oyes? Para que no muera.

NOVIA

¡Déjame![100].

CRIADA

(Saliendo)[101]. ¡Señorita! (EL JOVEN *suelta a* LA NOVIA)[102]. ¡Señor!

---

[99] MS: *[«Déjame»]* tachado. No pasa a TA, que tampoco copia la «O» mayúscula de «NO». — L, Ag, E, T siguen a TA.
[100] MS: ¡Déjame! — TA: suprime signos de exclamación. — CF, L, Ag, E, T siguen a TA.
[101] MS, TA, CF, Sh: «[Saliendo]». — L, Ag, E, T cambian la acotación a «Entrando».
[102] MS: «Nov— Hay alguien que no debe enterarse de lo que has hecho». — TA: La línea aparece repetidamente tachada hasta dejarla casi ilegible, suprimiendo con ella la intervencion de la NOVIA. La CRIADA une en una sola línea, la anterior: «¡Señorita!» y la siguiente «¡Señor!» — TN: tachada la línea en tinta negra — L: copia la línea de MS sin aceptar la corrección de TA, que debió ser hecha durante un ensayo. — CF, Ag, E, T siguen a TA. — Sh a TN.

(Entrando.) ¿Quién grita?[103].

NOVIA

Nadie.

PADRE

(Mirando al JOVEN.*)* Caballero......

JOVEN

(Abatido.) Hablábamos..[104].

NOVIA

(Al PADRE.*)* Es preciso que le devuelva los regalos... (EL JO-
VEN *hace un movimiento.)* Todos. Sería injusto.., todos... menos los abanicos...... porque se han roto.

JOVEN

(Recordando.) Dos abanicos.

NOVIA

Uno azul....

JOVEN

Con tres[105] góndolas hundidas......

---

[103] MS: *[«Está empezando el eclipse! / VI (entrando pálido y vacilante)»]*. Tachado, no pasa a textos ni ediciones.

[104] MS: «Hallábamos», error de MS. — TA: corrige a «Hablábamos». —
CF, L, Ag, E, T siguen a TA.

[105] MS: *[«dos]* góndolas *[tendidas»]* tachado, corregido a «tres góndolas
hundidas». — Pasa bien a TA, CF, L, Ag, E, T y Sh.

Y otro blanco..

JOVEN

Que tenía en el centro la cabeza de un tigre. Y... ¿están rotos?

CRIADA[106]

Las últimas varillas se las llevó el niño[107] del carbonero.

PADRE

Eran unos abanicos buenos[108], pero vamos...

JOVEN

(Sonriendo.) No importa que se hayan perdido. Me hacen ahora mismo un aire que me quema la piel.

CRIADA

(A LA NOVIA.) ¿También el traje de novia?

NOVIA

Está claro.

CRIADA

(Llorosa.) Ahí dentro está, en el maniquí[109].

---

[106] MS: *[«Novia»]*, tachado y corregido a CRIADA. — Aceptado por TA, CF, L, Ag, E y T.

[107] MS, TA, CF, L, Sh: «el niño».— Ag, E, T: «el chico».

[108] MS, TA: «abanicos buenos». — CF, L, Ag1, a Ag17, E, T siguen a TA. — Ag18 a Ag22: «abanicos nuevos».

[109] TA: «en el maniquí». Añadido en manuscrito, tinta negra, letra de

PADRE

(Al JOVEN.*)* Yo quisiera que....

JOVEN

No importa[110].

PADRE

De todos modos está usted en su casa.

JOVEN

¡Gracias!

PADRE

(Que mira siempre al balcón.) Debe estar ya en el comienzo.
Usted perdone.... *(a* LA NOVIA*)* ¿vienes?....

NOVIA

Sí. *(Al* JOVEN.*)* ¡Adiós!

JOVEN

¡Adiós! *(Salen.)*

VOZ

(Fuera.) ¡Adiós!

P. Ucelay. — L no lo recoge. — Ag, E, T siguen a TA. — TN: añadido
también en manuscrito por P. Ucelay. — Sh sigue a TN.

[110] MS: *[«¿Tendré tiempo? (con angustia)»]*. Tachado, no pasa a textos o
ediciones.

275

Adiós... ¿y qué? ¿Qué hago con esta hora que viene y que no conozco?[111]. ¿Dónde voy?

(La luz de la escena se oscurece. Las bombillas de los ángeles toman una luz azul. Por los balcones vuelve a entrar una luz de luna que irá [112] en aumento hasta el final. Se oye un gemido.)

JOVEN

(Mirando a la puerta.) ¿Quién?[113].

(Entra en escena EL MANIQUÍ[114] con el vestido de novia. Este personaje tiene la cara gris y las cejas y los labios dorados[115] como un maniquí de escaparate de lujo. Lleva peluca y guantes de oro. Trae puesto con cierto embarazo un espléndido traje de novia blanco, con larga cola y velo)[116].

---

[111] TA: «que no conozco» subrayado en lápiz gris. Posible indicación de énfasis al actor. No pasa a TN, CF o a las ediciones.

[112] MS, TA, CF, Sh: «irá en aumento». — L, Ag, E, T: «va en aumento».

[113] MS: *[«gime así»]* tachado, no pasa a textos o ediciones.

[114] MS, TA, CF, Sh: «entra en escena el vestido de novia». — L corrige: «Entra en escena el MANIQUÍ con vestido de novia». — Ag, E, T siguen a L.

[115] MS: *[«rojos»]* tachado, corregido a «dorados». — Pasa así a TA, L, Ag, E, T.

[116] TA altera a partir de este punto la numeración de páginas, marcando la escena del MANIQUÍ de 1 a 6, para volver al fin del acto a las páginas 22, 23. — Este cambio, que crea confusión, no obedece al manuscrito donde la escena corresponde a las páginas 21 a 27. — Recientemente han aparecido en el archivo de la Fundación F. G. L. lo que parecen ser las seis páginas en cuestión originales de la copia de Anfistora (TA), numeradas según la secuencia correcta de ésta, de 16 a 21. Presentan, con las excepciones que mencionaremos, las mismas correcciones manuscritas que aparecen en las páginas de TA, ya sean hechas en lápiz o tinta negra, según provengan de mano de P. Ucelay o del mismo Lorca, aunque también existen en alguna de ellas errores mecanográficos corregidos que no aparecen en su contrapartida. Lo que sí es original en las páginas encontradas en la Fundación es el énfasis en la puntuación, que por estar hecho en tinta negra

(Canta y llora)[118]. ¿Quién usará la plata buena
de la novia chiquita y morena?
Mi cola se pierde por el mar
y la luna[119] lleva puesta mi corona de azahar.
Mi anillo, señor, mi anillo de oro viejo,
se hundió por las arenas del espejo.
¿Quién se pondrá mi traje? ¿Quién se lo pondrá?
Se lo pondrá la ría grande para casarse con el mar.

JOVEN

¿Qué cantas, dime?

MANIQUÍ

Yo canto
muerte que no tuve nunca,
dolor de velo sin uso,
con[120] llanto de seda y pluma.

---

consideramos propio del poeta. Lo señalaremos aquí en nota, y es el que
seguiremos en el texto. — TA, al comienzo de la página (es la primera de
la escena del MANIQUÍ, pero está sin numerar) omite por error dos líneas
completas, desde «Lleva peluca» a «cola y velo». — L: incluye las dieciséis
palabras que constituyen la segunda frase, pero omite la primera: «Lleva
peluca y guantes de oro». — CF, Ag, E, T: reproducen el error de TA. —
Sh sigue a MS. — Las páginas extra del archivo F. G. L. incluyen las líneas
omitidas.

[117] MS: *[«Traje»]* tachado y corregido por MANIQUÍ. Por primera vez
MS y TA identifican al personaje con tal nombre.

[118] MS: «Canta y llora». — TA, TN: la acotacion aparece tachada en tinta. — CF, L, Ag y Sh reproducen la acotación, presente también en las páginas del archivo F. G. L. — E y T la omiten.

[119] MS: *[«se pone un azahar»]* tachado y corregido por «lleva puesta mi
corona de azahar», que pasa a todos los textos y ediciones. — En las páginas encontradas en la Fundación «azahar» escrito encima de otra palabra
que queda ilegible es corrección de error de máquina, letra de P. Ucelay, al
igual que «pondrá» cuatro líneas más abajo.

[120] MS, TA, Sh: «con llanto». — L: «un llanto». — CF, TN: «con» manuscrito, corrigiendo a «un» que queda tachado. También corregido en manuscrito por Lorca en las páginas del archivo F. G. L. — Ag, E, T siguen a TA.

Ropa interior que se queda
helada de nieve oscura,
sin que los encajes puedan
competir con las espumas[121].
Telas que cubren la carne
serán para[122] el agua turbia.
Y en vez de rumor caliente
quebrado torso de lluvia.
¿Quién usará la ropa[123] buena
de la novia chiquita y morena?[124].

JOVEN

Se la pondrá el aire oscuro[125]
jugando al alba en su gruta,
ligas de raso los juncos,
medias de seda la luna.
Dale el velo a las arañas
para que coman y cubran
las palomas enredadas
en sus hilos de hermosura.
Nadie se pondrá tu traje,
forma blanca y luz confusa,
que seda y escarcha fueron
livianas arquitecturas.

MANIQUÍ

Mi cola se pierde por el mar.

---

[121] MS: *[«¿Quién usará la plata buena / de la novia chiquita y morena?»]* tachado. Se utilizará cuatro líneas más abajo.

[122] MS: *[«se irán por»]* tachado y corregido a «serán para». — Pasa así a TA y a todas las ediciones.

[123] MS: *[«la plata»]* tachado y corregido por «la ropa». — Aparece así en TA, CF, L, Ag, E, T y Sh.

[124] MS: *[«Mi cola]* tachado. No pasa a textos ni ediciones.

[125] MS: *[«para brillar más que la luna. / para brillar en la gruta»].* Tachado, no pasa a TA.

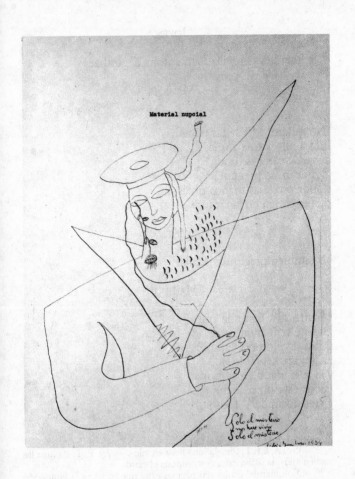

«Material nupcial», Federico García Lorca.

JOVEN

Y la luna lleva en vilo[126] tu corona de azahar.

MANIQUÍ

(Irritado)[127].
¡No quiero! Mis sedas tienen
hilo a hilo y una a una,
ansia de calor de boda[128].
Y mi camisa pregunta
dónde están las manos tibias
que oprimen en la cintura.

→busca
la pasión

JOVEN

Yo también pregunto. ¡Calla![129].

MANIQUÍ

Mientes. Tú tienes la culpa.
Pudiste ser para mí
potro de plomo y espuma,
el aire roto en el freno
y el mar atado en la grupa.
Pudiste ser un relincho
y eres dormida[130] laguna,

---

[126] MS, TA, CF, L, Sh: «la luna lleva en vilo». — Ag, E, T: «la luna llevará en vilo»; la sílaba extra descompone el verso.

[127] «¡No quiero!»: En las seis páginas extra que conserva la Fundación F. G. L. se añaden puntos de exclamación manuscritos por Lorca. — En MS sólo consta signo de abrir exclamación. — En TA, L, Ag, E, T , no aparecen. — TA: «N» manuscrita en «No» sobre «Y», que queda borrada.

[128] MS, TA y L: «calor de boda». — Ag1 a Ag22, E, T: «calor de boca».

[129] «¡Calla!»: signos de exclamación añadidos en manuscrito por Lorca en las páginas que conserva la Fundación F. G. L. — No aparecen en MS, TA, ni ninguna edición.

[130] MS: [«inquieta»] tachado, corregido a «dormida». — Pasa así a TA, L, Ag, E y T.

280

con hojas secas y musgo
donde este traje se pudra.
Mi anillo, señor, mi anillo de oro viejo.

JOVEN

¡Se hundió por las arenas del espejo![131].

MANIQUÍ

¿Por qué no viniste antes?[132].
Ella esperaba desnuda
como una sierpe de viento
desmayada por las puntas.

JOVEN

(Levantándose.)
Silencio. Déjame. ¡Vete![133].
o te romperé con furia
las iniciales de nardo,
que la blanca seda oculta.
Vete a la calle a buscar
hombros de virgen nocturna
o guitarras que te lloren
seis largos gritos de música.
Nadie se pondrá tu traje.

---

[131] MS: marca la línea con puntos de exclamación. — TA, L, Ag, E, T no los recogen. — Páginas extra de la Fundación F. G. L.: puntos de exclamación manuscritos por Lorca.

[132] MS: «Man— Porque no viniste [¿Dime?] / Jo— ¡Deja!». — TA: reducido de mano de Lorca, tinta negra, a una sola línea del MANIQUÍ: «¿Por qué no viniste antes?». — L no recoge la corrección de TA ni sigue a MS. Le falta, pues, una línea. — En TN, P. Ucelay la añade en manuscrito. — Ag, E, T siguen a TA. — Sh a TN. — En las páginas extra de la Fundación F. G. L.: «ma— Por qué no viniste / Jo— ¡Calla!». En manuscrito de Lorca. Parece confusión del poeta al corregir de memoria porque repite la exclamación con que termina la última línea de EL JOVEN.

[133] «¡Vete!»: signos de exclamación añadido en manuscrito por Lorca en las páginas extra de la Fundación F. G. L. — No aparecen en MS, TA, CF, ni ninguna edición.

MANIQUÍ

Te seguiré siempre.

JOVEN

¡Nunca!

MANIQUÍ

¡Déjame hablarte!

JOVEN

¡Es inútil!
¡No quiero saber![134].

MANIQUÍ

Escucha.
Mira.

JOVEN

¿Qué?

MANIQUÍ

Un trajecito
que robé de la costura.
(Enseña un traje[135] rosa de niño.)
Dos fuentes[136] de leche blanca

---

[134] TA: No copia los signos de exclamación de las últimas cuatro líneas. — CF, L, Ag, E, T siguen a TA. — Aparecen en MS, Sh y manuscritos por Lorca en las seis páginas que conserva la Fundación F. G. L.

[135] MS, TA, CF, Sh: «trajecito». — L, Ag, E, T: «traje».

[136] MS: «Dos *[pechos]* tachado y corregido a «Dos fuentes». — TA: «Dos fuentes». — CF, L, Ag, E, T: «Las fuentes». — Páginas extra conservadas en la Fundación F. G. L. corrigen también a «dos fuentes», letra de P. Ucelay.

282

→ porque pasará

mojan mis sedas de angustia
y un dolor blanco de abejas[137]
cubre de rayos mi nuca.
Mi hijo. ¡Quiero a mi hijo![138].
Por mi falda lo dibujan
estas cintas que me estallan   _→ ¡estar en cinta!_
de alegría en la cintura.
¡Y es tu hijo![139].

JOVEN

(Coge el trajecito)[140].
Sí, mi hijo:
donde llegan y se juntan
pájaros de sueño loco
y jazmines de cordura.
(Angustiado.)
¿Y si mi niño no llega....[141].
pájaro que el aire cruza[142]
no puede[143] cantar?

No puede.

---

[137] MS, Sh: «abejas». — TA: «abeja». — CF, L, Ag, E, T siguen a TA.

[138] TA: omite signos de exclamación. — CF, L, Ag, E, T siguen a TA.
— Aparecen en MS, en Sh y en las seis páginas conservadas en la Fundación F. G. L., donde están añadidos en manuscrito por Lorca.

[139] TA: omite signos de exclamación. — CF, L, Ag, E, T siguen a TA.
— Presentes en MS y Sh, Lorca los vuelve a añadir en las seis páginas de la Fundación F. G. L.

[140] MS, TA, CF: «coge el trajecito». — L, Ag, E y T suprimen la acotación. — Omitida también en las páginas de la Fundación F. G. L.

[141] «no llega....»: páginas de la Fundación F. G. L. añaden puntos suspensivos manuscritos en tinta negra y número indeterminado, ya que parecen guiones que se van juntando. Los consideramos añadidos por Lorca.

[142] En las seis páginas de la Fundación se lee la línea escrita a máquina: «pájaro que el aire envía»; «envía» queda tachado en tinta y encima en manuscrito «cruza». Se trata de un error de copia de las páginas en cuestión, ya que lo mismo MS que todos los textos y ediciones dan «cruza».

[143] MS: «podrá», la lectura de MS es difícil, literalmente es «puedia». — TA: «puede» corregido en lápiz rojo, letra de P. Ucelay, sobre «podría» que queda tachado. — Las páginas extra de la la Fundación F. G. L. presentan una corrección en letra de P. Ucelay que tacha «podría» con otra palabra ilegible. Posiblemente «podrá».

JOVEN

¿Y si mi niño no llega...[144]
velero que el agua surca
no puede nadar?

MANIQUÍ

No puede.

JOVEN

Quieta el arpa[145] de la lluvia.
Un mar hecho piedra ríe
últimas olas oscuras.

MANIQUÍ

¿Quién se pondrá mi traje? ¿Quién se lo pondrá?

JOVEN

(Entusiasmado y rotundo.)
Se lo pondrá mujer[146] que espera por las orillas de la mar.

MANIQUÍ

Te espera siempre ¿recuerdas?
Estaba en tu casa oculta.
Ella te amaba y se fue.

---

[144] «no llega...»: páginas de la Fundación F. G. L. añade puntos suspensivos manuscritos por Lorca, en número indeterminado y tinta negra.

[145] En páginas extra de la Fundación «el arpa» aparece en manuscrito, letra de Pura Ucelay sobre otra palabra, posiblemente «aire», que queda tachada.

[146] MS, TA, CF, Sh: «se lo pondrá mujer que espera por las orillas de
la mar». — Ag, E, T: «se lo pondrá la mujer que espera por las orillas de la
mar», la sílaba añadida por el artículo «la» destruye el verso eneasílabo. —
L: «se lo pondrá la mujer que espera por las orillas del mar». — TN da el
verso corregido en manuscrito por P. Ucelay.

284

Tu niño canta en su cuna
y como es niño de nieve
espera la sangre tuya.
Corre, a buscarla, ¡deprisa![147]
y entrégamela[148], desnuda,
para que mis sedas puedan,
hilo a hilo y una a una,
abrir la rosa que cubre
su vientre de carne rubia.

JOVEN

He de vivir.

MANIQUÍ

¡Sin espera![149].

JOVEN

Mi niño canta en su cuna,
y como es niño de nieve
aguarda calor y ayuda.

MANIQUÍ

(Por el traje del niño)[150].
¡Dame el traje![151].

_____

[147] MS: *[«Con una rosa en el vientre. / muerta, de blanca locura»]* Tachado,
no pasa a textos ni ediciones. Sin embargo, Sh cambia el texto de la línea
siguiente de «su vientre» a «en vientre».

[148] En páginas extra del archivo de la Fundación, la coma entre «entrégamela, desnuda,» está exageradamente marcada por Lorca, en tinta negra.
— No aparece en MS, ni ningún otro texto o edición.

[149] TA: omite los signos de exclamación. — L, Ag, E, T siguen a TA. —
Páginas de la Fundación F. G. L. los añaden manuscritos por Lorca.

[150] TA: omite la acotación que no pasa a L, Ag, E, T. — Está también
omitida en las páginas extra de la Fundación F. G. L.

[151] TA: omite signos de exclamación. — L, Ag, E, T siguen a TA. —
Presentes en MS, en las páginas de la Fundación F. G. L. Lorca los añade
en manuscrito.

JOVEN

(Dulce.) No[152].

MANIQUÍ

(Arrebatándoselo.)
                    ¡Lo quiero![153].
Mientras tú vences y buscas,
yo cantaré una canción
sobre sus[154] tiernas arrugas. *(Lo besa.)*

JOVEN

¡Pronto![155] ¿Dónde está?

MANIQUÍ

En la calle.

JOVEN

Antes que la roja luna
limpie con sangre de eclipse
la perfección de su curva,
traeré temblando de amor
mi propia mujer, desnuda[156].

---

[152] MS: «NO». — TA: no mantiene la «O» mayúscula. — L, Ag, E, T siguen a TA. — En este caso seguimos también a TA, por darse la negación después de la acotación que indica una entonación «dulce». — Sh sigue a MS.

[153] TA, L, Ag, E, T omiten signos de exclamación. — Aparecen en MS, en las páginas de la Fundación F. G. L. añadidos en manuscrito por Lorca.

[154] MS, TA, CF, Sh: «sus tiernas». — L, Ag, E, T, «tus tiernas». — TN lo corrige en manuscrito.

[155] TA, CF, L, Ag, E, T omiten signos de exclamación. Presentes en MS, Sh, y en manuscrito en las páginas extra de la Fundación.

[156] «Mi propia mujer, desnuda.». — La coma está exageradamente marcada en tinta negra, por Lorca, en las páginas extra del archivo de la Fundación. — No aparece en el manuscrito, ni en ningún otro texto o edición.

(La luz es de un azul intenso. Entra La Criada *por la izquierda con un candelabro y la escena toma suavemente su*[157] *luz normal, sin descuidar la luz azul de los balcones abiertos de par en par que hay en el fondo. En el momento que aparece*[158] La Criada, el Maniquí *queda rígido*[159] *con una postura de escaparate*[160]. *La cabeza inclinada y las manos levantadas en actitud delicadísima.* La Criada *deja el candelabro sobre la mesa del tocador. Siempre en actitud compungida y mirando al* Joven. *En este momento aparece* El Viejo *por una puerta de la derecha. La luz crece.)*

Joven

(Asombrado.)
¡Usted!

---

[157] MS: «su luz normal». — TA: «la luz normal». — L: «su luz natural». — Ag, E, T, Sh: «su luz normal».

[158] MS, TA, Sh: «que aparece la Criada». — L, Ag, E, T: «en que entra la Criada». — Páginas recientes de la Fundación: «que entra la Criada».

[159] MS: *[«delicado»]* tachado. — No pasa a textos o ediciones.

[160] TA: falta en este punto de la página 21 del segundo acto en el texto de Anfistora, que figura con el mismo número 21 entre las seis páginas recientemente encontradas en la Fundación García Lorca. Coincide en el manuscrito con las tres últimas líneas de la página 27 y las primeras catorce de la 28, es decir, desde «el Maniquí queda rígido en una postura de escaparate» hasta «Viejo: ¿Dónde vas?». — La página correspondiente encontrada en la Fundación sigue sin alteración al manuscrito. — L, como ya sabemos, reproduce el texto según la copia de Pablo Suero — TN corrige erróneamente a L tachando las líneas que faltan en TA. — CF sigue a TN; Ag, E, T a L; Sh a MS. — Las seis páginas que conserva la Fundación comprenden exactamente la escena de El Maniquí y fueron con toda certeza entresacadas del texto de Anfistora por Lorca. Quizá proyectase alterar en algún modo la escena. Las páginas de una a cinco copiadas cuidadosamente quedaron en TA, presentando en manuscrito —en lápiz y en tinta negra— exactamente las mismas correcciones que contienen las encontradas últimamente en la Fundación (excepción hecha de la puntuación, mucho más cuidadosa y en tinta negra que atribuimos al poeta). La sexta página, sin embargo, por error u olvido no llegó a incorporarse a TA.

VIEJO

(Da muestras de una gran agitación[161] *y se lleva las manos al pecho. Trae*[162] *un pañuelo de seda en la mano.)*

¡Sí! ¡Yo![163]
(La CRIADA *sale rápidamente al balcón)*[164].

JOVEN

(Agrio.)
No me hace ninguna falta.

VIEJO

Más que nunca. ¡Ay, me has herido! ¿Por qué subiste? Yo sabía lo que iba a pasar. ¡Ay!

JOVEN

(Dulce, acercándose)[165].
¿Qué le pasa?

VIEJO

(Enérgico.)

---

[161] MS, L, Sh y Copia Fundación F. G. L. «una gran agitación». — Ag, E, T: «gran agitación». TA: falta la página.

[162] MS, Sh: «Trae un pañuelo». — L, Ag, E, T, y Copia Fundación F. G. L.: «Tiene un pañuelo». TA: falta la página.

[163] L, Ag, E, T suprimen los signos de exclamación que da MS en esta línea y la anterior. — TA: falta la pagina. — Sh y Copia Fundación F. G. L.: ¡Sí, yo!

[164] MS, Sh: *«(La* CRIADA *sale rápidamente por un balcón)».* —La acotación es ambigua. — TA: falta la página. — L, Ag, E, T, y la Copia de la Fundación F. G. L. lo resuelven como: *«(La CRIADA sale rápidamente)».* —Corregimos, porque más adelante habla desde el balcón: *«(La CRIADA sale rápidamente a un balcón)».*

[165] MS: *«(¿Dulce? acercándose)».* — TA: falta página. — L, Ag, E, T: *«(Dulce)».* — Sh sigue a MS.

Nada. No me pasa nada. Una herida pero.. la sangre se seca y lo pasado pasado. *(El Joven inicia el mutis.)* ¿Dónde vas?

JOVEN

(Con alegría.)
A buscar.

VIEJO

¿A quién?

JOVEN

A la mujer que me quiere. Usted la vio en mi casa, ¿no recuerda?

VIEJO

(Severo)[166].
No recuerdo. Pero espera.

JOVEN

¡No![167]. Ahora mismo.

(El Viejo lo[168] *coge del brazo.)*

PADRE

(Entrando.) ¡Hija! ¿dónde estás? ¡Hija!

(Se oye el claxon del automóvil.)

---

[166] TA: omite acotación. — L, Ag, E, T siguen a TA. — Sh a MS.
[167] MS: ¡No! — TA: suprime signos de exclamación. — L, Ag, E, T siguen a TA. — Sh a MS.
[168] MS: «*lo coge del brazo*». — TA, CF, L, Ag, E, T, Sh: «*le coge del brazo*».

CRIADA

(En el balcón.) ¡Señorita! Señorita[169].

PADRE

(Yéndose al balcón.) Hija. ¡Espera, espera! *(Sale)*[170].

JOVEN

¡Yo también me voy! Yo busco como ella ¡la nueva flor de mi sangre! *(Sale corriendo.)*

VIEJO

¡Espera! ¡Espera! ¡No me dejes herido! ¡Espera![171]. *(Sale. Sus voces de ¡Espera! ¡Espera! se pierden)*[172-173].

---

[169] MS: ¡Señorita! Señorita. — TA: añade puntos de exclamación también a la repetición de «Señorita». — L: los suprime en ambos casos. — Ag, E, T, Sh, siguen a TA.

[170] MS: «*salen*». — TA: corrige a «*sale*», ya que la acotación se refiere solamente al PADRE. Se sobreentiende que «sale al balcón». — L, Ag, E, T, Sh siguen a TA.

[171] TA: repite «¡Espera!» cuatro veces, o sea una vez más que MS y Sh. — CF, L, Ag, E, T siguen a TA.

[172] MS, Sh: «*(Sus voces de espera, espera, se pierden por los balcones)*». — TA, CF: «*(Sus voces de espera, espera, se pierden)*». — L, Ag, E, T: «*(Sus voces se pierden)*». — Las voces que parten de «los balcones» han de ser las de LA CRIADA y EL PADRE, puesto que sólo éstos quedarán allí. Las «voces» que se alejan han de entenderse como los gritos repetidos de EL VIEJO que «sale» de la escena corriendo hacia la calle en seguimiento de EL JOVEN. Las acotaciones que marcan entradas y salidas, ya sea al interior de la casa, a la calle o a los balcones, son extremadamente confusas en este fin de acto.

[173] MS: «*CRIADA entra rapidísimamente, coge el candelero y sale por el balcón / Cría— ¡Ay la señorita! ¡Dios mío! ¡la señorita! (Sale)*». — TA: Las tres líneas quedan definitivamente tachadas en lápiz gris y encima lápiz rojo. TN sigue a TA. — L, Ag, E, T no aceptan la corrección de TA. Solamente recogen la sustitución de «candelero» por «candelabro», error obvio de MS, y la reducción de «rapidísimamente» a «rápidamente». — Sh omite la línea intercalada de LA CRIADA y corrige «candelero».

(Se [174] *oye lejano el claxon. Queda la escena azul y el* MANI-
QUÍ *avanza dolorido. Con dos expresiones. Pregunta en el
primer verso con ímpetu. La respuesta en el segundo y como
muy lejana)* [175].

MANIQUÍ

Mi anillo ¡señor! mi anillo de oro viejo. *(Pausa.)*
Se hundió por las arenas del espejo.
¿Quién se pondrá mi traje? ¿Quién se lo pondrá? *(Pausa.)*
(Llorando.) Se lo pondrá la ría grande para casarse con el
mar.

(Se desmaya y queda tendido en el sofá.)

VOZ

(Fuera.) ¡Esperaaa! [176].

TELÓN RÁPIDO

<hr>

[174] MS: *«(La señorita con el jugador y el jugador con la señorita)»*. Escrito a
continuación de la línea anterior de LA CRIADA, la acotación «Sale» con
que termina aquélla, parece aplicable también a esta extraña indicación de
la huida de la NOVIA con el JUGADOR DE RUGBY. — No pasa a TA, ni a L,
Ag, E, T, Sh.

[175] TA: recoge sólo la primera frase de esta acotación *«(se oye lejano el claxon)»*. Omite, pues, desde *«Queda la escena azul»* a *«muy lejana»*. — CF la suprime por entero y Sh la incluye. — La última parte, referida al MANI-
QUÍ, parece no estar definitivamente redactada. Alude, desde luego, a la
recitación del poema. Literalmente dice: «Pregunta en el primer verso [y]
con ímpetu y respuesta en el segundo y como muy lejana». — Estas indicaciones nos llevan a marcar signos de interrogación en «¿Quién se pondrá mi traje?», que no aparecen en MS, pero que se encuentran en TA, L,
Ag, E, T, Sh.

[176] MS, Sh: «VOZ *(Fuera)* ¡Esperaaaaa...!» — TA: ¡Esperaaaaa...!. — L,
Ag, E, T siguen a TA. — CF repite la a nueve veces. — En TN, P. Ucelay
anota en manuscrito «Las cuatro voces lejanas y concertadas ¡Esperaaaaa!».
Se trata indudablemente de un recuerdo del ensayo, pero erróneo, ya que
no hay posibilidad de cuatro voces, porque el cuarto personaje, EL JOVEN,
no puede gritarse a sí mismo. Solamente EL VIEJO alejándose en la calle, y
EL PADRE y LA CRIADA desde los balcones podían concertar las voces en dis-
minución.

Acto tercero

CUADRO PRIMERO[1]

Bosque. Grandes troncos. En el centro un teatro rodeado de cortinas barrocas con el telón echado. Una escalera[2] une el tabladillo con el escenario. Al levantarse el telón cruzan entre los troncos dos figuras[3] vestidas de negro, con las caras blancas de yeso y las manos también blancas. Suena una música lejana. Sale el ARLEQUÍN. *Viste de negro y verde. Lleva dos caretas, una en cada mano y ocultas en la espalda. Acciona de modo rítmico[4] como un bailarín.*

ARLEQUÍN

El[5] Sueño va sobre el Tiempo
flotando como un velero.

---

[1] MS no marca número alguno de cuadro, pero subtitula el final como «Ultimo Cuadro». — TA lo sigue, aunque en la portada del cuadernillo de TA que comprende este acto, se lee «Tercer Acto y Epílogo». — Seguimos la designación de MS y TA, pero añadimos Cuadro Primero para mayor claridad. L, Ag, E, T señalan «Cuadro Primero» y «Cuadro Segundo».

[2] TA: «escalerilla». Error de copia que siguen CF, L, Ag, E y T.

[3] MS: *[«negras»]*. Tachado.

[4] MS: «rítmico». — TA: deja el espacio en blanco por no haber podido leer la palabra en MS, pero Lorca olvida rellenarlo. — L da: «de modo plástico». Solución caprichosa que aceptan Ag, E y T. — Sh sigue a MS.

[5] MS: «Tiempo» queda identificado con mayúscula inicial a lo largo del poema. «Sueño», aunque escrito con minúscula las dos primeras veces que aparece, adopta también la mayúscula. — TA y Sh siguen a MS. — CF, L, Ag, E, T utilizan minúsculas.

Nadie puede abrir semillas
en el corazón del Sueño.

(Se pone una careta de alegrísima expresión.)

¡Ay cómo canta el alba! ¡cómo canta!
¡Qué témpanos de hielo azul levanta!

(Se quita la careta)[6].

El Tiempo va sobre el Sueño
hundido hasta los cabellos.
Ayer y mañana comen
oscuras[7] flores de duelo.

(Se pone una careta de expresión dormida.)

¡Ay, cómo canta la noche! ¡cómo canta!
¡Qué espesura de anémonas levanta!

(Se la quita.)

Sobre la misma columna
abrazados Sueño y Tiempo,
cruza[8] el gemido del niño
la lengua rota del viejo.

(Con una careta.)

¡Ay cómo canta el alba! ¡cómo canta!

(Con la otra.)

---

[6] MS: da sólo «*se la quita*». — TA, CF, Sh: igual. — L, Ag, E, T aclaran más: «*se quita la careta*».

[7] MS: *[«las mismas»]*. Tachado.

[8] TA: «cruza» manuscrito por Lorca, en tinta negra, escrito sobre otra palabra que queda ilegible. — CF, Ag, E, T, Sh recogen la corrección. — L omite la palabra. Pura Ucelay la añade en manuscrito en TN.

¡Qué espesura de anémonas levanta!

Y[9] si el Sueño finge muros
en la llanura del Tiempo,
el Tiempo le hace creer
que nace en aquel momento.
¡Ay cómo canta la noche! ¡Cómo canta!
¡Qué témpanos de hielo azul levanta![10].

> *(Desde este momento se oirá en el fondo durante todo el acto,
> y con medidos intervalos, unas lejanas[11] trompas graves de
> caza. Aparece una* MUCHACHA *vestida de negro, con túni-
> ca griega. Viene saltando con una guirnalda.)*

MUCHACHA

¿Quién lo dice,
quién lo dirá?[12].
Mi amante me aguarda
en el fondo del mar.

ARLEQUÍN

(Gracioso.) Mentira.

MUCHACHA

Verdad.
Perdí mi deseo,

---

[9] TA: «finge» y «en la llanura del Tiempo», manuscrito por Lorca, en
tinta negra, rellenando espacios dejados en blanco al resultarle dudosa la
lectura de MS a la copista. — L omite esta cuarta estrofa desde «Y si el Sueño» hasta «levanta!». Pura Ucelay la repone en TN en manuscrito.

[10] Aunque no conste en MS ni TA, el cambio de caretas parece también
obligado en las dos últimas líneas que repiten invertido el penúltimo estribillo.

[11] MS, Sh: «unas lejanas». — TA: «más lejanos» error de copia que siguen CF, L, Ag, E y T.

[12] MS: «dirá». — L: «diría». — TA, CF, Ag, E, T y Sh siguen a MS.

perdí mi dedal,
y en los troncos grandes[13]
los volví a encontrar.

ARLEQUÍN

(Irónico.) Una cuerda muy larga.

MUCHACHA[14]

Larga; para bajar.
Tiburones y peces
y ramos de coral.

ARLEQUÍN

Abajo está.

MUCHACHA

(En voz baja)[15]. Muy bajo.

ARLEQUÍN

Dormido.

MUCHACHA

¡Abajo está![16]

---

[13] MS: *[«verdes»]* tachado, corregido por «grandes». Pasa así a textos y ediciones.

[14] L: Adjudica la línea por error al ARLEQUÍN. — Ag, E, T siguen a L. — TA, CF, Sh a MS.

[15] TA: omite la acotación por error de copia. — CF, L, Ag, E, T siguen a TA. — Sh a MS.

[16] MS: marca la línea con exclamaciones. — TA: las suprime. — L, Ag, E, T siguen a TA. — Sh a MS.

Banderas de agua verde
lo[17] nombran[18] capitán

ARLEQUÍN

(En alta voz y gracioso.) Mentira.

MUCHACHA

(En alta voz.)
Verdad.
Perdí mi corona,
perdí mi dedal,
y a la media vuelta
los volví a encontrar.

ARLEQUÍN

Ahora mismo.

MUCHACHA

¿Ahora?

ARLEQUÍN

Tu amante verás
a la media vuelta
del viento y el mar[19].

MUCHACHA

(Asustada.) Mentira.

---

[17] MS: «le». — TA, L, Ag, E, T: «lo».

[18] TA: «nombran» corregido en letra de Lorca, tinta negra, escrito sobre «mandan» tachado con la misma tinta. — L: cambia la línea entera, en lugar de «lo nombran capitán», da: «lo mandan al mar». — Ag, E, T, Sh siguen a TA.

[19] MS: «y el mar». — TA: «y del mar». Error de copia que pasa a CF, L, Ag, E y T.

ARLEQUÍN

Verdad.
Yo te lo daré.

MUCHACHA

(Inquieta.) No me lo darás.
No se llega nunca
al fondo del mar.

ARLEQUÍN

(A voces y como si estuviera en el circo.)
¡Señor hombre, acuda![20].

> *(Aparece un espléndido* PAYASO *lleno de lentejuelas. Su cabeza empolvada dará[21] sensación de calavera. Ríe a grandes carcajadas.)*

ARLEQUÍN

Usted le dará
a esta muchachita........

PAYASO[22]

su novio del mar.
(Se remanga.) Venga una escalera

---

[20] MS: *[«venga»]* tachado y corregido a «acuda». — Pasa así a textos y ediciones.
[21] MS, TA, CF, Sh: «dará sensación». — L, Ag, E, T: «da una sensación».
[22] En MS aparece confusa la adjudicación de esta línea que queda equidistante entre los nombres de ARLEQUÍN y PAYASO. La transcripción de Martínez Nadal la da como del ARLEQUÍN, y así pasa a TA, CF, L, Ag, E. — Según Sh, pertenece al PAYASO. — Nosotros seguimos esta última opinión.

(Asustada.) ¿Sí?

PAYASO

(A LA MUCHACHA.) Para bajar.
(Al público)[23]. ¡Buenas noches![24].

ARLEQUÍN

¡Bravo!

PAYASO

(Al ARLEQUÍN.) ¡Tú mira hacia allá! (EL ARLEQUÍN[25]
riendo se vuelve.)

¡Vamos, toca! *(Palmotea.)*

ARLEQUÍN

¡Toco![26].

(EL ARLEQUÍN *toca un violín blanco con dos cuerdas de
oro. Debe ser grande y plano. Canta)*[27].

---

[23] MS: «Al fondo». — TA: sustituye la acotación por «Al público» para
evitar confusión entre «el fondo» de la sala y la acción de «bajar» al «fondo
del mar». — CF, L, Ag, E, T aceptan la corrección de TA. — Sh sigue
a MS.

[24] TA, CF, Ag, E, T, Sh mantienen los signos de exclamacion de MS.
— L: los suprime.

[25] MS, Sh: «E1 Arlequín riendo». — TA: «Arlequín riendo». — CF, L,
Ag, E, T siguen a TA.

[26] TA: «Toco», añadido en letra de Lorca, tinta negra. Obliga al cambio
de personaje del Payaso al Arlequín, que motiva una cierta confusión. —
L: no lo recoge. — CF, Ag, E, T, Sh siguen a TA. — El violín, con dos únicas cuerdas de oro, parece intocable.

[27] MS: *(«Canta»).* — TA: no recoge esta indicación. En MS parece estar
adjudicada al Payaso, pero el cambio de personaje creado por la corrección
anterior hace que no quede claro a cuál de los dos debía ir referida. Se justifica, pues, su omisión. No pasa a L, Ag, E o T. — Sh sigue a MS.

(Lleva el compás con la cabeza.)
Novio ¿dónde estás?[29].

Arlequín

(Fingiendo la voz)[30].
Por las frescas algas[31]
yo voy a cazar
grandes caracolas
y lirios de sal.

Muchacha

(Gritando, asustada de la realidad)[32].
¡No quiero!

Payaso

¡Silencio![33]. *(El Arlequín ríe.)*

---

[28] MS: «¡Lindo!». — TA: Omitido. Posible error de copia que deja cojo el verso. Seguramente es la causa que motivó a Lorca a añadir durante el ensayo las dos sílabas de la palabra «Toco». Corrección apresurada que obliga a que sea el mismo personaje, el ARLEQUÍN, el que pregunta y contesta y que no justifica la línea anterior en que el PAYASO le pide que se vuelva de espaldas para engañar a la MUCHACHA y contestar fingiendo la voz de su novio. — Corregimos, pues, la corrección de TA devolviendo al Payaso la pregunta: «Novio ¿dónde estás?» que le adjudica el MS. — L omite dos líneas desde «Vamos toca» a «¿dónde estás?», que P. Ucelay añade en manuscrito en TN. — CF, Ag, E, T siguen a TA. — Sh sigue a MS («Lindo»), pero añade además la corrección de TA («Toco») con lo que destruye el verso.

[29] TA: «¿No ves donde está?». Error de copia, corregido por mano de Lorca, tinta negra, a «Novio ¿dónde estás?». — L: omite la línea que en TN incorpora P. Ucelay en manuscrito. — En Ag, E, T está corregido. — Sh sigue a MS.

[30] MS: *[«Segando las algas / del fondo del mar»]* tachado.

[31] MS: *[«hondas ramas»]* tachado y corregido a «frescas algas».

[32] MS: *[«Gritando, asustada de la realidad»)*. —TA: omite «*Gritando*». — L, Ag, E, T siguen a TA.

[33] TA: omite signos de admiración. — L, Ag, E, T siguen a TA.

MUCHACHA

(Al PAYASO *con miedo.)*
Me voy a saltar
por las hierbas altas.
Luego nos iremos
al agua del mar[34].

ARLEQUÍN

(Jocoso y volviéndose.)
¡Mentira!

MUCHACHA

       Verdad.
(Inicia el mutis llorando.)
¿Quién lo dice?
¿Quién lo dirá?
Perdí mi corona,
perdí mi dedal.

ARLEQUÍN

(Melancólico.)
A la media vuelta
del viento y el mar.
(Sale LA MUCHACHA.*)*

PAYASO

(Señalando.) Allí.

---

[34] TA: corrección manuscrita de Lorca. Tinta negra. Los cuatro versos quedan unidos y la interrupción «Mentira» / «Verdad» que los separaba en MS pasa a colocarse a continuación. — Ag, E, T siguen a TA. — CF no lee la corrección, que tampoco acepta L y que pasa desapercibida en TN. — Sh sigue a MS.

¿Dónde? ¿a qué?

PAYASO

A representar.
Un niño pequeño
que quiere cambiar
en flores de acero
su trozo de pan.

ARLEQUÍN

(Levemente incrédulo)[35].
Mentira.

PAYASO

(Severo.) Verdad.
Perdí rosa y curva[36],
perdí mi collar,
y en marfil reciente[37]
los volví a encontrar.

ARLEQUÍN[38]

¡Señor hombre! ¡Venga!
(Inicia el mutis.)

---

[35] TA: omite la acotación. — CF, L, Ag, E, T siguen a TA.

[36] TA: «curva». Añadido por Lorca en manuscrito, tinta negra, llenando espacio dejado en blanco por P. Ucelay. — L: omite las cuatro líneas del PAYASO después de «Verdad». P. Ucelay las repone en TN. — Ag, E, T siguen a TA. — Sh a MS.

[37] TA: «reciente». Añadido por Lorca en manuscrito, tinta negra, corrigiendo otra palabra que queda tachada e ilegible. — CF, Ag, E, T siguen a TA. — Sh a MS.

[38] MS: «Ar— *(adoptando una actitud de circo y a voces como si los oyera el niño).* — TA: tachada la acotación entera en lápiz gris y encima lápiz rojo, hasta dejarla casi ilegible. — En TN se tacha en manuscrito desde «y como» hasta «niño». — L: reproduce la acotación omitiendo «a voces». — Ag: sigue a L. — E y T siguen a Ag. — Sh a MS.

PAYASO

(A voces y mirando al bosque y adelantándose al ARLEQUÍN.)
No tanto gritar.
¡Buenos días![39]. *(En voz baja.)* ¡Vamos!
(En alta voz.) Toca[40].

ARLEQUÍN

¿Toco?

PAYASO

Un vals. (EL ARLEQUÍN *empieza a tocar.)*
(En voz baja.) De prisa. *(En alta voz)*[41]. Señores
voy a demostrar.....[42].

ARLEQUÍN

Que en marfil reciente[43]
los volvió a encontrar.

PAYASO

Voy a demostrar...... *(Sale.)*

---

[39] MS: *[«noches»]* corregido a «días». — L, Ag, E, T suprimen signos de exclamación.

[40] MS: *[«un dulce vals»]* tachado. No pasa a textos ni ediciones.

[41] Los cuatro cambios de intensidad de voz del Payaso, marcados por «en voz baja» o «en alta voz», quedan confusos y alterados en las ediciones. — L, al saltarse el segundo, marca «en alta voz» cuando debe ser «en voz baja». — Ag, que sigue a L, lo intercala tres palabras más adelante. — E y T siguen a Ag. — Sh a MS.

[42] MS: «Sale», error. El Payaso no sale hasta tres líneas más abajo, donde MS repite la acotación.

[43] TA: «reciente». Añadido por Lorca en manuscrito, igual que la vez anterior la palabra que corrige queda tachada e ilegible. — L: «de nubes», interpretación caprichosa que pasa a Ag, E, T.

(Saliendo.) La rueda que gira
del viento y el mar[44].

> *(Se oyen las trompas. Sale* LA MECANÓGRAFA. *Viste un tra-je*[45] *de tenis, con boina de color intenso. Encima del vestido una capa*[46] *larga de una sola gasa*[47]. *Viene con* LA MÁSCA-RA 1.ª[48]. *Ésta viste un traje de 1900 amarillo rabioso*[49] *con larga cola, pelo de seda amarillo cayendo como un manto y máscara blanca de yeso con guantes hasta el codo del mismo color. Lleva sombrero amarillo y todo el pecho de tetas*[50] *altas ha de estar sembrado de lentejuelas de oro. El efecto de este personaje debe ser el de una llamarada sobre el fondo de azules lunares y troncos nocturnos. Habla con un leve acento italiano.)*

MÁSCARA

(Riendo.) Un verdadero encanto.

MECANÓGRAFA

Yo me fui de su casa. Recuerdo que la tarde de mi partida

---

[44] MS: «Sale»: repetición innecesaria de la indicación «saliendo» que aparece una línea más arriba al comenzar el parlamento del Arlequín. — TA: la recoge. — CF, L, Ag, E, T, Sh, acertadamente, la eliminan.

[45] MS: *[«blanco»]*. Tachado.

[46] MS: *[«túnica»]* tachado, corregido por «capa».

[47] MS: «una capa larga de una sola gasa». — TA: «una capa». —CF, L, Ag, E, T siguen a TA. Sh a MS.

[48] MS: marca «MÁSCARA 1.ª» como anunciando una Máscara 2.ª que no aparece. Este personaje no está individualizado en la lista de «Personas» que figura al frente de MS, donde sólo se lee «Máscaras».

[49] MS: «viste un traje amarillo rabioso de 1900 con larga cola». — TA: «Viste un traje 1900 con larga cola amarillo rabioso». — CF, L, Ag, E, T siguen a TA. — Sh a MS.

[50] MS: «tetas». — TA: como palabra aparentemente ilegible, P. Ucelay deja un espacio en blanco que Lorca no se molesta en rellenar. — No pasa a CF, L, Ag, E y T. — Sh sigue a MS.

había una gran tormenta de verano y[51] había muerto el niño de la portería[52]. Yo crucé la biblioteca[53] y él me dijo[54]: «¿Me habías llamado?»; a lo que yo contesté cerrando los ojos: «NO»[55]. Y luego, ya en la puerta[56], dijo: «¿Me necesitas?»; y yo le dije: «No. No te necesito.»

MÁSCARA[57]

¡Precioso!

MECANÓGRAFA

Esperaba siempre de pie[58] toda la noche hasta que yo me asomaba a la ventana.

MÁSCARA

¿Y usted «señorina»[59] mecanógrafa?......

---

[51] Ms: «...de verano y había muerto...». — TA: ...de verano. Había muerto...» corregido por Lorca, en tinta negra, a la misma forma que da el MS, es decir, suprimiendo el punto y la mayúscula y añadiendo la conjunción «y». — L: recoge la transcripción errónea. — CF, Ag, E, T: aceptan la corrección de Lorca. — Sh sigue a MS.

[52] MS: «el niño de la portería». — TA: copia por error «el niño de la portera». — Lorca parece aceptar el cambio en TA, ya que corrige por su mano, en tinta negra, la puntuación, añadiendo un punto después de «portera» y reescribiendo la mayúscula en el comienzo de la palabra siguiente. — CF, L, Ag, E, T, Sh siguen a TA.

[53] MS: «Yo crucé la biblioteca». — TA: omitido por error de copia. — CF, L, Ag, E, T siguen a TA. — Sh a MS.

[54] MS: [«llamaba»] tachado, corregido por «dijo».

[55] MS: «NO». La negación en mayúsculas marca intensidad. — Pasa sólo a TA y a Sh.

[56] MS: «dijo». — TA: «me dijo». — L, Ag, E, T siguen a TA. — Sh a MS.

[57] MS: [«Exquisito»] tachado y corregido por «¡Precioso!». — TA: no recoge los signos de exclamación. — L, Ag, E, T siguen a TA — Sh a MS.

[58] MS, TA, CF, L, Sh: «siempre de pie». — Ag, E, T: «siempre en pie».

[59] TA: («signorina», «perché») La MÁSCARA utilizará de vez en cuando un italiano «macarrónico» que TA, siguiendo las instrucciones de Lorca, marca en manuscrito, en letra de P. Ucelay, lápiz tinta. No se intenta, desde luego, la menor aproximación a un verdadero italiano. Nosotros lo damos entre comillas. — L: no lo recoge. — Ag, E, T, siguen a L. — En TN aparece anotado en tinta por P. Ucelay. — Sh sigue a TN.

No me asomaba. Pero.... lo veía por las rendijas..... ¡quieto![60] *(saca un pañuelo)* ¡con unos ojos! Entraba el aire como un cuchillo pero yo no le podía hablar..

MÁSCARA

«¿Puor qué señorina?»

MECANÓGRAFA

Porque me amaba demasiado.

MÁSCARA

¡Oh[61] «mio Dio»! era igual que el conde Arturo de Italia.. ¡Oh[62] amor!

MECANÓGRAFA

¿Sí?

MÁSCARA

En el Foyer de la Ópera de París hay unas enormes balaustradas que dan al mar. El conde Arturo, con una camelia entre los labios, venía en una pequeña barca con su niño, los dos abandonados por mí. Pero yo corría las cortinas y les arrojaba un diamante. ¡Oh! ¡qué «dolchísimo» tormento, «amica» mía![63] *(Llora.)* El conde y su niño pasaban hambre

---

[60] TA: añade en manuscrito puntos de exclamacion que no aparecen en MS. — L: no los recoge. — Ag, E, T siguen a L. — Sh a MS.

[61] MS: *[«Dios»]* tachado y corregido a «mio Dio». Es la única indicación en MS de los giros «italianizantes» del personaje. — Pasa a textos y ediciones.

[62] MS: *[«una»]* tachado, corregido por «¡Oh!».

[63] TA: «italiano» alucinante de la MÁSCARA. («dolcissimo» «amíca») en manuscrito en TA. — L: no lo acepta. — Ag, E, T siguen a L.

y dormían entre las ramas con un lebrel que me había regalado un señor[64] de Rusia. *(Enérgica y suplicante.)* ¿No tienes un pedacito de pan para mí? ¿No tienes un pedacito de pan para mi hijo? ¿Para el niño que el conde Arturo dejó morir en la escarcha?.... *(Agitada.)* Y después fui al hospital y allí supe que el conde se había casado con una gran dama romana.... y después he pedido limosna y compartido mi cama con los hombres que descargan el carbón en los muelles.

MECANÓGRAFA

¿Qué dices? ¿Por qué hablas así?.......[65].

MÁSCARA

(Serenándose.) Digo que el conde Arturo me amaba tanto que lloraba detrás de las cortinas con su niño, mientras que yo era como una media luna de plata, entre los gemelos y las luces de gas que brillaban bajo la cúpula de la gran Ópera de París.

MECANÓGRAFA

Delicioso. ¿Y cuándo llega el conde?

MÁSCARA

¿Y cuándo llega tu «amico»?[66].

MECANÓGRAFA[67]

Tardará. Nunca es enseguida.

---

[64] MS: *[«conde»]* tachado, corregido por «señor».
[65] MS: «¿Por qué hablas así? *[«Sabes tú acaso?]......»*. — TA: «¿Por qué hablas?». La parte tachada no pasa a TA, pero L, Ag, E, T reproducen la omisión de «así», que es error de copia de TA.
[66] TA: en manuscrito, «italiano» de la MÁSCARA. («amico»)— L: no lo recoge. — Ag, E, T siguen a L.
[67] MS: *[«Enseguida»]* tachado y corregido por «Tardará».

También Arturo tardará enseguida[69]. Tiene en la mano derecha una cicatriz que le hicieron con un puñal.... por mí, desde luego. *(Mostrando su mano.)* ¿No la ves? *(Señalando el[70] cuello.)* Y aquí otra, ¿la ves?

MECANÓGRAFA

¡Sí![71] ¿pero por qué?

MÁSCARA

«¿Per qué?» «¿Per qué?»[72]. ¿Qué hago yo sin heridas? ¿De quién son las heridas de mi conde?

MECANÓGRAFA

Tuyas. ¡Es verdad! Hace cinco años que me está esperando[73], pero... ¡Qué hermoso es esperar con seguridad el momento de ser amada!

---

[68] MS: *[«Mas— (Sonriendo) O sea nunca! / Me— ¡Claro!»]*. Claramente tachado en MS; sin embargo, la frase siguiente: «Nunca es enseguida» no queda tachada. Encerrada con las otras dos por un línea en lápiz que indicaría su eliminación, necesita para hacer sentido el primer *«nunca»*, al igual que el *«Enseguida»*. Podría ser, pues, que el poeta olvidase tachar el «Nunca es enseguida» junto a las seis palabras precedentes. No obstante, conservamos la línea dudosa por considerar que el contrasentido o despropósito que representa puede ser intencionado y su ausencia en TA deberse a un error de copia. — La línea no aparece más que en Sh.

[69] MS: *[«llegará»]* tachado y corregido a «tardará enseguida». — TA, CF: lo recogen bien. — L: no entiende el juego de contradicción y lo corrige omitiendo «enseguida» — Ag, E, T siguen a L. — Sh a MS.

[70] MS: «el cuello». — TA: «al cuello»; error de copia. — CF, L, Ag, E, T siguen a TA. — Sh a MS.

[71] TA: omite signos de exclamación. — CF, L, Ag, E, T siguen a TA.

[72] TA: «¿Por qué?» corregido a «¿Per qué? ¿Per qué?», en manuscrito, letra de P. Ucelay, lápiz tinta. — Igual corrección en tinta negra en TN. — «Italiano» de la MÁSCARA. («Perché»). — L: no lo recoge. — Ag, E, T no imitan el italiano, pero aceptan la repetición. — Sh sigue a TN.

[73] MS: *[«mi amigo»]* tachado. No pasa a TA ni a las ediciones. — Al suprimir la identificación del personaje a quien espera la MECANÓGRAFA se hace evidente la intencionada confusión entre JOVEN y Conde Arturo.

¡Y es seguro!

MECANÓGRAFA

¡Seguro! ¡Por eso vamos a reír!⁷⁴. De pequeña, yo guardaba los dulces para comerlos después.

(Se oyen las trompas.)

MÁSCARA

¡Ja, ja, ja! ¿Verdad? ¡Saben mejor!⁷⁵.

MECANÓGRAFA

(Iniciando el mutis.) Si viniera mi amigo —¡tan alto!⁷⁶ con todo el cabello rizado, pero rizado de un modo especial—, tú haces como si no lo conocieras.

MÁSCARA

¡Claro!⁷⁷. ¡«Amica» mía!⁷⁸. *(Se recoge la cola.)*

(Aparece EL JOVEN. *Viste un traje nicker gris con medias a cuadros azules)*⁷⁹.

---

⁷⁴ MS: *[«gozar»]* tachado, sustituido por «reír».
⁷⁵ TA: omite signos de exclamación. — CF, L, Ag, E, T siguen a TA. — Sh a MS.
⁷⁶ TA: omite signos de exclamación. — CF, L, Ag, E, T, siguen en este punto a TA. — L: omite además la palabra «tan», que TN repone en manuscrito. — Ag, E, T colocan entre guiones desde «tan alto» hasta «especial».
⁷⁷ MS: *[«¡Oh!»]* tachado.
⁷⁸ TA: en manuscrito se corrige «amiga» por «amica», supuesto italiano de la MÁSCARA. — CF y Sh lo aceptan. — TN lo corrige también en manuscrito. — L, Ag, E, T: «amiga».
⁷⁹ MS: «viste un traje niker gris con medias a cuadros azules». —L1: «viste un traje gris de campo con medias a cuadros azules». A partir de L4:

(Saliendo.) ¡Eh!

Joven

¿Qué?[80].

Arlequín

¿Dónde va?

Joven

A mi casa.

Arlequín

(Irónico.) ¿Sí?

Joven

¡Claro![81]. *(Empieza a andar.)*

Arlequín

¡Eh! Por ahí no puede pasar.

Joven

¿Han cercado el parque?[82].

«viste un traje de campo con medias». — TA, CF, Ag, E, T, Sh siguen a MS. — Se llamaba niker o knickers (contracción de Knickerbocker) al pantalón sujeto y abombado debajo de la rodilla que estaba de moda precisamente en 1930. En fotografías de Lorca en Columbia University puede verse al poeta ataviado tal como aparece aquí EL JOVEN.

[80] MS: *[«para»]* tachado.

[81] TA omite signos de exclamación. — CF, L, Ag, E, T siguen a TA. — Sh a MS.

[82] MS: «¿Han cercado el parque?». — TA: «¿Han cercado el paseo?». — L1: «¿Han cerrado el paso?». — CF, Ag, L4: «¿Han cerrado el paseo?». — E y T siguen a Ag. — Sh a MS.

ARLEQUÍN

Por ahí está el circo.

JOVEN

Bueno. *(Se vuelve.)*

ARLEQUÍN

Lleno de espectadores definitivamente quietos[83]. *(Suave.)* ¿No quiere entrar el señor?

JOVEN

(Estremecido)[84]. No[85]. *(No queriendo oír)*[86]. ¿Está interceptada también la calle de los chopos?

ARLEQUÍN

Allí están los carros y las jaulas con las serpientes.

JOVEN

Entonces volveré atrás. *(Inicia el mutis.)*

---

[83] TA: «Definitivamente quietos». Añadido en manuscrito por Lorca, tinta negra. — L: no lo recoge. — CF, Ag, E, T, Sh siguen a TA.

[84] TA: acotación omitida en TA, error de copia. — CF, L, Ag, E, T siguen a TA. — Sh a MS.

[85] TA: *[«ARLEQUÍN— (Enfático) El poeta Virgilio construyó una mosca de oro y murieron todas las moscas que envenenaban el aire de Nápoles: ahí dentro en el circo hay oro blando, suficiente para hacer una estatua del mismo tamaño ......que usted.»]* El párrafo entero aparece en TA cruzado en lápiz y deliberadamente tachado además, línea a línea. La adición manuscrita en el párrafo anterior fue hecha durante los ensayos en función de esta omisión cuya longitud, según el poeta, destruía la tensión de la escena. La sustitución de las treinta y siete palabras de una bonita anécdota por la fuerza de solo dos, contundentes, («definitivamente quietos») aclara eficazmente la naturaleza del circo. — L: no recoge esta importante tachadura. — Ag: no acepta la supresión y la reproduce junto con la adición que quiere sustituirla. — E y T siguen a Ag. — Lo mismo hace Sh.

[86] TA: suprime esta segunda acotación que propiamente hace referencia al párrafo tachado. — CF, L, Ag, E, T siguen a TA. — Sh la incluye.

Arlequín. - ?Donde va?

Joven. - Ami casa.

Arlequín. (irónico) ?Si?

Joven. - claro. (émpieza á andar)

Arlequín. Eh / Por ahí no puede pasar.

Joven. - ?Han cercado el paseo?

Arlequín. - Por ahí está el circo.

Joven. - Bueno. - (se vuelve)

Arlequín. - Lleno de espectadores: (suave) ?No quiere *Definitivamente quietos*

entrar el señor?

Joven. No. -

Arlequín. - (enfático) El poeta Virgilio construyó ~~una mosca de oro y murierón todas las mos-~~ ~~cas que envenenaban el aire de Napoles.~~ ~~Ahí dentro en él el circo hay oro blando,~~ ~~suficiente para hacer una estatua del mis-~~ ~~mo tamaño........que usted.~~

Joven. - Está interceptada tambien la calle de los chopos?

Arlequín. - Allí están los carros y las jaulas con las serpientes.

Joven. - Entonces volveré atras. (iniciando el mutis)

Payaso. (saliendo por el lado opuesto) ?Pero donde va?

ja, ja, ja,

Arlequín. - Dice que va á su casa.

Payaso. (dando una bofetada de circo al Arlequín)

/ Toma casa.

Página 10 del Acto tercero del texto de Anfistora. Con la adición de las palabras «definitivamente quietos» justifica Lorca la omisión de las seis líneas siguientes que comprende la leyenda de Virgilio, que queda tachada de mano del autor con líneas en tinta negra, reenforzadas por lápiz rojo. Todas las ediciones, sin embargo, recogen ambas cosas: adición y supresión. (Véase, en la Introducción, el apartado «Textos»).

PAYASO

(Saliendo por el lado opuesto.) ¿Pero dónde va? ¡Ja, ja, ja![87].

ARLEQUÍN

Dice que va a su casa.

PAYASO

(Dando una bofetada de circo al ARLEQUÍN.*)* ¡Toma casa!

ARLEQUÍN

(Cae al suelo gritando.) ¡Ay, que me duele, que me duele! ¡Ayy![88].

PAYASO

(Al JOVEN.*)* ¡Venga![89].

JOVEN

(Irritado.) ¿Pero me quiere usted decir qué broma es esta? Yo iba a mi casa, es decir, a mi casa no; a otra casa, a....

PAYASO

(Interrumpiendo.) A buscar.

JOVEN

Sí; porque lo necesito. A buscar.

---

[87] MS, TA, CF: olvidan aquí los signos de exclamación. — L: los reemplaza. — Ag, E, T siguen a L. — CF añade un cuarto «ja».

[88] MS: «ayy». — TA: no copia este segundo «Ay». — CF, L, Ag, E, T siguen a TA. — Sh a MS.

[89] TA: omite signos de exclamación. CF, L, Ag, E, T siguen a TA. — Sh a MS.

PAYASO

(*Alegre.*) ¿A buscar?[90]. Da la media vuelta y lo encontrarás.

La Voz de la Mecanógrafa

(*Cantando.*)
¿Dónde vas, amor mío,
¡amor mío![91]
con el aire en un vaso
y el mar en un vidrio?

(El Arlequín *ya se ha levantado.* El Payaso *le hace señas*[92]. El Joven *está vuelto de espaldas, y ellos salen también sin dar la espalda sobre las puntas de los pies, con*[93] *paso de baile y el dedo sobre los labios. Las luces del teatro se encienden*)[94].

JOVEN

(*Asombrado.*)
¿Dónde vas, amor mío,
vida mía, amor mío,

---

[90] TA: «¿A buscar?». Repetición añadida en manuscrito, tinta negra, es de difícil lectura. Parece letra de P. Ucelay. CF lo recoge. — No está en L, pero TN lo añade en manuscrito en letra de P. Ucelay. — Ag: «Busca». — E y T siguen a Aguilar. — Sh a TN.

[91] TA, CF, L, Ag, E, T omiten los puntos de exclamación. — TN añade «vida mía» al segundo verso. Es error de P. Ucelay, que confunde la primera con la segunda copla. —Sh copia la equivocación.

[92] TA: «EL PAYASO le hace señas», omitido por error de copia. — CF, L, Ag, E, T siguen a TA. — Sh a MS.

[93] MS: «con paso de baile. — TA: «un paso de baile». —CF: «en paso de baile». — L: «marcando un paso de baile». — Ag, E, T siguen a L. — Sh a MS.

[94] TA: omite esta última indicación escénica, que por cierto es confusa. No se ha señalado anteriormente la iluminación de la escena. Suponemos que se pide una mayor intensidad de luz. — No pasa a CF, L, Ag, E, T. — Sh la recoge.

con el aire en un vaso
y el mar en un vidrio?

MECANÓGRAFA

(Apareciendo llena de júbilo)[95].
¿Dónde? ¡Donde me llaman!*[96].

JOVEN

(Abrazándola.) ¡Vida mía!

MECANÓGRAFA

(Abrazándolo)[97]. Contigo[98].

JOVEN

Te he de llevar desnuda,
flor ajada y cuerpo limpio,
al sitio donde las sedas
están temblando de frío.
Sábanas blancas te aguardan[99].
Vámonos pronto. Ahora mismo.
Antes que las ramas giman
ruiseñores amarillos.

MECANÓGRAFA

Sí; que el sol es un milano
Mejor: un halcón de vidrio.

---

[95] TA omite «llena de júbilo». Error de copia. — L, Ag, E, T siguen a TA. — Sh a MS.

[96] TA: omite signos de exclamación. — CF, L, Ag, E, T siguen a TA. — Sh a MS.

[97] TA: omite las acotaciones «abrazándola» y «abrazándolo». — L, Ag, E, T siguen a TA. — Sh a MS.

[98] MS: *[«Ahora sé que me quieres / que siempre me has querido»]*. Tachado, no pasa a textos ni ediciones.

[99] MS: [«esperan»] tachado, sustituido por «aguardan».

314

No: que el sol es un gran tronco,
y tú la sombra de un río.
¿Cómo, si me abrazan, di,
no nacen juncos y lirios
y no destiñen tus ondas[100]
el color de mi vestido?
Amor, déjame en el monte
harta[101] de nube y rocío,
para verte grande y triste
cubrir[102] un cielo dormido.

JOVEN

No hables así. ¡Niña! ¡Vamos![103].
No quiero tiempo perdido.
Sangre pura y calor hondo
me están llevando a otro sitio.
¡Quiero vivir!

MECANÓGRAFA

¿Con quién?

JOVEN

Contigo.

---

[100] TA: «ondas» en manuscrito, lápiz gris, letra de P. Ucelay, llenando un espacio dejado en blanco en espera de que Lorca aclarase la difícil lectura de la palabra en MS. — L: caprichosamente da «brazos». Ag, inexplicablemente, sigue a L. — E y T siguen a Ag.

[101] TA: «harta» en manuscrito, letra de Lorca, tinta negra. Igual que en el caso anterior, se llena un espacio dejado en blanco por la copista. — L: reproduce el espacio en blanco dejando el verso cojo a falta de dos sílabas. — Ag sigue aquí a TA. — E y T siguen a Ag.

[102] TA: «cubrir», añadido por Lorca en manuscrito, tinta negra, llenando un espacio en blanco de difícil lectura para la copista. — L: deja aquí también el espacio en blanco y el verso cojo. — Ag sigue a TA. — E y T siguen a Aguilar.

[103] MS: «¡Niña! ¡Vamos!». — TA: signos de exclamación añadidos de mano de Lorca, tinta negra. — L: no los reproduce. — En TN, P. Ucelay los añade en manuscrito. — Ag, E, T siguen a L. — Sh a MS.

¿Qué es eso que suena muy lejos?

JOVEN

Amor,
el día que vuelve.
¡Amor mío!

MECANÓGRAFA

(Alegre y como en sueños)[104].
Un ruiseñor, ¡qué cante![105].
ruiseñor gris de la tarde
en la rama del arce[106].
Ruiseñor[107]: ¡te he sentido!
¡Quiero vivir!

JOVEN

¿Con quién?

MECANÓGRAFA

Con la sombra de un río
(Angustiada y refugiándose en el pecho de EL JOVEN.)
¿Qué es eso que suena muy lejos?[108].

---

[104] MS: «como en sueño» . — TA: «como en sueños». — Pasa así a L, Ag, E, T. — Sh sigue a MS. — En realidad la acotación en MS queda incompleta, la solución de TA es aceptable, aunque también podría ser «como en un sueño».

[105] TA: «Un ruiseñor que canta», corregido en manuscrito a «que cante», pero la línea queda mal copiada al omitirse los puntos de exclamación. — CF copia bien, pero omite signos de exclamación. —L: copia «un ruiseñor que canta». — Ag, E, T siguen a L. — Sh a MS.

[106] MS: «del arce». — TA: «del aire», error de copia que pasa a CF, L, Ag, E, T. — Sh sigue a MS.

[107] MS: «en la lira del cable». — TA: definitivamente tachado en lápiz gris, tinta, lápiz rojo, hasta quedar ilegible. — L: reproduce la línea — TN la suprime tachándola en tinta. — CF, Ag, E, T siguen a Th. — Sh a MS.

[108] MS, TA, CF, L, E, Sh: «muy lejos». — Ag y T: «tan lejos».

«Animal fabuloso», Federico García Lorca.

JOVEN

Amor.
¡La sangre en mi garganta,
amor mío![109].

MECANÓGRAFA

Siempre así, siempre, siempre[110],
despiertos o dormidos.

JOVEN

(Enérgico y con pasión)[111].
Nunca así, ¡nunca! ¡nunca!
Vámonos de este sitio.

MECANÓGRAFA

¡Espera!

JOVEN

¡Amor no espera!

MECANÓGRAFA

(Se deshace del JOVEN.)
¿Dónde vas, amor mío,
con el aire en un vaso
y el mar en un vidrio?

---

[109] TA omite los signos de exclamación. — CF, L, Ag, E, T, siguen a TA.
[110] L, Ag, E, T: omiten la repetición de «siempre», restando así dos sílabas al verso.
[111] TA: omite la acotación por error de copia. — CF, L, Ag, E, T siguen a TA.

318

(Se dirige a la escalera. Las cortinas del teatrito[112] se descorren y aparece la biblioteca del primer acto, reducida y con los tonos muy[113] pálidos. Aparece en la escenita[114] la MÁSCARA AMARILLA[115]. Tiene un pañuelo de encajes[116] en la mano y aspira sin cesar, mientras llora[117], un frasco de sales.)

MÁSCARA[118]

(A LA MECANÓGRAFA.) Ahora mismo acabo de abandonar para siempre al conde. Se ha quedado ahí detrás con su niño. *(Baja las escaleras)*[119]. Estoy segura que se morirá. ¡Pero me quiere[120] tanto, tanto! *(Llora. A* LA MECANÓGRAFA.) ¿Tú no lo sabías?[121]. Su niño morirá bajo la escarcha. ¡Lo he abandonado![122]. ¿No ves qué contenta estoy? ¿No ves

---

[112] MS: «teatrito». — TA: «teatro», error de copia. — L, Ag, E, T siguen a TA.

[113] MS: «tonos muy pálidos». — CF: «tonos apagados». — Ag, E, T; «tonos pálidos». — TA, Sh, L4 siguen a MS.

[114] Ag, E, T: «escena»; corrigen el diminutivo.

[115] MS: se identifica ahora al personaje como «la MÁSCARA AMARILLA». Anteriormente, cuando apareció por primera vez, era La MÁSCARA 1.ª y se aludía al personaje sólo como La MÁSCARA.

[116] MS: «encajes». — TA: «encaje». — CF, L, Ag, E, T siguen a TA. — Sh a MS.

[117] TA: *«mientras lleva»* corregido, en manuscrito, por «mientras llora». —CF: «mientras llora». — L: suprime las dos palabras. — Ag: sigue a L. — E y T siguen a Ag. — Sh a MS.

[118] MS: vuelve a identificar aquí claramente al personaje como «MÁSCARA 1.ª», dando la confusa impresión de que es otra Máscara diferente de la «Amarilla». La reiterada mención de su hijo y el conde nos hace ver que se trata del mismo personaje, aunque se alude a él de tres maneras distintas. La existencia de otras dos Máscaras, que aparecerán más adelante y que no hablan, puede ser la justificación del número que se adjudica ahora a la Máscara que ya conocemos. — TA: omite el número insistiendo en MÁSCARA . — L, Ag, E, T siguen a TA. — Sh a MS.

[119] MS: «escaleras». — TA: «escalera». — CF, L, Ag, E, T siguen a TA. — Sh a MS.

[120] MS: «quiere» (?), de difícil lectura, parece «quise» o «quire». La transcripción de Martínez Nadal da «quire». — TA: «quiso». — CF, L, Ag, E, T, Sh siguen a TA.

[121] MS: *[«Es un amor»]*, tachado, no pasa a TA.

[122] TA: omite signos de exclamación. — CF, L, Ag, E, T siguen a TA. — Sh a MS.

cómo me río? *(Llora.)* Ahora me buscará por todos lados. *(En el suelo)*[123]. Voy a esconderme dentro de las zarzamoras *(en voz alta)*[124], dentro de las zarzamoras. Hablo así porque no quiero que Arturo me sienta[125]. *(En voz alta.)* ¡No te quiero![126]. ¡Ya te he dicho que no te quiero! *(Se va llorando.)* Tú a mí, sí; pero yo a ti, no te quiero.

(Aparecen dos CRIADOS *vestidos con libreas azules y caras palidísimas que dejan en la izquierda del escenario dos taburetes blancos. Por la escenita cruza el* CRIADO *del primer acto, siempre andando*[127] *sobre las puntas de los pies.)*

MECANÓGRAFA

(Al CRIADO *y subiendo las escaleras de la escenita.)* Si viene el señor que pase. *(En la escenita.)* Aunque no vendrá, hasta que deba[128].
(EL JOVEN *empieza lentamente a subir*[129] *la escalerita.)*

JOVEN

(En la escenita, apasionado.) ¿Estás contenta aquí?

MECANÓGRAFA

¿Has escrito las cartas?

---

[123] MS: la acotación es ambigua, indica en realidad que el personaje ha bajado desde el teatrito donde apareció al descorrerse la cortina y está ahora en el suelo del escenario principal. TA y todas las ediciones la recogen.
[124] MS: «En voz alta». — TA, L, Sh siguen a MS. — Ag, E, T: «En voz baja».
[125] MS: *[«oiga»]* tachado y corregido por «sienta». — Pasa así a textos y ediciones.
[126] MS: «¡No te quiero!» — TA: «¡No quiero!». Error de copia, aunque el «te» omitido es casi imperceptible en el autógrafo— CF omite signos de exclamacion. — L, Ag, E, T siguen a TA. — Sh a MS.
[127] L: invierte los términos, «andando siempre».
[128] L, Ag, E, T corrigen «hasta que deba venir».
[129] MS: «empieza lentamente a subir la escalerita». — TA: «escalera». — CF: «sube lentamente». — L, Ag, E, T: «Empieza a subir lentamente la escalera». — Sh sigue a MS.

JOVEN

Arriba se está mejor. ¡Vente![130].

MECANÓGRAFA

¡Te he querido tanto!

JOVEN

¡Te quiero tanto!

MECANÓGRAFA

¡Te querré tanto!

JOVEN

Me parece que agonizo sin ti. ¿Dónde voy si tú me dejas?
No recuerdo nada. La otra no existe, pero tú sí, porque me
quieres[131].

MECANÓGRAFA

Te he querido ¡amor! Te querré siempre.

JOVEN

Ahora....

MECANÓGRAFA

¿Por qué dice ahora?

---

[130] L: «Ven».
[131] MS: *[«¿Te acuerdas cómo llorabas?»]*. Tachado, no pasa a textos ni ediciones.

(Aparece por el escenario grande[132] EL VIEJO. Viene vestido de azul y trae un gran pañuelo en la mano, manchado de sangre, que lleva a su pecho y a su cara. Da muestras de agitación viva[133] y observa atentamente[134] lo que pasa en la escenita.)

JOVEN

Yo esperaba y moría.

MECANÓGRAFA

Yo moría por esperar.

JOVEN

Pero la sangre golpea en mis sienes con sus nudillos de fuego, y ahora te tengo ya aquí.

VOZ

(Fuera.) ¡Mi hijo! ¡Mi hijo!

(Cruza la escenita EL NIÑO MUERTO, viene solo y entra por una puerta de la izquierda.)

JOVEN

¡Sí, mi hijo![135]. Corre por dentro de mí, como una hormiguita[136] sola dentro de una caja cerrada. *(A LA MECANÓGRA-*

---

[132] MS: «escenario grande». Lorca trata de marcar claramente qué personajes ocupan el escenario principal y cuáles funcionan solamente en el teatrito pequeño, que identifica como «escenita». — TA: omite «grande». — CF, L, Ag, E, T siguen a TA. — Sh a MS.

[133] TA: omite «viva». — CF, L, Ag, E, T siguen a TA. — Sh a MS.

[134] L, Ag, E, T: «lentamente».

[135] AT: omite signos de exclamación. — L: omite además los de la línea anterior. — CF, Ag, E, T siguen a TA.

[136] Ag: «hormiga», corrige el diminutivo. — E y T siguen a Ag.

FA.) ¡Un poco de luz para mi hijo! ¡Por favor! ¡Es tan pequeño![137]. Aplasta las naricillas en el cristal de mi corazón y, sin
embargo, no tiene aire.

MÁSCARA AMARILLA[138]

(Apareciendo en el escenario grande.) ¡Mi hijo![139].

(Salen dos MÁSCARAS *más, que presencian la escena.)*

MECANÓGRAFA

(Autoritaria y seca.) ¿Has escrito las cartas? No es tu hijo, soy
yo. Tú esperabas y me dejaste marchar, pero siempre te
creías amado. ¿Es mentira lo que digo?

JOVEN

(Impaciente.) No, pero....

MECANÓGRAFA

Yo, en cambio, sabía que tú no me querrías nunca. Y sin
embargo yo he levantado mi amor y te he cambiado y te he
visto por los rincones de mi casa. *(Apasionada.)* ¡Te quiero,
pero más lejos de ti! He huido tanto, que necesito contemplar el mar para poder evocar[140] el temblor de tu boca.

---

[137] TA: omite los signos de exclamación en las tres frases. — CF, L, Ag,
E, T siguen a TA.
[138] MS: vuelve a marcar el personaje como MÁSCARA 1.ª — TA: aclara la identificación insistiendo en MÁSCARA AMARILLA. La presencia
de las otras dos MÁSCARAS que no hablan, y que aparecen ahora podía
prestarse a confusión. — L, Ag, E, T siguen a TA. — Sh a MS. — CF suprime el número del personaje y la acotación que indica la entrada de las
otras máscaras.
[139] TN: justo después de la exclamación «¡Mi hijo!» de la MÁSCARA
AMARILLA, se indica en manuscrito, letra de P. Ucelay, «Aquí marcándo-
se unos pasos de cancán». Es una indicación de ensayo, que no aparece
en TA. — Sh la toma de TN.
[140] TA: «evocar» añadido por Lorca en manuscrito, tinta negra, llenando espacio dejado en blanco por la copista por dificultad de lectura de MS.
— L: llena el espacio con «notar». — CF, Ag, E, T siguen a TA. — Sh a MS.

VIEJO

Porque si él tiene veinte[141] años puede tener veinte lunas.

MECANÓGRAFA

(Lírica.) Veinte rocas[142], veinte nortes de nieve.

JOVEN

(Irritado.) Calla. Tú vendrás conmigo. Porque me quieres y porque es necesario que yo viva.

MECANÓGRAFA

Sí, te quiero, pero ¡mucho más! No tienes tú ojos para verme desnuda, ni boca para besar mi cuerpo que nunca se acaba[143]. Déjame. ¡Te quiero demasiado para poder contemplarte![144].

JOVEN

¡Ni un minuto más! ¡Vamos! *(La coge de las muñecas.)*

MECANÓGRAFA

¡Me haces daño, amor!

JOVEN

¡Así me sientes!

---

[141] MS: *[«treinta»]* tachado, corregido por «veinte». — Pasa así a textos y ediciones.
[142] TA: «rosas», error de copia. — Pasa a CF, L, Ag, E y T.
[143] MS: *[«que llega a las nubes»]*. Tachado.
[144] MS: *[«verte»]*, tachado, sustituido por «contemplarte». Pasa así a textos y ediciones.

(*Dulce.*) Espera... Yo iré.... Siempre. (*Lo*[145] *abraza.*)

VIEJO

Ella irá. Siéntate, amigo mío. Espera[146].

JOVEN

(*Angustiado.*) NO[147].

MECANÓGRAFA

(*Abrazándolo*)[148]. Estoy muy alta. ¿Por qué me dejaste? Iba a morir de frío y tuve que buscar tu amor por donde no hay gente. Pero estaré contigo. Déjame bajar poco a poco hasta ti.

> (*Aparecen* EL PAYASO *y* EL ARLEQUÍN. EL PAYASO *trae una concertina*[149] *y* EL ARLEQUÍN *un violín*[150] *blanco. Se sientan en los taburetes.*)

PAYASO

Una música.

---

[145] MS: «lo». — CF, TA, L, Ag, E, T, Sh: «le».
[146] TA: «Espera» añadido en manuscrito, tinta negra, letra de P. Ucelay. — TN: anotado igualmente en manuscrito, letra de P. Ucelay — L: no lo recoge. — CF, Ag, E, T siguen a TA. — Sh a TN.
[147] MS: «NO», utiliza la mayúscula para marcar énfasis. — TA, CF, L, Ag, E, T no lo recogen. — Sh sigue a MS.
[148] MS: «Abrazándolo». — TA suprime por error la acotación. — CF, L, Ag, E, T siguen a TA. — Sh a MS.
[149] MS, TA, CF, Sh: «una concertina». — L, Ag, E, T: «una cortina».
[150] MS: «su violín blanco». — TA: «un violín blanco», no es error de copia. — TA intenta indicar que se trata ahora de un violín normal de color blanco que se utilizaría en el final del cuadro. — CF, L, Ag, E, T siguen a TA. — Sh a MS.

ARLEQUÍN

De años.

PAYASO

Lunas y mares sin abrir.
¿Queda atrás?

ARLEQUÍN

La mortaja del aire.

PAYASO

Y la música de tu violín[151-152].

JOVEN

(Saliendo de un sueño.) ¡Vamos!

MECANÓGRAFA

Sí..... ¿Será posible que seas tú? ¡Así de pronto!... Sin haber
probado lentamente esta hermosa idea: mañana será. ¿No
te da lástima de mí?

JOVEN

Arriba hay como un nido. Se oye cantar el ruiseñor... y aunque no se oiga, ¡aunque el murciélago golpee los cristales!

---

[151] TA: por error de copia, adjudica al ARLEQUÍN la pregunta «¿Queda atrás?», que es MS pertenece al PAYASO. Resultan, pues, agrupadas
como dichas por este personaje las dos líneas finales. — L: reproduce el
error, que pasa también a CF, Ag, E y T. — Sh sigue a MS.

[152] MS *[«Miran a la escena. / [Jo— (Salí)] Más— El conde besa mi retrato de
amazona. / Vi— Vamos a no llegar pero vamos a ir»]* Tachado, incluido más
adelante.

MECANÓGRAFA

Sí. Sí, pero......

JOVEN

(Enérgico.) ¡Tu boca! *(La besa.)*

MECANÓGRAFA

Más tarde...

JOVEN

(Apasionado.) Es mejor de noche.

MECANÓGRAFA

¡Yo me iré![153].

JOVEN

¡Sin tardar!

MECANÓGRAFA

¡Yo quiero! Escucha.

JOVEN

¡Vamos!

MECANÓGRAFA

Pero.....

---

[153] TA: omite los signos de exclamación. — CF, L, Ag, E, T siguen a TA.

JOVEN

Dime.

MECANÓGRAFA

¡Me iré contigo!......

JOVEN

¡Amor!

MECANÓGRAFA

Me iré contigo[154]. *(Tímida.)* ¡Así que pasen cinco años!

JOVEN

¡Ay![155]. *(Se lleva las manos[156] a la frente.)*

VIEJO

(En voz baja.) Bravo.

(El JOVEN *empieza a bajar lentamente las escaleras[157]. La* MECANÓGRAFA *queda en actitud extática en el escenario[158]. Sale El* CRIADO *de puntillas y la cubre con una gran capa blanca.)*

---

[154] TA: «Me iré contigo», añadido en manuscrito, letra de P. Ucelay, tinta negra. — TN: añadido igualmente en manuscrito por P. Ucelay. — L: no lo recoge. — Ag: copia mal la adición de TA y adjudica la línea al JOVEN. — E, T siguen la equivocación de Ag. — Sh sigue a TN.

[155] MS: «¡Ah!». — TA: corrige a «¡Ay!» escribiendo con lápiz tinta la «y» sobre la «h». — L: no recoge la corrección de TA. — Ag, E, T siguen a L. — Sh a MS.

[156] MS: «las manos». — TA: «la mano». — CF omite la acotación. — L, Ag, E, T siguen a TA. — Sh a MS.

[157] MS: «las escaleras». — TA, Sh: «la escalera». — CF, L, Ag, E, T siguen a TA.

[158] MS: falta identificar este escenario como el perteneciente al teatrito, o sea el «pequeño».

PAYASO

Una música.

ARLEQUÍN

De años.

PAYASO

Lunas y mares sin abrir.
Queda[159] atrás.

ARLEQUÍN

La mortaja del aire.

PAYASO

Y la música de tu violín. *(Tocan.)*

MÁSCARA AMARILLA[160]

El conde besa mi retrato de amazona.

VIEJO

Vamos a no llegar, pero vamos a ir.

---

[159] Ag: corrige a «Quedan», con lo que añade una sílaba más al verso que queda descabalado. — E y T siguen a Ag.

[160] MS: olvida marcar la entrada de la MÁSCARA, que al parecer queda ya en escena hasta el final de acto. — Identificada la última vez que la encontramos como MÁSCARA 1.ª, vuelve a ser aquí LA MÁSCARA AMARILLA. — TA da sólo MÁSCARA A. — L, Ag, E, T: MÁSCARA. — Sh: MÁSCARA 1. — TA y TN: P. Ucelay añade en manuscrito la segunda parte de la frase, «mi retrato de amazona», que había olvidado copiar. — L: «el conde besa». — Ag, E, T, Sh dan la línea completa.

JOVEN

(Desesperado, al PAYASO.*)* La salida ¿por dónde?

MECANÓGRAFA

(En el escenario chico y como en sueños.) ¡Amor, amor!

JOVEN

(Estremecido.) ¡Enséñame[161] la puerta!

PAYASO

(Irónico, señalando a la izquierda.) Por allí.

ARLEQUÍN

(Señalando a la derecha.) Por allí.

MECANÓGRAFA

¡Te espero, amor! ¡Te espero! ¡Vuelve pronto!

ARLEQUÍN

(Irónico.) ¡Por allí!

JOVEN

(Al PAYASO.*)* Te romperé las jaulas y las telas.
Yo sé saltar el muro.

VIEJO

(Con angustia.)   Por aquí.

---

[161] MS: «enséñame». —TA: «enséñeme». — L: sigue a TA. —Ag, E, T,
Sh: «enséñame».

330

JOVEN

¡Quiero volver! Dejadme[162].

ARLEQUÍN

¡Queda el viento!

PAYASO

¡Y la música de tu violín![163].

TELÓN

---

[162] MS: «Dejadme». — TA: «Déjame», corregido en manuscrito a «Dejadme». — TN: Igual corrección, letra de P. Ucelay en ambos casos. — L: «Déjame». — Ag, E, T, Sh: «¡Dejadme!».

[163] TA: intercambia los personajes —PAYASO y ARLEQUÍN— que dicen las dos últimas líneas. Es sólo un ajuste intencionado de ensayo respondiendo a la calidad de voz de los actores. Sobre «la música de tu violín», véase «Apéndice», pág. 358.

Acto tercero

CUADRO ÚLTIMO[1]

(La misma biblioteca que en el primer acto[2]. A la izquierda el tra-
je de novia puesto en un maniquí sin cabeza y sin manos. Varias
maletas abiertas. A la derecha una mesa. Sale EL CRIADO *y* LA
CRIADA)[3].

CRIADA

(Asombrada.) ¿Sí?

CRIADO

Ahora está de portera, pero antes fue una gran señora[4]. Vi-

---

[1] MS marca solamente Acto Tercero al comienzo del acto y «Acto Tercero. — Cuadro último» al llegar a este punto. — TA: sigue a MS, pero en
la portada del cuadernillo que comprende el acto se lee: «Acto Tercero y
Epílogo». — CF: Acto Tercero y Epílogo. — L, Ag, E, T marcan el Acto
Tercero dividido en Cuadro Primero y Cuadro Segundo.

[2] MS: *[«A la derecha hay tres señores jugando a los naipes.»]* Tachado. Antes
de terminar la acotación se rectifica «a la derecha una mesa».

[3] MS: Es el segundo personaje identificado solamente como CRIADA.
Esta CRIADA del JOVEN no tiene relación alguna con la CRIADA de la
NOVIA. Propiamente debía designarse con el numeral 2, como CRIADA
2.ª. En la lista de «Personas» que precede a MS no figura. Es este un ejemplo más de la falta de revisión que demuestra el autógrafo.

[4] MS: *[«estuvo»]* tachado, corregido por «vivió».

«Joven y pirámides», Federico García Lorca.

vió mucho tiempo con un conde italiano riquísimo, padre del niño que acaban de enterrar.

CRIADA

¡Pobrecito mío! Qué precioso iba[5].

CRIADO

De esta época le viene su manía de grandezas[6]. Por eso ha gastado todo lo que tenía en la ropa del niño y en la caja.

CRIADA

¡Y en las flores! Yo le he regalado un ramito de rosas, pero eran tan pequeñas que no las han entrado siquiera en la habitación.

JOVEN

(Entrando.) Juan.

CRIADO

Señor.
(LA CRIADA *sale)*[7].

JOVEN

Dame un vaso de agua fría. (EL JOVEN *da muestras de una gran*[8] *desesperanza y un desfallecimiento físico.)*

---

[5] MS: «Qué precioso iba». — TA: añade signos de exclamación. — CF, L, Ag, E, T, Sh los mantienen.

[6] MS: «grandezas». — TA: «grandeza», error de copia. — L: «grandezas». — CF, Ag, E, T, Sh mantienen el error

[7] Es de advertir la imprecisión a que queda reducida la indicación «sale», al omitirse su complemento: «sale a escena», como debía señalarse al comienzo del Cuadro que marca la entrada del CRIADO y la CRIADA, o «sale de escena» como en este caso.

[8] MS: «una gran desesperanza». — TA: «una desesperanza». — L, Ag, E, T siguen a TA. — Sh a MS.

(EL CRIADO *lo*[9] *sirve.*)
¿No era ese ventanal mucho más grande?

CRIADO

No.

JOVEN

Es asombroso que sea tan estrecho[10]. Mi casa tenía un patio enorme donde jugaba con mis caballitos. Cuando lo vi, con veinte[11] años era tan pequeño que me pareció increíble que hubiera podido volar tanto por él.

CRIADO

¿Se encuentra bien el señor?

JOVEN

¿Se encuentra bien una fuente echando agua? Contesta.

CRIADO

(Sonriente)[12]. No sé....

JOVEN

¿Se encuentra bien una veleta girando como el viento quiere?

CRIADO

El señor pone unos ejemplos.... Pero yo le preguntaría, si el señor lo permite.... ¿se encuentra bien el viento?

---

[9] MS, TA, CF, Sh: «lo». — L, Ag, E, T: «le».
[10] MS: *[«pequeño»]* tachado, corregido a «estrecho».
[11] TA, CF: «en veinte». — L: corrige «a los veinte». — Ag, E, T siguen a L. — Sh a MS.
[12] TA: omite por error la acotación. — CF, L, Ag, E, T siguen a TA. — Sh a MS.

JOVEN

(Seco)[13]. Me encuentro bien.

CRIADO[14]

¿Descansó lo suficiente después del viaje?

JOVEN

Sí.

CRIADO

Lo celebro infinito. *(Inicia el mutis.)*

JOVEN

Juan. ¿Está mi ropa preparada?

CRIADO

Sí, señor. Está en su dormitorio.

JOVEN

¿Qué traje?

CRIADO

El frac. Lo he extendido en la cama.

JOVEN

(Irritado)[15]. ¡Pues quítalo![16]. No quiero subir y encontrárme-

---

[13] MS: *[«Sí»]*, tachado, no pasa a TA.
[14] MS: *[«Lo celebro in»]*, tachado, se incluye dos líneas más abajo.
[15] TA: «excitado». — Error que pasa a L, Ag, E y T.
[16] TA: omite signos de exclamación. — CF, L, Ag, E y T siguen a TA. — Sh a MS.

lo tendido en la cama[17] ¡tan grande! ¡tan vacía![18]. No sé a quién se le ocurrió comprarla. Yo tenía antes otra pequeña, ¿recuerdas?

CRIADO

Sí, señor. La de nogal tallado.

JOVEN

(Alegre)[19]. ¡Eso![20]. La de nogal tallado. ¡Qué bien se dormía en ella![21]. Recuerdo que, siendo niño, vi nacer una luna enorme detrás de la barandilla de sus pies.... ¿O fue por los hierros del balcón? No sé[22]. ¿Dónde está?

CRIADO

La regaló el señor.

JOVEN

(Pensando.) ¿A quién?

CRIADO

(Serio.) A su antigua mecanógrafa.

(EL JOVEN *queda pensativo. Pausa)*[23].

---

[17] MS: *[«la cama»]*, tachado; *[«el lecho»]* tachado, sustituido finalmente por «la cama».
[18] TA: omite signos de exclamación. — CF, L, Ag, E y T siguen a TA. — Sh a MS.
[19] TA: omite acotación. — CF, L, Ag, E y T siguen a TA. — Sh a MS.
[20] TA: omite signos de exclamación. — CF, L, Ag, E y T siguen a TA. — Sh a MS.
[21] TA: omite signos de exclamación. — CF, L, Ag, E, T, siguen a TA. — Sh a MS.
[22] MS: *[«Me la regaló mi madre»]* tachado, no pasa a TA.
[23] Ag, E, T: omiten «*Pausa*».

(Indicando al CRIADO *que se marche.)* Está bien.

(Sale EL CRIADO.)

(Con angustia.) ¡Juan!

CRIADO

(Volviendo[24]. Severo.) Señor.

JOVEN

Me habrás puesto zapatos de charol......

CRIADO

Los que tienen cintas[25] de seda negra.

JOVEN

Seda negra... No[26]... Busca otros. *(Levantándose.)* ¿Y será posible que en esta casa esté siempre el aire enrarecido? Voy a cortar todas las flores del jardín, sobre todo esas malditas adelfas que saltan por los muros, y esa hierba que sale[27] sola a medianoche.

CRIADO

Dicen que con las anémonas y adormideras duele la cabeza a ciertas horas del día.

---

[24] En MS la salida del CRIADO está marcada dos líneas más arriba. TA y todas las ediciones recogen la acotacion. — Pero MS olvida anotar su vuelta a escena. Nos hemos permitido añadir al texto la indicación «volviendo» para aclarar la situación.

[25] L, Ag, E, T: «cinta de seda».

[26] L: «...Sí...».

[27] MS, TA, Ag, E, T: «que sale sola». — L: «que brota sola».

JOVEN

Eso será. También te llevas eso. *(Señalando al traje de novia)*[28]. Lo pones en la buhardilla[29].

CRIADO

Muy bien. *(Va a salir.)*

JOVEN

(Tímido.) Y me dejas los zapatos de charol. Pero les cambias las cintas.

(Suena una[30] *campanilla.)*

CRIADO

(Entrando.) Son los señoritos, que vienen a jugar.

JOVEN

(Con fastidio.) Abre[31].

CRIADO

(En la puerta.) El señor tendrá necesidad de vestirse.

---

[28] MS: suponemos que se refiere al «traje de novia» que está puesto en un maniquí. Su destino a la buhardilla parece indicado. Pero la frase y la subsiguiente acotación: «... te llevas eso *(Señalando al traje)*» resultan ambiguas, dado que el personaje está precisamente discutiendo su propia ropa. — TA: la confusión creada lleva a la pintoresca sustitución de «traje» por «abrigo», como la prenda más apropiada de que puede desprenderse el actor en escena. El resultado: «... te llevas eso *(Señando al abrigo)*», pasa a todas las ediciones excepto Sh que marca «traje». — Nos permitimos añadir «de novia» a la acotación para evitar confusiones.

[29] TA, L: «boardilla».

[30] MS, TA: «una campanilla». — L, Ag, E, T: «la campanilla».

[31] MS: «Abre». — TA: «¡Ah!». — L, Ag, E y T siguen a TA.

339

JOVEN

(Saliendo.) Sí. *(Sale casi como una sombra.)*

(Entran LOS JUGADORES. *Son tres. Vienen de frac. Traen capas largas*[32] *de raso blanco que les llegan a los pies.)*

JUGADOR 1.º

Fue en Venecia. Un mal año de juego. Pero aquel muchacho jugaba de verdad. Estaba pálido, tan pálido que en la última jugada ya no tenía más remedio que echar el as de coeur. Un[33] corazón suyo lleno de sangre. Lo echó, y al ir a cogerlo *(bajando la voz)* para...... *(mira a los lados),* tenía un as de copas rebosando por los bordes y huyó bebiendo en él, con dos chicas, por el Gran Canal.

JUGADOR 2.º

No hay que fiarse de la gente pálida, o de la gente que tiene hastío; juegan, pero reservan.

JUGADOR 3.º

Yo jugué[34] en la India con un viejo que cuando ya no tenía una gota de sangre sobre las cartas, y yo esperaba el momento de lanzarme sobre él, tiñó de rojo con una anilina especial todas las copas y pudo escapar entre los árboles.

JUGADOR 1.º

Jugamos y ganamos, pero qué trabajo nos cuesta. Las cartas beben rica sangre en las manos y es difícil cortar el hilo que las une.

---

[32] MS: *[«forradas de raso blanco»]* tachado, corregido a «de raso blanco».

[33] TA: «Un» añadido en manuscrito, letra de P. Ucelay, lápiz gris sobre lápiz tinta morado, llenando espacio dejado en blanco — L: lo omite. — Ag, E, T siguen a TA. — Sh a MS.

[34] MS: *[«conocí»]* tachado, sustituido por «jugué».

JUGADOR 2.º

Pero creo que con éste.... no nos equivocamos.

JUGADOR 3.º

No sé.

JUGADOR 1.º

(Al JUGADOR 2.º.*)* No aprenderás nunca a conocer a tus clientes. ¿A éste? La vida se le escapa en dos chorros[35] por sus pupilas, que mojan la comisura de sus labios y le tiñen de coral[36] la pechera del frac.

JUGADOR 2.º

Sí, pero acuérdate del niño que en Suecia jugó con nosotros, casi agonizante, y por poco si nos deja ciegos con el chorro de sangre que nos echó.

JUGADOR 3.º

¡La baraja![37]. *(Saca una baraja.)*

JUGADOR 2.º

Hay que estar muy suaves con él para que no reaccione.

---

[35] TA: «en dos chorros», añadido en manuscrito, letra de P. Ucelay, tinta negra, llenando espacio dejado en blanco. — L: lo omite. — Ag: sigue a L. — E y T siguen a Ag. — CF a TA. — Sh a MS.

[36] TA: «de azul» error de copia. — CF, L, Ag, E, T siguen a TA. — Sh a MS.

[37] TA: «Jalaraja» error de copia corregido en manuscrito, lápiz tinta morado, a «La baraja». — L: «Jalaraja». — CF, TN, Ag, E, T, Sh: «La baraja».

Y aunque ni a <u>la otra</u>[39] ni a la señorita mecanógrafa se les ocurrirá venir por aquí hasta que pasen cinco años, si es que vienen.

JUGADOR 3.º

(Riendo.) ¡Si es que vienen! Ja, ja, ja.

JUGADOR 1.º

No estará mal ser rápidos en la jugada.

JUGADOR 2.º

Él guarda un as.

JUGADOR 3.º

Un corazón joven, donde es probable que resbalen las flechas.

JUGADOR 1.º

(Alegre y profundo.) ¡Ca![40]. Yo compré[41] unas flechas en un tiro al blanco....

---

[38] MS: «JUGADOR 1.º». — TA, copia por error: «JUGADOR 3.º». — L, Ag, E, T siguen a TA — Pero el cambio obliga a alterar también el número del siguiente Jugador, ya que en MS coincide con el JUGADOR 3.º — TA lo marcará como JUGADOR 1.º. — L, Ag, JUGADOR 2.º. — E y T no reparan en el error y dan seguidos dos parlamentos del mismo Jugador.

[39] MS: <u>la otra</u> doblemente subrayado. — Pasa subrayado a TA, CF, y en cursiva a Sh.

[40] MS, TA: ¡Ca! — Omitido por L, Ag, E y T. — TN: añadido en manuscrito, letra de P. Ucelay.

[41] MS: «compré». — TA: en manuscrito posible letra de Lorca, «guardo», llenando espacio en blanco. — TN: «guardo» en tinta negra, letra de P. Ucelay. — L: «pongo». — Ag, E, T siguen a TA. — Sh a TN.

JUGADOR 3.º

¿Dónde? *(Con curiosidad.)*

JUGADOR 1.º

(En broma)[42]. En un tiro al blanco, que no solamente se clavan[43] sobre el acero más duro, sino sobre la gasa más fina. ¡Y esto sí que es difícil! *(Ríen.)*

JUGADOR 2.º

(Riendo)[44]. En fin, ya veremos.

(Aparece EL JOVEN *vestido de frac.)*

JOVEN

¡Señores![45]. *(Les da la mano.)* Han venido muy temprano. Hace demasiado calor.

JUGADOR 1.º

¡No tanto![46].

JUGADOR 3.º

(Al JOVEN.) ¡Elegante como siempre![47].

---

[42] MS: «Con broma». — TA: corrige a «En broma». — CF, L, Ag, E y T siguen a TA. — Sh a MS.

[43] Ag, E, T: «se clava».

[44] TA, CF, L, Ag, E, T: omiten la acotación.

[45] TA: omite signos de exclamación. — CF, L, Ag, E y T siguen a TA.

[46] TA: omite signos de exclamación. — L, Ag, E y T siguen a TA.

[47] MS: *[«nunca»]* tachado, sustituido por «siempre». — TA, L, Ag, E, y T omiten signos de exclamación.

JUGADOR 1.º

Tan elegante, que ya no debía desnudarse[48] más nunca.

JUGADOR 3.º

Hay veces que[49] la ropa nos cae tan bien, que ya no quisié-ramos...[50].

JUGADOR 2.º

(Interrumpiendo.) Que ya no podemos arrancarla[51] del cuerpo.

JOVEN

(Con fastidio.) Demasiado amables.

> *(Aparece* EL CRIADO *con una bandeja y copas que deja en la mesa.)*

¿Comenzamos? *(Se sientan los tres.)*

JUGADOR 1.º

Dispuestos.

JUGADOR 2.º

(En voz baja.) ¡Buen ojo![52].

---

[48] TA: «desnudarse». Añadido en manuscrito —lápiz tinta morado— el reflexivo «se» omitido por error de copia.

[49] L, Ag, E, T: «en que».

[50] TA: añade puntos suspensivos. — CF, L, Ag, E, T y Sh siguen a TA.

[51] TA, CF: «arrancar», se omite «la» por error. — L, Ag, E, T y Sh corrigen la omisión.

[52] TA: omite puntos de exclamación. — L, Ag, E, T siguen a TA. — Sh a MS.

JUGADOR 3.º

¿No se sienta?

JOVEN

No.... prefiero jugar de pie.

JUGADOR 1.º [53]

¿De pie?

JUGADOR 2.º

(Bajo.) Tendrás necesidad de ahondar mucho.

JUGADOR 1.º

(Repartiendo cartas.) ¿Cuántas?

JOVEN

Cuatro. *(Se las da y [también][54] a los demás.)*

JUGADOR 3.º

(Bajo.) Jugada nula.

JOVEN

¡Qué cartas más frías! Nada. *(Las deja sobre la mesa.)* ¿Y ustedes?....

---

[53] Ag, E, T: cambian a JUGADOR 3.º.
[54] MS: «Se las da y a los demás». — TA, CF, Sh: reproducen la acotación literalmente. — L, corrige, pero mal: «Se las da a los demás». — Ag, E, T siguen a L. — Nosotros añadimos [«también»] al texto.

JUGADOR 1.º

(Con voz grave)[55]. Nada[56].

JUGADOR 2.º

Nada.

JUGADOR 3.º

Nada.

*(*EL JUGADOR 1.º *les da cartas otra vez.)*

JUGADOR 2.º

(Mirando sus cartas.) Magnífico.

JUGADOR 3.º

(Mirando sus cartas y con inquietud.) ¡Vamos a ver!

JUGADOR 1.º

(Al JOVEN.*)* Usted juega.

---

[55] TA, CF, L, Ag, E, T: cambian la acotación a «En voz baja».

[56] TA: durante el ensayo bajo la dirección de Lorca se añadió en manuscrito, letra de P. Ucelay: «Nada» ante Jugador 2.º y «Nada» ante Jugador 3.º, terminando así una primera vuelta al juego, al considerar que la jugada definitiva no debía tener lugar al primer intento. Esto nos obliga a corregir la acotación «Le da cartas otra vez», que aparece en este punto en MS y TA, a «Les da cartas otra vez», colocándola al final de los dos «Nada» interpuestos. — TN añade las dos líneas en manuscrito, letra de P. Ucelay. — L y Sh: no lo recogen. — Ag: acepta la adición de «Nada», pero no como línea aislada, sino añadida al parlamento siguiente de cada Jugador. — E y T siguen a Ag.

346

(Alegre.) ¡Y juego!⁵⁷. *(Echa una⁵⁸ carta sobre la mesa.)*

JUGADOR 1.º

(Enérgico.) ¡Y yo!

JUGADOR 2.º

¡Y yo!

JUGADOR 3.º

¡Y yo!⁵⁹.

JOVEN

(Excitado, con una carta.) ¿Y ahora?......

(Los tres JUGADORES *enseñan tres⁶⁰ cartas.* EL JOVEN *se detiene y se la oculta⁶¹ en la mano.)*

---

⁵⁷ MS, TA, CF, Sh: «Y juego». — L, Ag, E, T: «Yo juego».

⁵⁸ MS: *(«echa [las] carta[s] sobre la mesa)* corregido a: *(«echa una carta sobre la mesa»).*

⁵⁹ TA: omite signos de exclamación en las tres últimas líneas. — CF, L, Ag, E, T siguen a TA. — Sh los incluye.

⁶⁰ MS: «Los tres Jugadores enseñan tres cartas». — TA: «Los tres Jugadores enseñan sus cartas». — L, Ag, B, T siguen a TA. — Sh a MS — Es un intento de aclarar una situación confusa. La acotación de MS no está clara, podría entenderse, sin embargo, que cada Jugador se descarta de tres naipes, dado que se han repartido cuatro, quedándose con una carta final que enseña cada uno de los tres, y obligando así al protagonista a hacer lo mismo y presentar su carta definitiva.

⁶¹ MS: «se la oculta». — TA, CF, L y Sh siguen a MS. — Ag: «se las oculta». — E y T siguen a Ag. — En realidad el juego de cartas queda muy confuso en MS. — TA y Ag intentan resolver el problema sin conseguirlo. El hecho es que las cuatro cartas que se dan a cada Jugador se reducen en la jugada última, sin más explicación, a dos en cada caso: una que cada uno de los cuatro descarta sobre la mesa, y otra, que los tres jugadores enseñan y el JOVEN trata de ocultar.

Juan, sirve licor a estos señores.

JUGADOR 1.º

(Suave.) ¿Tiene usted la bondad de la carta?

JOVEN

(Angustiado.) ¿Qué licor desean?

JUGADOR 2.º

(Dulce.) ¿La carta?.....

JOVEN

(Al JUGADOR 3.º.*)* A usted seguramente le gustará el anís. Es una bebida.....

JUGADOR 3.º

Por favor... la carta...

JOVEN

(Al CRIADO *que entra.)* ¿Cómo, no hay whisky? *(En el momento que el* CRIADO *entra, los* JUGADORES *quedan silenciosos con las cartas en la mano.)* ¿Ni coñac?.....

JUGADOR 1.º

(En voz baja y ocultándose del CRIADO.*)* La carta.

JOVEN

(Angustiado.) El coñac es una bebida para hombres que saben resistir.

JUGADOR 2.º

(Enérgico, pero en voz baja.) ¡Su carta![62].

JOVEN

¿O prefieren chartreuse?

(Sale EL CRIADO.*)*

JUGADOR 1.º

(Levantado y enérgico.) Tenga la bondad de jugar.

JOVEN

Ahora mismo. Pero beberemos.

JUGADOR 3.º

(Fuerte.) ¡Hay que jugar!

JOVEN

(Agonizante.) Sí, sí. Un poco de[63] chartreuse. Es el chartreuse como[64] una gran noche de luna verde dentro de un castillo donde hay un joven con unas calzas[65] de oro.

---

[62] MS: ¡Su carta! — TA: La carta. — CF, L, Ag, E y T siguen a TA. — Sh a MS.

[63] MS: omite «de». — TA, CF, L, Ag, E, T y Sh lo añaden.

[64] MS: «El chartreuse es como...». — TA: «Es el chartreuse como...», añadido en manuscrito, lápiz tinta, letra de P. Ucelay, que lo añade también en TN — L: no lo recoge. — Ag corrige: «El chartreuse es como...». — E, T siguen a Ag. — Sh a MS.

[65] MS: «Unas calzas de oro». — La transcripción de Martínez Nadal por lectura equivocada del manuscrito da «unas cabras de oro». — TA: «unas calzas de oro». «Calzas» en manuscrito, letra de P. Ucelay, lápiz gris, escrito sobre «cabras» que queda borrado. — TN: «unas calzas de oro», también corrección manuscrita de P. Ucelay. — L: «Unas cabras de oro». — Ag: «unas algas de oro». — E y T siguen a Ag. — CF a TA, — Sh a TN.

JUGADOR 1.º

(Fuerte.) Es necesario que usted nos dé su as.

JOVEN

(Aparte.) ¡Mi corazón!

JUGADOR 2.º

(Enérgico.) Porque hay que ganar o perder.. Vamos. ¡Su carta!

JUGADOR 3.º

¡Venga!

JUGADOR 1.º

¡Haga juego!

JOVEN

(Con dolor.) ¡Mi carta!

JUGADOR 1.º

¡La última!

JOVEN

¡Juego![66]

(Pone la carta sobre la mesa.)

(En este momento, en los anaqueles de la biblioteca aparece un gran[67] as de «coeur» iluminado. EL JUGADOR 1.º saca

---

[66] TA: omite signos de exclamacion en las tres últimas líneas. — CF, L, Ag, E y T siguen a TA. — Sh a MS.

[67] TA: omite «gran». — CF, L, Ag, E y T siguen a TA. — Sh a MS.

una pistola y dispara sin ruido con una flecha. El as[68] desa-
parece y EL JOVEN *se lleva las manos al corazón.)*

JUGADOR 1.º

¡Hay que vivir![69].

JUGADOR 2.º

No hay que esperar[70].

JUGADOR 3.º

¡Corta! Corta bien[71].

*(*EL JUGADOR 1.º, *con unas tijeras, da unos cortes en el aire.)*

JUGADOR 1.º

(En voz baja.) Vamos.

JUGADOR 2.º

¡De prisa!

JUGADOR 3.º

No hay que esperar nunca. Hay que vivir[72]. *(Salen.)*

---

[68] L, Ag, E y T: añaden «de coeur».

[69] TA: «Hay que huir» error de copia, que reproducen CF, L, Ag, E y T.

[70] TA: «No hay» aparece subrayado varias veces. Parece indicación de énfasis al actor. — Como tal no pasa a ningún otro texto o edición.

[71] TA: omite signos de exclamación. — L, Ag, E y T siguen a TA.

[72] TA: «JUGADOR 3.º. No hay que esperar nunca. Hay que vivir». La línea entera añadida en manuscrito por Lorca. Lápiz gris. — L: la omite como toda adición producto de los ensayos. — TN la añade en manuscrito, letra de P. Ucelay. — Ag: la recoge pero dividida. Adjudica la primera parte al JUGADOR 3.º, y la segunda parte al JOVEN después de su parlamento: «¡Juan! ¡Juan! Hay que vivir». — E y T siguen a Ag. — Sh a TN.

JOVEN

¡Juan! ¡Juan!⁷³.

ECO⁷⁴

¡Juan! ¡Juan!⁷⁵.

JOVEN

(Agonizante.) Lo he perdido todo.

ECO

Lo he perdido todo...

JOVEN

Mi amor......

ECO

Amor⁷⁶....

---

⁷³ MS: *[(En el fondo de la ventana aparece un grupo de cipreses)]* tachado.

⁷⁴ MS: *[«Voz»]* tachado sustituido por «Eco».

⁷⁵ TA: omite signos de exclamación. — CF, L, Ag, E, T siguen a TA. — Sh a MS.

⁷⁶ TA: Hemos añadido los puntos suspensivos que no figuran en MS ni TA. Termina en este punto la obra, tal como se ensayó para su estreno por el Club Anfistora, omitiendo las últimas trece palabras de MS, pero incluyendo las dos acotaciones finales. — L, Ag, E y T no aceptan la supresión de líneas, no obstante haber sido hecha por Lorca. — CF tampoco la registra. — En TN, P. Ucelay comete un serio error de precipitación al dejar fuera del corte la llamada a JUAN y su ECO. — Sh sigue a TN aceptando esta tercera y desgraciada opción de final. Damos a continuación las últimas líneas según aparecen en el autógrafo MS, CF y las ediciones L, Ag, E, T:

JOVEN

(En el sofá) Juan

(EL JOVEN muere. Aparece EL CRIADO con un candelabro encendido[77]. El reloj da las doce.)

TELÓN[78]

Granada, 19 de agosto de 1931
Huerta de San Vicente

ECO

Juan

JOVEN

¿No hay?

ECO

No hay.

SEGUNDO ECO

(Más lejano) No hay.

JOVEN

Ningún hombre aquí

ECO

Aquí.....

SEGUNDO ECO

Aquí.....

(EL JOVEN muere. Aparece el CRIADO con un candelabro encendido. El reloj da las doce.)

[77] MS: «candelabro escondido» por «encendido». Obvio error de MS que no pasa a TA.

[78] Ag1 a Ag17 y E añaden después de «Telón», centrado en la página y en mayúsculas: «FIN DE ASÍ QUE PASEN CINCO AÑOS». — Omitido de Ag18 a Ag22. — El autógrafo da —Telón— centrado y a la derecha varios espacios más abajo, consigna fecha y lugar como: «Granada 19 de Agosto 1931—» «—Huerta de San Vicente—».

353

Apéndice

El manuscrito de *Así que pasen cinco años* fue entregado
por Federico García Lorca a Pura Ucelay en abril de 1933,
para que lo pasase a máquina y organizase los ensayos mientras él se hallaba en Buenos Aires. Ambos eran co-directores
del Club Teatral Anfistora.

De vuelta ya de su apoteósica estancia en la capital argentina, en abril de 1934, Lorca revisó la selección de actores
hecha por Pura a cargo de los primeros ensayos tentativos.
La mayoría del elenco de Anfistora pasó la prueba, pero el
primer actor, el que debía desempeñar el papel del protagonista, fue abiertamente rechazado. Era, según explicó el
poeta, demasiado guapo, su físico sólo le permitiría representar el papel de El Jugador de Rugby. Lorca definió entonces, muy claramente, el tipo humano que buscaba: El
Joven había de ser «delicado pero varonil». Estas fueron sus
exactas palabras. Pasó tiempo y desfilaron varios posibles
intérpretes que fueron siendo rechazados uno tras otro. No
fue fácil porque a las concretas especificaciones que exigían
el aspecto físico del personaje, había que añadir voz y capacidad interpretativa. La verdad es que la selección de protagonista retuvo por dos años los ensayos de la *Leyenda del
Tiempo*. Finalmente, y de manera inesperada, Lorca aceptó a
uno de los nuevos actores que se habían incorporado ulti-

355

mamente al Club. Se trataba de Luis Arroyo, un muchacho joven que estaba a cargo del papel del protagonista en *El Trovador* de García Gutiérrez, que Anfistora presentaba a la sazón. Su interpretación del papel de Manrique unido a su físico, habían obtenido la plena aprobación del poeta.

En el momento se reanudaron los ensayos en Anfistora. Pero era ya abril de 1936. El día 7 del mismo mes Lorca anunciaba en conferencia de prensa la «próxima» representación de *Así que pasen cinco años* por el Club Teatral Anfistora *(O.C.,* II, 1016). El estreno, pues, se programó para junio. El plazo, sin embargo, quedaba muy justo, ya que una presentación de Anfistora, dado el minucioso entrenamiento a que debían someterse los actores no profesionales, requería mucho tiempo. Se confió, no obstante, en el hecho de que el Club, que no había abandonado nunca la esperanza de representar la obra, había mantenido al día y como ejercicio habitual, los ensayos de aquellas escenas en que no aparecía el protagonista. Ensayados pues, al máximo, estaban los actores principales cuyo papel les había sido asignado desde un principio. Pero faltaba entrenar a toda una serie de participantes cuya contribución, aunque corta, debía quedar perfectamente ajustada al resto. A pesar de lo extenso del reparto se intentó que ningún actor doblase papel (la excepción fue El Jugador de Rugby, que no habla, y que doblaba uno de los Jugadores de Naipes del Cuadro Final). Se trataba de evitar así que se pudiese reconocer una voz o dicción peculiar y conseguir que cada uno quedase enmarcado en su personaje. Cada actor por mínima que fuese su parte, debía recibir la máxima atención y entrenamiento porque su participación en el conjunto había de ser tan importante como la de cualquier actor principal. Ni que decir tiene que esto exigía una enorme constancia por parte de la directora, pero tiempo, paciencia y ensayo interminable eran los únicos secretos de una presentación de Anfistora.

También había insistido Lorca en el aspecto físico de las mujeres de la obra. Bellísima había de ser La Novia (y efectivamente lo era Germaine Heygel, que más tarde con el nombre de Germana Montero pasó al teatro francés); delgada, pero corriente, La Mecanógrafa (papel desempeñado con todo acierto por la actriz Ana María Noé); El Maniquí debía corresponder a una mujer muy alta (tal como lo era Ana María Mariscal que añadía además una voz grave al papel).

Parte importante del ensayo fue para el poeta-director ajustar un modo especial de movimiento a cada personaje, consiguiendo así un ritmo propio e independiente para cada uno. Ritmos que habían de engranarse dentro del movimiento escénico presidido a su vez por el ritmo dominante de la obra. Así pues, la manera de andar, de pisar fuerte, o de pasar por el escenario sin producir ningún sonido era parte de la actuación de cada uno. Silencioso debía ser el caminar de El Criado, El Amigo 2.º, los tres Jugadores del Cuadro Final y El Maniquí; ruidosos los pasos del Amigo 1.º y de la Novia; patoso el caminar, arrastrando los pies, del Padre de La Novia; ágil, como artista de circo, El Payaso; movimiento de ballet, El Arlequín; paso corto y ligero taconeo, La Criada de La Novia; La Muchacha descalza, saltaba a la comba tratando de aminorar el ruido de la cuerda sobre el tablado; La Máscara Amarilla marcaba unos pasos de cancán al tiempo que mencionaba la Ópera de París.

Conocida es la importancia que el juego de voces en el escenario tuvo siempre para Lorca y los actores ya habían sido seleccionados originalmente bajo este punto de vista, pero la participación de la música, otra constante en su teatro, no había sido fijada exactamente todavía para el futuro estreno. En los ensayos, la canción del Amigo 2.º en el primer acto fue inmediatamente suprimida, al igual que la entrada de El Maniquí marcada en el autógrafo como «Canta y llora» y tachada consecuentemente en el texto de Anfistora. Se añadió en cambio, una canción al comienzo del segundo acto, antes de la entrada del Jugador de Rugby, a cargo de La Novia que la cantaba lánguidamente tumbada en la cama. Para tal ocasión Lorca había pedido a Germana Montero que cantase cuanta canción francesa se le ocurriese para poder seleccionar una. Sin embargo, la canción escogida resultó ser una conocida canción infantil, «En passant par la Lorraine», que a pesar de las protestas de la actriz hubo de cantar con un acento «canallesco» a instancias de Federico que impuso su autoridad de director. La presencia

357

de una canción francesa, ajena totalmente a las melodías españolas habituales en nuestro poeta, hacía obvio el intento de no adscribir la obra a lugar identificable. Es muy posible, por otra parte —porque es difícil concebir una obra de Lorca sin algún fondo musical—, que la música no se incorporase al ensayo hasta llegar al escenario en el ensayo general. Desgraciadamente no tenemos el menor indicio sobre el particular, pero en nuestra opinión, no hubiese sido extraño al espíritu de la obra que se recurriese en este caso a fuentes ajenas a la tradición musical española.

Mencionaremos aquí también algo que quedó pospuesto para el ensayo general como pendiente de resolución. Me refiero al problema creado por la presencia del violín blanco, grande y plano con dos únicas cuerdas de oro, que lleva El Arlequín en el primer cuadro del Acto tercero. No era posible prescindir del instrumento ya que se alude a él cuatro veces en el texto. En la segunda de ellas se pide un vals, pero en las dos últimas menciones pasa a formar una línea poética de importante significado. Así, quince líneas antes de terminar el cuadro leemos:

ARLEQUÍN

¿Queda atrás?

PAYASO

La mortaja del aire
y la música de tu violín

Y justo cerrando el cuadro, las dos últimas líneas de éste marcan el punto en que se desvanece la última esperanza de El Joven en la busca del amor perdido:

ARLEQUÍN

Queda el viento

PAYASO

Y la música de tu violín.

358

Sustituir el violín de circo por un instrumento verdadero no era solución, porque esperar que un actor —profesional o no— supiese ballet y además tocase el violín era mucho esperar. Además a Lorca le gustaba su violín y no estaba decidido a cambiarlo. Se decidió, pues, mantener el carácter histriónico del instrumento y pretender tocarlo en forma burlesca, malamente, mientras en el fondo del escenario en el final del cuadro un profesional se encargaría de marcar un par de compases en un violín verdadero. El proyecto quedó pendiente de aprobación hasta el ensayo general.

Por lo que respecta a la concertina que saca y toca El Payaso hacia el final del cuadro, no hubo problema alguno. Se suprimió de completo acuerdo.

La primera lectura de *Así que pasen cinco años* a los actores de Anfistora se había hecho en 1933, durante la estancia de Federico en Buenos Aires, a cargo de Francisco, hermano del poeta y excelente lector igual que él. La impresión producida por la lectura en el grupo había sido de profunda admiración. Por más que su difícil significado quedase lejos de la comprensión general, la emoción poética alcanzaba a todos y llevar tal obra a escena había sido desde entonces el deseo primordial de Anfistora.

Pero curiosamente la actitud del poeta como director en los ensayos de la *Leyenda del Tiempo* había sido muy peculiar. No era su intención aclarar o discutir ningún punto del oscuro significado de la obra, sólo estaba dispuesto a ensayar, aunque a este respecto dedicaría todo el tiempo necesario y prestaría la mayor atención al detalle, a la más leve inflexión de voz, al movimiento de manos. No era esto lo habitual en Lorca que como director explicaba o discutía el sentido de una escena en cualquier otra obra cuando venía a cuento. Pero en *Así que pasen cinco años* era obvio que el poeta imponía su silencio sobre el Lorca director. Los intérpretes tenían bastante, advertía, con sentir la emoción poética e intentar recrearla. Si eran capaces de conseguirlo habrían logrado su propósito. Indudablemente la curiosidad de los actores deseando esclarecer algún punto concreto, le importunaba. No hace mucho, uno de ellos —Félix Navarro que hacía el papel del Amigo 2.º— me recordaba que la única guía que había recibido de Federico para su interpretación del papel era un escueto consejo: «Sólo tienes que pensar que estás en el jardín de las maravillas.» Consejo que el actor no olvida, por más que le fuese entonces de poca utilidad, pero que hoy, podemos entenderlo como una clave que nos retrotrae a las fuentes poéticas de la obra, las *Suites* «En el bosque» y «En el jardín de las toronjas de luna» donde un personaje: El Poeta, está a punto de emprender el viaje al «jardín maravilloso» que es el mundo interior de lo imaginable. En otras palabras, el consejo que había recibido Félix no era el del director sino el del poeta: debía evitar razones o preguntas para lograr adentrarse en el jardín de la imaginación, sólo así expresaría bien su personaje porque el encanto poético haría comprensible lo inexplicable. Precisamente en la misma *Suite* de «El bosque» el poeta nos advierte taxativamente: «No me pidáis que explique nada» y entenderemos su actitud ante los actores de Anfistora.

La peculiar oposición entre poeta y director que se percibía en el caso de los ensayos de *Así que pasen cinco años* daba pie a intuir una posible nota biográfica en el protagonista. El problema que supuso encontrar un intérprete que contase con la aprobación del autor, refrendaba este punto. También Pura creía ver una cierta fascinación del poeta con su personaje. Recordaba que cuando Federico asistía a los ensayos, aunque no fuese lo proyectado para aquel día, pedía siempre antes de marcharse que se pasase algún diálogo del primer acto, especialmente la escena final, la del Amigo 2.º

Pasaron rápidos abril y mayo. Para junio el primer acto estaba ya conseguido. Faltaba en el segundo acto ajustar a gusto de Lorca la escena del Maniquí. El cuadro final no presentaba problemas, podía considerarse suficientemente ensayado. El cuadro primero del acto tercero bien dicho y sabido por los actores, requería ya, sin embargo, el ensayo en el escenario. El continuo movimiento de entradas y salidas de los diferentes personajes necesitaba ajustarse a la ampliación de espacio, encajar exactamente el tiempo y trabajar con un proyecto muy concreto de decoración y escalera practicable de lo que había de ser un segundo escenario dentro del escenario principal. Por más que se había pensado en una fecha tardía de junio, el tiempo quedaba muy justo y ni Lorca ni Pura Ucelay estaban dispuestos a precipitar una puesta en escena que no contase con su completa aprobación. Se pospuso pues el estreno para fines de septiembre o primeros de octubre. Y notemos como extremadamente curioso el hecho de que Lorca se llevase para trabajar en Granada, durante el verano, las seis páginas del texto de Anfistora que comprenden la escena de El Maniquí, revelando así su intención de alterarla, quizás añadir, pues no podemos concebir que intentase suprimir lo que consideraríamos definitivamente logrado.

En Madrid, Pura mantendría los ensayos a punto. El entrenamiento de aquellos actores no podía descuidarse. Se encargaría también de tener listos los trajes.

Con la trágica noticia de la muerte de Federico García Lorca el Club Teatral Anfistora, ensayos y proyectos, quedaron disueltos.

no en una recta hasta la ciudad. El último período quedaba muy
atrás, y como en Bull Hockey Club —donde se jugaba el primer
campeonato— en esencia por no contar con un completo
alineamiento, se tuvieron que establecer partidos de ach...
hombre o partidos de carácter informando como criterio
durante épocas al diablo con...

[lines heavily faded and illegible]

En Madrid, para plantearía los arreglos a punto. El ex
femenino arte de las acciones durante la política de acuerdo de
una dama la lógica de tener unos los unos...

Con la negra mochila de la muerte de Federico Gamas
Lorca el Club fue al anfitrión, entre los proyectos quedó
aun disuelto.

Colección Letras Hispánicas

DE PRÓXIMA APARICIÓN